书香中国 全民阅读推广丛书（第二辑）

朱永新 徐 雁 ◎主编

# 分校阅读

## 读 物 增 益 才 华

徐 雁 张思瑶 张麒麟 冯展君 ◎编著

 海天出版社

·深圳·

**图书在版编目（CIP）数据**

分校阅读：读物增益才华 / 徐雁等编著. —深圳：
海天出版社，2020.1
（书香中国·全民阅读推广丛书 / 朱永新，徐雁主
编. 第二辑）
ISBN 978-7-5507-2774-8

Ⅰ. ①分… Ⅱ. ①徐… Ⅲ. ①读书活动—研究—中国
Ⅳ. ①G252.17

中国版本图书馆CIP数据核字(2019)第216702号

# 分校阅读：读物增益才华

FENXIAO YUEDU: DUWU ZENGYI CAIHUA

| | |
|---|---|
| 出 品 人 | 聂雄前 |
| 出版策划 | 于志斌 |
| 项目负责人 | 孙 艳 |
| 责任编辑 | 梁 萍 |
| 责任技编 | 梁立新 |
| 封面设计 | 知行格致 |

| | |
|---|---|
| 出版发行 | 海天出版社 |
| 地　　址 | 深圳市彩田南路海天综合大厦　（518033） |
| 网　　址 | www.htph.com.cn |
| 订购电话 | 0755-83460293（邮购、团购） |
| 设计制作 | 深圳市龙墨文化传播有限公司（电话：0755-83461000） |
| 印　　刷 | 深圳市希望印务有限公司 |
| 开　　本 | 787mm×1092mm　1/16 |
| 印　　张 | 19 |
| 字　　数 | 290千 |
| 版　　次 | 2020年1月第1版 |
| 印　　次 | 2020年1月第1次 |
| 定　　价 | 78.00元 |

## 总序

# 我心目中理想的"书香社会"

◎ 朱永新

人们都在说"倡导全民阅读,建设书香社会"。那么,所谓"书香社会"到底应该是什么模样呢?阿根廷国家图书馆前馆长、著名文学家博尔赫斯说过:"如果有天堂,天堂应该是图书馆的模样!"既然天堂的模样就是图书馆的模样,那么也该是"书香社会"的模样了。不过,"天堂"终究是一个抽象概念,实在地说,我心目中的"书香社会",一定是一个全民阅读的社会,它至少该有以下四个方面的特征:第一,人人溢书香;第二,处处有书香;第三,时时闻书香;第四,好书飘书香。用这四个标准,大致可以来评估一个地方、一个社区乃至一个社会,究竟是不是"书香社会"。

## 一、人人溢书香

全民阅读,从书香家庭到书香社区,从书香学校到书香机关,从书香企业到书香乡村……它应该是全方位,涉及所有人群的。从群体来说,重点有三个方面,即领导、教师与儿童。所以,领导带头读、亲子共读与师生共读,在全民阅读中具有特别重要的作用。

第一,书卷气也是领导力。作为领导人来说,阅读是非常重要的,它是领导能力的重要构成部分。衡量一个领导,最重要的就是他的思维能力和决策能力,是他的视野与胸怀。这些能力从哪里来?最重要的是从阅读中来。

当然，领导干部带头读书不仅仅是为了胜任工作。陶行知先生说，人生为一大事来。我把这"大事"理解为"看风景"。人类有两种风景：自然的风景和精神的风景。"行万里路"，是为了看自然的风景；"读万卷书"，是为了看精神的风景。自然的风景是有限的，精神的风景却是没有边际的，这才是无限风光的顶峰。如果静心想想就能发现，在温饱的基础上，人们所追求的一切幸福，归根结底都是为了精神上的幸福。领导干部读书，可以帮助他们拥有宁静的心态、从容的心情、理智的头脑、开放的胸怀，拥有这些无限的精神财富，也就拥有了更为丰富和幸福的人生。

领导干部读书，不仅仅是为了胜任工作，也是为了让自己的人生丰富多彩。领导干部阅读不仅能够有助于科学决策，本身也能率先垂范，引领风尚。领导干部读书有一个特别的作用——对社会有示范作用，上有所行，下有所效。领导干部在讲话里引用什么书，他正在读什么，会从相当程度上影响到一个部门甚至一个城市的阅读风气。从"学习型政党"到"学习型社会"，正体现了这样的示范与推动。

第二，教师要读书。要有教育智慧，没有教育的情怀是成为不了好老师的，而这些都需要通过阅读来获得。在你教室里发生的故事，在其他教室里早就发生过了。人类数千年积累的文明智慧，就在伟大的书里，这些伟大的书就在图书馆里。教师要读书，这是"书香社会"建设中的关键人群，关键人群抓好了，整个社会的推动力就会很强。

教师读书不仅是寻求教育思想的营养，教育智慧的源头，也是情感与意志的冲击与交流。从过去的教育家的著作中，教师可以学习的东西很多。有心的教师会认真阅读教育的重要文献，认真学习不同时代教育家的人生理想与人格力量。读书会让我们的教师更加善于思考，远离浮躁，从而让我们的教师更加有教育的智慧，让我们的教育更加美丽。

在当今社会，教师阅读能够让教育行为更科学，更能够带动孩子阅读。孩子怎么读书？就像群众看领导一样，孩子看老师。有一个爱读书的老师，才会有一群爱读书的孩子，才能帮助孩子真正养成阅读的兴趣和习惯。阅读不仅仅是语文老师的事情，也是所有学科老师的事情。科学、人文、艺术等学科，如果没有爱阅读的教师，永远培养不出爱阅读的学生。阅读正是让教师们站在大师的肩膀上前行的有效途径。

第三，青少年阅读直接影响着未来的"书香社会"建设。一个人一生阅读的种子，可能是在青少年时期才能真正扎根。我曾经讲过两句话："童年的秘密我们远远没有发现，童书的价值我们远远没有认识。"我到过全国很多图书馆，到图书馆以后，首先关注的就是少儿图书馆。不管哪个图书馆，它都必须高度重视青少年的阅读，尤其是儿童阅读。

人在14岁以前的阅读体验，对孩子的成长也是至关重要的。人生以后的历程，只不过是前面14年所阅读的东西的展开。事实上，孩子长大以后，是用14岁以前所阅读的东西、所体验的东西、所经历的东西，用从书本当中获得的基本价值观，用感恩、慈善、友爱等这些最伟大的观念和知识在建设未来。

儿童阅读到底具有什么样的价值？惠特曼说过，有一个孩子每天向前走去，他最初看见并且感受到了什么，他就会成为什么，他的所见所感成了他生命的一部分。这说明早期的阅读对一个人的影响是刻骨铭心的。格林在《童年的消逝》一书中也说过，或许只有童年读的书，才会对人生产生深刻的影响。孩提时，所有的书都是"预言书"，告诉我们有关未来的种种。

从人生前14年所读的书中，我们获得激励与启示。人生前14年阅读的书，将会对人生产生重要的影响，所以应该让阅读的种子在青少年时期扎根，在青少年时期产生精神的饥饿感，养成阅读的兴趣与习惯。


## 二、处处有书香

"书香社会"应该是阅读非常便利的社会。政府应该为全民提供良好的阅读条件，在社区、学校、城市、乡村建设合格的图书馆。公共图书馆具备优质的服务体系，人们随时随地可以读书、借书，良好的阅读条件与阅读设施，可以为人们阅读提供最大的便捷。

一个城市的中心图书馆，就是所在城市的"精神会客厅"。对于一个城市来说，公共图书馆是保存、保护和弘扬地方文化，为当地读者提供方便快捷的公共文化服务的场所。一个城市有没有文化品位，这个温馨的"精神会客厅"很重要。

随着社会的发展，不仅要有社区图书馆，还要有民间的阅读空间，生活在社区中的居民要如何才能便捷地获得书，图书馆又该如何跟社区联动、互动？这些都是值得思考的问题。社区图书馆是人们的"精神驿站"，如果能够与藏书丰富的市级图书馆有效合作，流动方便，会更加有利于"书香社会"形成。

实体书店是一个城市的精神风景线。一个城市、一个区域有没有书店，这是建设"书香社会"最基本的条件。今后我们要评估"书香城市"，衡量是不是"书香社区"，首先要看这个地方有没有好的书店，买书是否方便。一个城市有没有文化，有没有品位，在于这座城市有没有一些上档次的、够水准的书店。实体书店在一定程度上也是"精神家园"之一，爱书的人可以在这里聚集。无论时代怎么变，我都希望实体书店能保留自己的人文特色，成为所在城市的风景线。

家庭是社会的细胞，阅读习惯和阅读风气必须从家庭开始传承。我们在推广"书香校园"建设的过程中发现，要建设"书香校园"，"书香家庭"的营造非常关键。有爱读书的父亲，有爱读书的母亲，常常就会有爱读书的孩子。这样的孩子上学以后，他对阅读的兴趣，他的阅读习惯与阅读能力已经初步形成了，这就为学校推广阅读打下了坚实的基础。

韩国在20世纪50年代，曾经发起"以书柜代替酒柜"的运动。韩国在经济起飞之后，许多富裕的家庭都拥有了酒柜，但没有书柜，于是有了这个口号。我一直梦想着，有一天中国所有的家庭至少有一个书柜，让"书香门第"成为中国永远的传统。什么叫"书香门第"？中国古代的书都是如传家宝一般，代代相传。父亲喜欢什么样的书，传递给孩子，父子间就有了共同语言，所以家庭阅读很重要。

我们的"新教育学校"要求所有孩子都要为自己建一个图书架，在不断阅读的过程中慢慢增加一些书。拥有更多书籍的孩子，就如拥有了一个小图书馆。孩子如果有了永远属于自己的书，等他老的时候还会如数家珍，娓娓道来，作为传家宝一般传授给他的孩子。

"留守儿童"在没有人陪伴的时候,好书应该是陪伴他们最好的朋友。如果有一批温馨的童书伴随他们成长,那孩子们便能获得一点精神的慰藉。书虽然代替不了妈妈,但是书可以成为他的好伙伴。

学生的精神世界如何,在很大程度上与他们的阅读生活有关。学校图书馆就是青少年的精神食堂,食堂的环境和饭菜的质量,直接影响着学生们的成长。我希望有关部门能够建立科学的中国中小学图书馆基本配置,这是保障我们国家青少年健康成长的基本精神营养。希望有关专家和部门携起手来一起做这件事,为书香飘逸校园尽一份力。

尽管现在很多单位的图书馆(阅览室)已经取消了,但我还是主张每个单位要有图书馆(阅览室),它们可以在工作之余成为员工们的"精神加油站"。

现在各地为客房提供书籍的宾馆越来越多,其关键在于如何选书。宾馆客房里要设置小书架,要有一二十本好书和新书。如果有一个城市用心去做好这件事,那么,这个城市南来北往的宾馆,完全可以成为流动的"精神驿站"。

"农家书屋",应该建设成为乡村的"精神驿站"。我建议应该把"农家书屋"与乡村小学相结合,把书屋建到村小里。让村小的孩子有书读,多读书,读好书。

## 三、时时闻书香

作为阅读的主体,我们每个人应利用一切可能的时间读书。要想找到读书的时间,首先在思想上,必须真正把阅读当作最重要的事情。我自己的体会是,一天再忙也要挤出 20 分钟读下书,即使是儿童图书。

自来水是压出来的,时间是挤出来的。时间抓起来就是黄金,抓不起来就是流水。要想有时间读书,学会利用零碎时间也非常重要。欧阳修有所谓"三上"读书之说,是很重要的经验之谈。其"马背上",相当于如今的在坐车旅途中阅读;"枕头上",也就是睡前阅读;至于"厕座上",是利用在卫生间如厕的时间阅读。

媒体在阅读推广中具有不可替代的重要作用，应该尽可能把黄金时间留给阅读。现在的媒体是 24 小时不间断的，过去人们在灯光下阅读的时间被电视等媒体占用了。希望电视台把更多的"黄金时段"用来推荐好的诗篇，好的散文，好的书籍。国际上很多著名的媒体机构，报纸、杂志、电视、电台都是把"黄金时段"留给读书的，也因而形成了一批"独立书评人"，通过他们与大众进行对话，让更多的好书为人们所熟悉，也因此熏陶出一批真正爱书的人。

节假日是读书的大好时段。既要看好山丽水，更要读好书佳作。我们生活在两个世界，一个是物质世界，有好山丽水；一个是精神世界，有好书佳作。人生有两道风景，好书佳作的风景，绝不亚于好山丽水的风景。"行万里路"，是为了看好山丽水；"读万卷书"，是为了看好书佳作。两者相辅相成，都可以给我们的心灵以滋养。

自 2003 年起，我一直在各种场合呼吁要设立"国家阅读节"，在全社会营造良好的阅读氛围，唤醒国民的阅读意识，让阅读变成我们中国人的一种日常生活方式，共同把阅读进行到底。

## 四、好书飘书香

"书香社会"，是一个品质阅读的社会。

如今出版物鱼龙混杂，图书浩如烟海，好书难以追寻，因此"读什么"的问题，已经上升到比阅读本身更重要的位置。正是基于这一现状，我们专门成立了"新阅读研究所"，为幼儿、小学生、初中生、高中生、大学生、父母、教师、企业家、领导人与公务员等不同的人群分别选择阅读书目。

近年来，我们一直在做对应幼儿、小学生、初中生、高中生、大学生、教师、父母、企业家、领导干部的基础阅读书目，有的还正式出版了"导赏手册"。每种书目保持 100 本的基础，我相信这是最好的书目。因为我们会很用心为大家去选，庞大的专家团队会对每本书进行认真研究。

毋庸讳言，当前的"书香社会"建设还存在一些问题：一是人们的思想认识和觉悟还没有到位，没能形成"共识"和"合力"；二是各级政府公共财政投入的资金支持不到位；三是各地围绕"书香社会"组织的一些活动还流于形式。因此，我们应该从如下几个方面来解决：中央和地方政府要大力推动，社会各界要积极参与，还应该成立全民阅读推广的专业机构，如中国阅读学会等，已有的中国图书馆学会阅读推广委员会等组织要积极引领，还要发挥民间阅读组织的作用。

总之，"书香社会"的形成是一个系统工程，需要全社会的共同推动。由"书香家庭"和"书香校园"奠定社会的基础，由图书馆系统作为"书香社会"的枢纽，由媒体积极推广优良读物，发挥好领导干部、教师、家长的关键性作用，共同在儿童和青少年阅读上下功夫，就一定能够逐步推进整个社会的书香构建。

"书香中国·全民阅读推广丛书"（第一辑），是由现任国务院参事室参事王京生先生与中国阅读学研究会名誉会长、南京大学博士生导师徐雁教授共同主编的，于 2017 年 4 月在海天出版社出版。具体包括四种，即《书香社会：全民阅读导论》（周燕妮、聂凌睿、马德静编著）、《书香传家：家庭阅读指南》（万宇、周晓舟、李海燕、曹娟编著）、《书香满园：校园阅读推广》（钱军、蔡思明、张思瑶编著）、《书香在线：数字阅读导航》（陈亮、连朝曦、张婷编著）。

为此，我很乐意与徐雁教授联名主编"书香中国·全民阅读推广丛书"的第二辑。本辑共有六种：《分级阅读：读物提升幸福》（尹士亮、李海燕、王成玥、蒋小峰著）、《分众阅读：读物给养头脑》（万宇、王奕著）、《分类阅读：读物优化气质》（周燕妮、唐曦、石莹、王碧蓉编著）、《分时阅读：读物愉悦性情》（蔡思明、江少莉、陈欣、章笑笑编著）、《分地阅读：读物联通文脉》（凌冬梅、郑闯辉、朱琳、林肖锦编著）、《分校阅读：读物增益才华》（徐雁、张思瑶、张麒麟、冯展君编著）。每一部书稿，都在 20 万字左右。

"书香中国·全民阅读推广丛书"（第二辑）的编著者以"分级""分众""分类""分时""分地"及"分校"的理念，从不同的视角、不同的层面，共同关切着读物对于读者的心智影响，从而在不同程度上深化了全民阅读的基本理念，细化了全民阅读推广的具体方法。书中还通过总结各级各类图书馆的阅读推广经验，具体解析各有特色的阅读推广案例，充实和丰富了阅读文化学的内涵，相信在问世之后，会受到广大图书馆读者和全民阅读界人士的欢迎。

我期待着海天出版社坚持多年的包括"书香中国·全民阅读推广丛书"在内的书香品牌，能够可持续地组稿编辑、出版发行下去，为促进"全民阅读"，建设"学习型社会"，源源不断地提供优良的读物和精粹的精神食粮。

我们期待着"书香中国·全民阅读推广丛书"（第二辑），能够对"促进全民阅读，建设学习型社会"的进程有所贡献，更期待着读者们的批评和教正。

（作者系全国政协常务委员兼副秘书长、中国民主促进会中央委员会副主席）

001　导　言　我爱我的老师，我爱我的书籍……

031　第一章　大学生阅读现状评析及"分校阅读"
　　　　　　推广理念

035　第一节　当代大学生阅读状况调查综述
041　第二节　大学生阅读推广现状评析
057　第三节　"分校阅读"的推广理念
072　第四节　"分校阅读推广"的六大院校类型

085　第二章　高校阅读推广的分类策划方略

087　第一节　综合性大学的阅读推广
094　第二节　理工类院校的阅读推广
105　第三节　师范类院校的阅读推广
116　第四节　医学类院校的阅读推广
127　第五节　高职院校的阅读推广

**135　第三章　优良读物资源与校园阅读推广**

137　第一节　中外文学经典读物

146　第二节　古今学术经典名著

152　第三节　传记、游记与日记

157　第四节　艺术、考古读物

164　第五节　"阅读疗愈"读物与大学生心理保健


**181　第四章　基于"校本"理念的校园阅读推广**

183　第一节　校史图书、校友传记及校图书馆史志类读物

　　　　　　——以北京大学、清华大学图书馆阅读推广为例

193　第二节　同校同文，共读经典

　　　　　　——以湖南省"一校一书"为例

199　第三节　读书读城，知行合一

　　　　　　——以高校游学型阅读推广活动为例


**207　第五章　大学生校园读书生活与高等院校阅读推广**

209　第一节　山东大学学生校园阅读概览

221　第二节　南京大学的校园阅读推广

235　第三节　武汉大学的校园阅读推广

245　第四节　大学校园的"分众阅读推广"

260　第五节　高校图书馆的读书节活动与阅读推广工作

268　第六节　美国高校的"新生共同阅读计划"


**284　后　记　"一个没有阅读的学校，永远不可能有真正的教育"**

# 我爱我的老师，
# 我爱我的书籍……①

① 本文系国家社会科学基金项目"高等院校校园阅读氛围危机干预研究"（项目编号：16BTQ001）的中期成果之一。

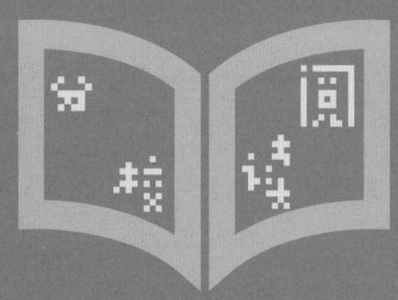

如何读书求知？如何知行合一？如何学以致用？该是一个人宝贵学业生涯里的大命题。

作为校风构成的核心元素，学风的厚薄浓淡与师德的高低雅俗，应是一个学校精神文明内涵的重要衡量指标。因此，基于各自的办学方向和育人目标，各级各类学校的师长，莫不把好学乐读的优良学风营造，作为所在学校校风建设的重中之重。或如《金陵大学史》第七章"金大的校风与校园生活"所云："什么是校风？……它既指学校的环境，也指师生的风貌，既是无形的，也是有形的；它不可能一朝产生，而须有经年累月的沉淀，形成在一所学校的整个办学过程之中，它既融注了一所学校的精神，也是这所学校办学特色的体现，因而也就成了这所学校的传承。"①

1921 年获得英国伦敦大学政治经济学博士学位，次年回国担任北京大学外文系教授兼主任的陈西滢先生，曾在《现代评论》杂志上撰文说：

> 欧洲大学往往因为有了几个人格伟大的教授，全校的学风甚至于全国的学风，居然一变。中国从前也有许多书院，造成一种特殊的学风，这我们不能完全归功于治学的方法，大部分还得力于人格的陶冶。中国现在学风的不振，是无可讳言的，尤其令人伤心的，是学者失去了求学的兴趣，好学不倦的习惯。然而这并不是学生独有的毛病，社会上谁都差不多这样，就是教授先生们也往往除所教的课本外不读书。在这种情形之下，申斥学生不读书是废话，劝他们"求学救国"也是枉然。只有

---

① 张宪文.金陵大学史［M］.南京：南京大学出版社，2002：421.

一班专心学问的教授们以身作则，由人格的感化，养成好学的学风……时日久了，他们的屋子终有完成的一天，他们的种子终有开花结果的一日。①

诚然，在学期间，师长们课上课下的言传教诲，校内校外的身教垂范，往往"随风潜入夜"而"润物细无声"，让学生们悦纳而乐从，从而形成一种好学乐读的优良学风氛围。其作育之效，切磋之益，以及校图书馆丰富的藏书之助，直接催化了一代又一代大学生的心智成长，及其在各领域里成才。

一

学校作为一个历史悠久的文化教育组织，具有独特的时空特质。一校之长及各科教师的教育理念和人文情怀，往往对于学风、校风的造就，有着至关重要的作用。

话说清光绪二十四年（1898）五月十五日，清廷总理各国事务衙门奏呈由梁启超拟写的"京师大学堂章程"中，述及其办学宗旨云："中学为体，西学为用，中西并用，观其会通"，又云："京师大学堂为各省表率，体制尤当崇闳。今拟设一大藏书楼，广集中西要籍，以供士林流览而广天下风气。"②

1912 年 2 月 15 日，严复被任命为京师大学堂总监督。当年 5 月 1 日，北京政府教育部发布命令，改京师大学堂为北京大学，"大学堂总监督改称大学校长，各科监督改称学长。严复遂成为北京大学第一任校长"，至当年 10 月，被迫辞职。他在掌校期间，"积极提倡学外语，开设有资产阶级文化思想内容的新课程，发生了较大的影响"。

---

① 陈源.著书与教书 [ M ] // 陈源.西滢闲话.北京：东方出版社，1995：203.
② 姚伯岳.在古籍编目中发现京师大学堂藏书楼的源头 [ M ] // 姚伯岳.惜古拂尘录.北京：国家图书馆出版社，2019：102.

历经多年校内风潮，至 1917 年 1 月 4 日，被任命为北大新校长的蔡元培先生到校主政。鉴于当时不少在校生"以上大学为升官发财之阶梯，对研究学问没有兴趣，读书就是为了做官"，而教员中，则不乏"讲课陈陈相因，敷衍塞责"的不学无术之人①，他"大力提倡学术研究与思想自由，聘请了许多学有专长和具有革新思想的人物到北大任教……校内各种学术研究团体和进步社团纷纷成立，学生中自由研究之风十分浓厚"。于是，在"民主与进步"的校风引领下，"自由阅读、独立研究学术的空气比较浓厚，比较活跃，同时又养成了严谨治学的方法。在各个历史时期，都涌现了一批又一批先进人物和在学术上有造诣的学者、教授和科学家"。②1923 年 1 月 17 日，蔡元培在北洋军阀政府的压力之下，被迫辞职。

在 1921 至 1927 年间，冯至先生求学于北京大学德文系。他在晚年撰文评论说："北大早期的历史（即京师大学堂时与改称北京大学后的初期）并不光荣，而是很腐败的。学校里不知学术为何物，学生到这里来只为取得将来做官的资格。"他指出：

> 北大发生质变，成为"五四运动"的发源地，成为"新文化运动"的先驱，则是从 1917 年蔡元培来北大任校长起始的。读蔡元培晚年写的《我在北京大学的经历》和《我在教育界的经验》二文，便会知道，蔡元培是怎样以坚决的气魄，按照自己的教育理想，改造北京大学的。他来到北大，一步也不放松，采取一系列对症下药的措施进行改革，北大也日新月异，逐渐显示出新的风貌……所以不到两三年，北大便从一个培养官僚的腐朽机构，一变而为全国许多进步青年仰望的学府。我并不怎么"进步"，却也怀着仰望的心情，走进北大的校门。

---

① 北京大学校史（1898—1949）[ M ].北京：北京大学出版社，1988：54.
② 《中国高等学校简介》编审委员会.中国高等学校简介 [ M ].北京：教育科学出版社，1983：1–4.

在北大独特的风格与民主气氛的熏陶下，我的思想渐渐有了雏形，并且从那里起始了我一生所走的道路……我北大毕业时，回顾自己的学业，并没有掌握什么万能的治学方法，占有什么研究资料，只不过在课堂内或课堂外，关于怎样做人，怎样作文，得到过一些启发，而做人与作文又不是能够截然分开的。

他还说，作为当时在校的一个普通学生，虽然与蔡校长无缘相见，"可是无形中从他那里得到的感召和教益……是终生难忘的"[1]。

1934 年考入北大哲学系的任继愈先生，也曾在《北大的"老"与"大"》一文中说："北大的'大'，不是校舍恢宏，而是学术气度广大。这一无形养成的学风，使北大的后来人能容纳不同的学术观点。我进北大时，蔡元培校长已离任多年，但当年的学风还在……北大这个'大'的特点，谁能善于利用它，谁就能从中受益。肯学习，就能多受益。不能说其他大学不具备这种'大'的特点，似乎北大给人的印象最深。"[2]

## 二

在 20 世纪 80 年代下叶曾担任华中师范大学校长多年的章开沅先生，在"中国著名大学校长书系"序言里写道："在百余年中国新式高等教育发展过程中，有一大批筚路蓝缕、披荆斩棘的先驱者，他们呕心沥血，殚精竭智，为中国现代大学的奠基与成长，做出了无可磨灭的贡献。我们应该永远铭记这些先驱者的劳绩，特别是其中那些办学有成就的著名校长"，这是因为校长的责任重大，"不仅

---

① 冯至 . "但开风气不为师"——记我在北大受到的教育 [ M ] // 北京大学校刊编辑部 . 精神的魅力 . 北京：北京大学出版社，1988：18–22.

② 任继愈 . 北大的"老"与"大" [ M ] // 北京大学校刊编辑部 . 精神的魅力 . 北京：北京大学出版社，1988：64–65.

其办学理念、谋划决策关系着学校的发展走向，而且其一言一行所体现的品格、作风，也悄然无声地对众多师生员工产生某些影响"。①

陈远对章先生的观点极为认同。他在《逝去的大学》一书的序言中说：

> 一个过去的大学生，从他的言谈举止，就可以判断出他是从哪个学校毕业的，就是因为有"校格"存焉。"校格"的养成，有赖于校长，所谓"大海航行靠舵手"。但是，过去的校长都有一种较高的自觉，那就是在一所大学筚路蓝缕的开创时期，发凡起例、创建制度之后，将自己置于制度之下而非凌越于制度之上……②

这个"校格"多少年来已经乏人提及了，其实兹事体大，真是不容轻忽的。1925 年 12 月 13 日，鲁迅先生为《北大学生会周刊》创刊号，写下了《我观北大》一文，是一篇庆祝北大建校 27 周年的文章，其中论及"北大的校格"云："北大时常为新的，改进的运动的先锋，要使中国向着好的，往上的道路走"，"北大是常与黑暗势力抗战的，即使只有自己"。③

众所周知，1937 年 7 月 7 日"卢沟桥事变"之后，清华大学、北京大学、南开大学三所高校先是南迁到湖南衡山，组建成为"长沙临时大学"，随后又迁至昆明，更名为"西南联合大学"（习称"西南联大"），以"刚毅坚卓"四字为校训。1946 年 5 月 4 日西南联大正式宣布结束，在读同学可按各自志愿，分别进入北大、清华或南开大学，并复员京津。当年，西南联大校务由北京大学校长蒋梦麟、清华大学校长梅贻琦、南开大学校长张伯苓联合主持，而由梅先生任校务委员会主席，因而大部分校政事务都落在了梅先生身上。西南联大除校常务

---

① 章开沅. 章开沅文集：第 11 卷 [M]. 武汉：华中师范大学出版社，2015：190–193.

② 陈远. 序 [M] // 谢泳. 逝去的大学. 北京：同心出版社，2005：1.

③ 鲁迅. 我观北大 [M] // 钱理群. 走近北大. 成都：四川人民出版社，2000：33.

委员会外，另有由全体教授和副教授组成的"教授会"组织①。

李钟湘在《西南联大始末记》一文中叙说道：

> 梅先生以艰苦卓绝的精神，从无疾言厉色，亦不慷慨激昂，默默地领导着大学的工作……有一篇回忆文章写道："三大学在平津时代，各有其学风和传统，它们是不同的。但其相同相和之处，又如此之多！正因为'和而不同'的精神，更孕育出联大的优良校风。'自由教学'是它的显著特点。这里所谓'自由'，并不是错综复杂和散漫紊乱的代名词，而是一种有组织的、负责的、尊重个性和学术独立的自由。不合理的'自由'，为联大所不取；合理的不自由，同为联大所尊重。"大学教育必须由学校负责人的精神和人格，教师们做学问的认真态度，培育出一种追求真理、热爱自由、继承优良传统和合乎理性的气氛，来熏陶学生。联大八年始终在这种优良的气氛里成长与发展。②

正是在这种教师们勤勉执教而众学子勤奋好学的优良气氛熏陶下，西南联大这所堪称世界教育史上的"最贫困大学"，创造出了在日寇侵华、国破家亡的战乱时代，极其难能可贵的教育业绩。在该校组合存世的8年间，虽仅毕业了3882名学生，但其中却有2位诺贝尔物理学奖获得者、4位中国国家最高科学技术奖获得者、8位"两弹一星"功勋奖章获得者，数百位人文、社会科学界著名学者及中国科学院、工程院院士，以及难以计数的各有关专业或行业领域的佼佼者。

---

① 李钟湘.西南联大始末记[M] // 钟叔河，朱纯.过去的学校.长沙：湖南教育出版社，1982：264.

② 李钟湘.西南联大始末记[M] // 钟叔河，朱纯.过去的学校.长沙：湖南教育出版社，1982：264—265.

# 三

1980 年夏，许德珩先生在应邀为《北京大学校史》所写的序言中指出：

> 北大的前身京师大学堂，一开始成立，就是我国的最高学府，也是我国最高教育行政机关。因此，一般人都把北京大学看作是我国高等学校中的一名老大哥。事实上，北大不仅历史悠久，规模宏大，而且有着许多不平凡的经历，使它在中国近代史上占有不容忽视的地位……它具有民主办校、重视科研、维护学术研究自由的优良传统。[①]

这一传统校风，还在当年的高等教育界发生过传播性的影响。据 1981 年 3 月，山东大学校长办公室为庆祝建校 55 周年编印的校庆笔记本卷首文章《山东大学的沿革和现状》介绍，1926 年年初创于济南的省立山东大学（两年后改为"国立"），"是仿照当时北京大学的学风办学，重视科学和民主，提倡学术自由；在教学中则重视基础理论的学习和基本技能的训练"。

目前以"学无止境，气有浩然"为校训的山东大学，是教育部直属的文、理科综合研究型大学之一。2014 年 9 月，山东大学校长张荣先生在开学典礼致辞中阐发说："学无止境"，是关于学习的准则；"气有浩然"，是关于做人的准则。所谓"学无止境"，包含着三层含意："一是学生在校要以学习为第一要务"；"二是要学会学习的方法，善于探究，敢于怀疑，勇于创新"；"三是树立终身学习的观念，以学习为生活方式，弘扬'崇实求新'的校风和勤奋严谨的学风，持之以恒，不断学习，才能跟上知识更新的节奏。这四个字是山东大学优良校风、学风

---

① 萧超然.北京大学校史（1898—1949）[M].增订本.北京：北京大学出版社，1988：1.

的集中表现"。①无独有偶。刘双平先生在《蔡元培与武大》一文中曾经指出：

> 蔡元培对于武大的帮助，首先在于他的思想和人格，对于先后在武大及其前身主持校务工作的石瑛、李四光、王世杰、王星拱、周鲠生等以巨大影响。
>
> 由于他们先后在北京大学直接受惠于蔡元培先生的思想和人品，因此，在主持武汉大学校务期间，充分体现了蔡元培的办学方针，很多办学主张是直接承袭于蔡元培的思想……蔡元培先生对于武汉大学最大的贡献，就是一九二八年武汉大学重新组建之时，高瞻远瞩，定武汉大学为"国立大学"。②

武大的前身，可上溯至张之洞在 1893 年创办的湖北自强学堂。1913 年，湖北自强学堂改名方言学堂后又易名为国立武昌高等师范学校。校长张渲在任职期间，"十分注意校风、学风的建设，他为武昌高师题写的校训是：'朴、诚、勇'"。而武昌高师的校歌中，则有"教学宜相彰""学盛国斯强"之句。据说，"这校训、校歌激励着莘莘学子去不断拼搏奋斗，至今有许多老学长尚能一字不漏地诵唱出来"。十年后，该校升格为国立武昌师范大学。

1924 年，石瑛被任命为校长。国立武汉大学成立后，他担任了首任工学院院长。1930 年 9 月，石先生在《国立武汉大学周刊》第 67 期上，语重心长地说："我希望各位还要用心读书，修养自己的人格；不然，徒取科学的皮毛，而养成了不好的心术……另一方面，教授们也不是仅仅一星期上了几小时的课就算了事，总要以全部精神贯注到学生身上去才好。青年中有好多都是漫无目的地过着生活，

---

① 张荣.在山大，我们不负青春 [M] // 刘培平，李彦英.山东大学史话.北京：社会科学文献出版社，2016：5.

② 刘双平.蔡元培与武大 [M] // 龙泉明，徐正榜.老武大的故事.南京：江苏文艺出版社，1998：19–22.

这也是不对的。我们应该有一个远大的目标和理想。"

　　1929年春，被国民政府任命为国立武汉大学首任校长的王世杰，在到任的欢迎会上表示，诚恳接受学生代表所献议的以学术、学生为中心的原则，以"文化演进"及"宁缺毋滥"的原则办学，并执行了"教授治校"的制度规范。他提出大学的使命，"一在教授高深学术，一在促进高深学术"，并把对学生的"人格训练"置于与"知识灌输"同等重要的位置，要求同学们能"好学、吃苦、守纪律"，"在课堂上，考试上，以及个人品性修养上，同着全体教职员，尊重全校的纪律，造成良好的学风。"刘闻群撰文说：办学有方的王校长苦心经营，聘请了当时第一流学者前来任教，终于把武大"办得有声有色，成为名牌学府"。据1932年国立武汉大学中文系毕业的邱楚良先生回忆："武大风气纯朴，学生生活刻苦节俭"，"律己严格，勤奋攻习……每逢星期六之夜，图书馆依然灯光通明，仍有人在伏首理案"。[①]

　　1933年夏至1945年，曾任北京大学化学系教授兼理科学长的王星拱先生，继王世杰之后担任国立武汉大学校长。"他倡导学术民主和思想解放，主张造成一种良好的学术研究和育人环境，使武大有了进一步的发展。"刘双平说，"王星拱在担任校长期间，亦极力倡导学术民主和思想自由，主张造成一种良好的学术演讲和育人环境。在他的办公室内，总是挂有一幅蔡元培先生的画像，他处处以蔡元培先生为楷模。"[②]

　　王校长还聘请了具有真才实学的朱光潜教授担任武大教务长，并同时授课于外文系。时任外文系主任方重教授评价说，朱先生足为青年学生的"人师"[③]。1941年3月23日，朱先生在《国立武汉大学周刊》第357期上撰文提出，武

① 施应霆.仍是珞珈梦里人［M］// 龙泉明，徐正榜.老武大的故事.南京：江苏文艺出版社，1998：291-292.

② 刘双平.蔡元培与武大［M］// 龙泉明，徐正榜.老武大的故事.南京：江苏文艺出版社，1998：21.

③ 方重.回忆武大［M］// 龙泉明，徐正榜.走近武大.成都：四川人民出版社，2000：104.

大校风的内涵包括"家庭的和乐空气""爱护纪律""浓厚的研究学术的空气"及"养成宏毅正直的胸襟气宇"，唯其如此，方无愧"优良"二字。

据1940年入学武大经济系的蒋宗祺先生回忆："武大治学严谨，倡导学生刻苦钻研，独立思考，不拘一'家'。在当时校长王星拱的领导下，网罗了不少国内名家学者担任教学工作……观点不一，各抒己见，教学不拘一'家'之言，鼓励学生广泛获取，认真钻研，含英咀华"，"这种治学严谨而又不拘一'家'的校风，鼓励了学生的刻苦钻研精神，成为一个武大人应该具有的学习素质"。他指出："武大严谨而又活泼的学习风气，在'大成殿'的肃穆气氛和'棂星门'各种风格的墙报中，表现得更为鲜明，更为突出，更富活力。"在其笔下，"大成殿"已被改用为藏书丰富的校图书馆书库和阅览室，"成为武大学生获取知识，饱览博收，含英咀华的学习场所"。

1999年3月，龙泉明在参考了吴骁谷先生主编的《武汉大学校史》等书刊资料后所写的《走近武大》一文中说，"武大一直注重的是优良学风的养成、崇高学术地位的铸鼎和优秀人才的造就"，在武大历史上，"名师荟萃，英才汇集，出现了无数成就卓著、声名远播的优秀学者，他们以亲身实践树立了良好的学风和勇于追求真理的品格……这种优良的学风和品格，应当为'新武大人'所承继和发扬"。①也正因为如此，"自强、弘毅、求是、拓新"，在武汉大学举办百年校庆之际，被确定成为继往而开来的新校训。

## 四

通常地，在校师长各以其所优长的学识和清明的理性，坚持"和而不同"的教书育人共识，在校同学则各依学业志趣和知识爱好，以"止于至善"的目标相砥砺，是造就一校优良学风，并积淀成为特定时段校风的关键。

---

① 龙泉明.走近武大[M]//龙泉明，徐正榜.走近武大.成都：四川人民出版社，2000：2-12.

1912 年创立于开封的河南留学欧美预备学校，是当今河南大学的前身。它是当年与北京清华学校、上海南洋中学齐名的三个培养出国留学生的学堂。其首任校长林伯襄先生是河南商城县人。在家学熏陶下，幼读经史。青年时期在上海公学，又接受了《时务报》《申报》及欧美近代思想文化的影响。他首任校长四年，开启了河南省高等教育事业的先河。

据《河南大学校史》（河南大学校史编辑室 1985 年 5 月印行）说，林校长为人诚笃，律己甚严，曾书"刚毅宁静"题赠门人。他主张"以教育致国家于富强，以科学开发民智"，广罗才学有识之士到校执教。其"生活非常俭朴，经常是身穿蓝布长衫，脚着黑粗布鞋，常被生人误认为校工……上街从不坐洋车（人力车）。在他的倡导和影响之下，学生普遍崇尚俭朴之风，就是官宦富家子弟也少有奢华"。但林校长对那些住家在校外较远处的教师，"一遇天气不好，不是亲自到校外迎候，便是派车接送。在他的引导感召之下，许多教师备课认真，执教严谨……在教师中有很高的威信"。而对于学生，常常体贴入微，"爱学生如子弟，常常在课余时间和学生们交谈，了解学习情况，伴之以谆谆教导"。

史载，"由于林校长的督教，朝夕惕励，不仅培养了一批批有用人才，而且初步形成了团结、勤奋、严谨、朴实的优良校风"。在该校办学的 12 年中，"除考取出国留学生 80 余人外，其余大部分考入国内各大学深造。学生们刻苦学习，奋勉自励，成绩优异，为祖国的科学、文化、教育的发展和中西文化交流做出了贡献"。其杰出校友，就有建筑大师杨廷宝、蒙元史专家韩儒林、化学家高济宇、生物化学专家梁灿英，以及学成归国服务的化学家李俊甫、医学专家陈雨亭等。

校长以身作则、楷模群伦的同时，教授各科目课程的教师们，在指导学生读书求知，引领学风、构建校风乃至铸造"校格"方面，也是当行本色，别有一番神采。

1941 年 6 月 13 日下午，来自北大中文系的罗常培教授受邀在西南联大分校演讲了《读书八式》。所谓"读书八式"，即针对"爱好文艺，或性近玄思"者而言的"涵泳自得"式读书，针对"铢积寸累，日知其所无，月无忘其所能"者而言的"采花酿蜜"式读书，针对"钻研一题，逐渐深入"者而言的"剥茧抽丝"式读书，针对"为学有重心，左右逢源"者而言的"磁石引铁"式读书，针对"信手翻检，撷拾菁华"者而言的"披砂拣金"式读书，针对"穿凿附会，自欺欺人"者而言的"郢书燕说"式读书，针对"随眼滑过，不求甚解"者而言的"过眼云烟"式读书，以及针对"剽窃陈言，因袭堆砌"者而言的"持摺饾饤"式读书。或褒或贬，或扬或弃，态度十分鲜明。他在当天的日记中写道："无非想指出几种念书的方法来，好教学生知道怎样抉择。听众约三百余人。讲毕汗流浃背……"①

1942 年寒假之初，来自清华大学中文系的朱自清教授在西南联大编写完成了一部中国古代经典名作的导读书，起初拟名为《古典常谈》，随后接受杨振声先生的建议，改名为《经典常谈》②。朱先生非常认同国民政府教育部对当年初、高中国文教学的课程要求："培养学生读解古书，欣赏中国文学名著之能力"，以使他们"从本国语言文字上，了解固有文化"。因此，他在《经典常谈》自序中开宗明义道："在中等以上的教育里，经典训练应该是一个必要项目。经典训练的价值不在实用，而在文化"，他期待学生们能够把他所写的这部不到 8 万字的书，"当作一只船，航到经典的海里去"，进一步去"见识经典"。在书中，他用13 个篇章，提纲挈领、要言不烦地解说了《说文解字》《周易》《尚书》《诗经》《三礼》《春秋三传》《四书》《战国策》《史记》《汉书》及诸子、辞赋、诗、文等中华古代文化经典名作，文风深入浅出，娓娓道来，令人如在讲席之前聆听作者讲授，兴味盎然。他又在《论百读不厌》一文中指出，苏轼论读书名句"旧书不厌百回读，熟读深思子自知"中的"旧书"，指的就是儒家文化的"经典"，所以要"熟读深思"，因为"经典给人之时，教给人怎样做人"，"经典文字简短，意思深长，要多读，熟读，仔细玩味，才能了解和体会"。③

执教于武汉大学外文系并兼任教务长的朱光潜教授，在教学实践中认识到：

---

① 罗常培.苍洱之间［M］.沈阳：辽宁教育出版社，1996：14.

② 朱自清.朱自清全集：第 10 卷［M］.沈阳：江苏教育出版社，1998：143，148.

③ 朱自清.论百读不厌［M］// 朱自清.论雅俗共赏.上海：上海观察社，1948：8-9.

"学问不只是读书，而读书究竟是学问的一个重要途径"，"书籍是过去人类的精神遗产的宝库，也可以说是人类文化学术前进轨迹上的记程碑……读书是要清算过去人类成就的总账，把几千年的人类思想经验在短促的几十年内重温一遍，把过去无数亿万人辛苦获来的知识教训集中到读者一个人身上去受用。有了这种准备，一个人总能在学问的途程上，作万里长征，去发现新的世界"。①他还发现，"一般讨论文学的人大半侧重好的文学作品，不很注意坏的文学作品，所以导引正路的话说得多，指示迷途的话说得少"，而文学的创作和欣赏，"都要靠极敏锐的美丑鉴别力，没有这种鉴别力就会有低级趣味，把坏的看成好的"，为此，他写作了长篇文章《文学上的低级趣味》。仅就文学作品的内容方面，他就指出，侦探故事、色情描写、黑幕描写、风花雪月的滥调及口号式、教条型的宣传文学之类，就是属于文学阅读中，不值得爱好却又被一般人"特别爱好"的东西②。

在武汉大学法律系毕业生王燮荃的记忆里，在日本京都帝国大学获得法学硕士回国的吴学义先生，是当时教师中好学不倦的楷模。吴先生在法学课堂上曾经赞美道："日本教授都很勤勉，他们一面教书，一面却在拼命地读书，所以教了几十年书，不但经验丰富，而且学问渊博，绝不是初出茅庐的教授所能比拟的。"因此，吴先生自己"虽然处于教授的地位，却过的是学生生活。他和同学们同住在宿舍，据说每周只是有规律地回家两趟。当你有问题问他而走进他房间时，会见他正摊开书在读着。有时走出图书馆，见他挟着厚厚的一叠杂志呼呼地走来。假使你常到图书馆去阅读杂志，那里你也可以常同他见面"。在课堂上，"他不是背讲义，更不是读讲义"，而是难能可贵地"把服务司法界所得的经验每随讲书而灌输给同学"。③在 1945 年年底，中国、美国、英国等 11 个战胜国代表组建"远东国际军事法庭"，时年 44 岁的吴学义教授，被选聘担任了代表中华民国政

---

① 朱光潜 . 谈读书 [ M ] // 朱光潜 . 朱光潜谈读书 . 天津：天津人民出版社，1998：109.

② 朱光潜 . 文学上的低级趣味——关于作品内容 [ M ] // 朱光潜 . 谈文学 . 上海：上海文艺出版社，2001：24–30.

③ 蒋宗祺 . 乐山忆旧 [ M ] // 龙泉明，徐正榜 . 老武大的故事 . 南京：江苏文艺出版社，1998：201–202.

府的远东国际军事法庭检察官顾问。

## 五

在 18 岁那年，金克木先生曾在北京大学图书馆做过短期的职员。在北京大学 90 周年华诞前夕，他回顾道：

> 那不到一年的时间，却是我学得最多的一段。书库中的书和来借书的人，以及馆中工作的各位同事，都成为我的老师。经过我手的索书条我都注意，还书时只要来得及，我总要抽空翻阅一下没见过的书，想知道我能不能看懂……这样，借书条成为索引，借书人和书库中人成为导师，我便白天在借书台和书库之间生活，晚上再仔细读读借回去的书。
>
> 我的好奇心是在上小学时养出来的，是小学的老师和环境给我塑成的。这一时期，不论进不进学校，是谁也跳越不过去的，而且定型以后是再也难改的。大学教师，无论是怎样高明的"灵魂工程师"，也只能就原有的加以增删，无法进行根本改造。大学只是楼的高层而不是底层。中学、小学的底子不好，后来再补就来不及了。教育是不可逆转的。我们不能不顾基础，只修"大屋顶"。若是中文、外文、古文、初等数学、思维方式、艺术情趣、体育、人品的底子，在幼年和少年时期没打好，只怕大学和研究院是修建在真正的"沙滩"上……①

1923 年 9 月 28 日，国立北京师范大学校开学，标志着中国历史上第一个师范大学的诞生。一个甲子以后，钱学森先生在一部有关"思维科学"的论著中说："20 年代的北京师范大学附属中学有个特别优良的学习环境……学生临考是不作准备的，从不因为明天要考什么而加班背诵课本。大家都重在理解，不在记忆。"

---

① 金克木 . 一点经历，一点希望 [ M ] // 北京大学校刊编辑部 . 精神的魅力 . 北京：北京大学出版社，1988：47–49.

在 1984 年春接受一次访谈时，他进一步回忆说：

> 我是 1923 年至 1929 年在北师大附中学习的，离现在已经 50 多年。当年我们在附中上学，都感到民族、国家的存亡问题压在心头，老师们、同学们都在思考这个问题。在这样的气氛下，我们努力学习，为了振兴中华……现在的父母对教育孩子很费劲，我们那个时候没有像现在这样受罪。
>
> 放了学在学校里玩，天不黑不回家。不怕考试，不突击考试，没有考不上大学的。班里最好的学生考 80 分就行了。不死抠课本，提倡多看"课外书"。附中的选修课很多，学生的知识面很广，每天午饭后，在教室里交谈各种科学知识……学生的求知欲很强，把学习当成一种享受而不是一种困难。师生关系密切，息息相通，对学生诱导而不是强迫。对我的知识和人生观起了很大作用。①

正如"阅读要从娃娃抓起"一般，从小学、中学到大学的校园阅读，都应该从"入学新生"这个关键群体逐步抓起来。"学习型家庭"是"书香社会"的文教细胞，但长期以来，家庭"亲子阅读"及"家长导读"的基本缺位，各省、市、区、县及乡镇儿童图书馆（阅览室）建设的普遍缺失，再加上学校内专职岗位性的"读书指导教师"及社会志愿者型的"阅读推广人"的严重稀缺，导致大量孩子在上小学之前缺乏读书情意，入学以后仍然缺少阅读素养的提升。

北京市中国书店的马建农先生指出，"对于'文革'后期读小学、中学的孩子来说，能够阅读的文学作品颇为有限"，"特殊的政治时代，让人们的阅读生活陷入了一个扭曲的时代，阅读的图书贫乏，也让很多人丧失了读书的机会。这对于那个时代的正在成长的孩子来说，无疑是一场悲剧"。他披露，1977 年恢复高

---

① 钱学森.学得轻松活泼［M］// 傅国通.过去的中学——人生最关键阶段的教育和学习.武汉：长江文艺出版社，2006：159–162.

考制度后，"让很多年轻人重新拿起书来，补习文化知识。当时很多图书业由此逐渐地开始热了起来"：

> 由于"文革"的影响，学者、作家大多纷纷"靠边站"，出版社的编辑队伍也严重不足，无论是图书的创作，还是编辑、出版能力极为有限。在这样的背景下，国家出版局只好要求有关出版社对"文革"前出版的图书进行审读、修订，并决定在最短的时间内，重印35种中外文学名著……（1978年的"五一节"）北京的新华书店、中国书店及外文书店的门市部争购图书的读者，涌向各个门店。人们那种争购图书的狂潮，让很多人记忆犹新。
>
> 1984年北京海淀区教师进修学校为海淀区各个学校编写了一套初中、高中各个学科的"辅导与练习"，这套图书最初由四川重庆的出版社出版，在秋季开学时就印行了300万套。这套读物被视为最早出版教辅读物的开端……自此以后，初中、高中使用教辅读物越来越突出，教辅甚至发展成为一种图书出版专有名词被广泛地使用，虽然一直颇受非议，褒贬不一，但教辅图书伴随着高考、中考走过了二十余年的历史，一直持续到今天。[1]

随着时政和时局的强力裹挟，大学的学风也不断发生着变化。

大抵从20世纪80年代以来，在基础学业阶段愈演愈烈，似已积重难返的"应试升学型教育"，又让那些有幸通过"高考独木桥"进入大学本、专科的学生，视勤苦攻读、博览群书为畏途，丧失了自主求知的主观能动性。甚至不乏在心理上厌倦书本者，在行动上逃离主动学习者。至于广泛探求知识兴趣，从中发现自己的学业爱好，努力打造学问专长的理性自觉，则呈进行性弱化之势。读书求知、

---

[1] 马建农.当代北京阅读史话［M］.北京：当代中国出版社，2010.115，128–129，121–122.

知行合一的优良学风，颇见荒废。

来新夏教授曾经十分遗憾地写道：

> 我在南开大学担任图书馆馆长多年，对现代很多人，尤其是知识分子和大学生读不读书的现象，是深有体会的。在 20 世纪 80 年代初我就任馆长时，每当图书馆开馆时，人们便会蜂拥而至，甚至有一次将图书馆的大门玻璃挤碎了。后来管理人员把这事讲给我听，我说："挤破了好，挤破了，证明大家要破门而入，表明了大家如饥似渴地想来读书啊！"后来图书馆条件越来越优雅，设施越来越先进，借阅的手段越来越现代化，但走进阅览室的人却越来越少，最后少到了屈指可数的地步，而经常来读书的人，又总是那几位"老主顾"。高等学府读书状况达到如此地步，令我感到万分诧异。①

这个问题的严峻性，当年没有得到应有的重视和足够的干预，因此每况愈下，愈演愈烈。至于 21 世纪初，即有学人披露说，包括云南大学在内的当代一些大学，已经成为真正意义上的"人才加工厂"。他指出：

> 教育的目的应该是人性的充分实现或人格的健全发展，大学应该是引导年轻心灵追求智性、激情和创造力的土壤。而这片土壤已变得干涩了，它越来越缺乏人文情怀与思维的乐趣……如果有人读了一本教师没有指定的书，马上有人不解，那会"有用"吗？对于这些人来说，背英语单词比看托尔斯泰有价值得多。读书的目的和理由，仍是它可能带来什么外部奖赏。②

---

① 来新夏.读书散忆［M］// 来新夏.来新夏谈书.天津：南开大学出版社，2010：138.
② 周重临.云南大学：被遗忘与被损害的［M］// 谢泳.逝去的大学.北京：同心出版社，2005：222-223.

"读好书，读书好，好读书"，是冰心女士当年为《儿童时代》杂志所写的题词，寄托了老一辈作家对于儿童阅读的殷切期待。各级各类学校，作为一个学生成人、成长、成才的重要场所，是全民阅读可持续发展的枢纽环节，是推动"书香中国"，走向"学习型社会"建设的重要平台。

如今反思起来，具有基础文教工程意义的儿童图书馆（阅览室）的社会布局，"学习型父母"及读书指导教师、阅读推广人队伍的公益性培训，以至"阅读文化学"的学科建设及分级、分众、分地、分类、分校、分民族等阅读推广的效能评估等，都需要中央政府及早进行"高层制度设计"，从中华民族文化软实力的战略高度加以重视，并给予公共财政经费的持久投入，才能收到放水养鱼、鱼肥苗壮的"持续链效应"。

## 六

学校教师对学生阅读的引导，往往是从推荐书目或导读书目着手的。早在清光绪元年（1875），时任四川学政的张之洞为了回答尊经书院学子提出的"应读何书，书以何本为善"的问题，就曾编撰《书目答问》一书，"以告初学"。

为引领大学内外高涨的读书风气，1979 年创刊的以评介并引导人们阅读中外文、史、哲图书的《书林》杂志，编辑了一部《大学文科书目概览》（上海人民出版社 1985 年版），初版就印行了 10 万册。该刊编辑说明该书出版的背景道：

> 书中介绍大学文科十个课目的必读书和参考书千余种，部分内容曾在《书林》杂志上连载，现应广大读者要求，经修订后汇编成集。自《高等教育自学考试暂行办法》颁布之后，广大青年的自学热情高涨。然而，书海茫茫，一些有志于自学文科的青年，并不十分了解全日制大学文科各专业需要阅读哪些书籍，这给学习带来了困难。本书的出版，就是为了帮助他们解决这方面的困难。

本书作者基本上是教学经验丰富的大学教师，所选书目符合大学

文科教学大纲要求，注重知识性、系统性和稳定性，内容简介也颇为简
要……对于大学文科教师的教学工作和大学生选择应读的文科书籍，也
是很有用的参考读物。①

该书目涉及哲学、文学、语言学、历史学、经济学、法学、社会学、教育学、
心理学、图书馆学 10 个学科，并附录有《辞海》等 10 余种常用中文工具书简介。

无独有偶。时任北京大学副校长的季羡林先生也主编了一部专科性的书
目——《中外文学书目答问》（乔默、江溶编，中国青年出版社 1986 年版）。据
介绍：

本书是一部指导青年文学爱好者、大中学生阅读古今中外文学作品
和文学理论著作的普及性导读书目。共推荐古今中外文学和文论名著 265
种。中国文学部分包括古典文学 106 种、现当代文学作品 35 种、文艺理
论著作 25 种。外国文学部分，包括西方文学作品 53 种、东方文学作品
20 种、俄苏文学作品 27 种。其中中国古典文学部分，以 1949 年后编选
出版的注释本为主，外国文学部分，只收录有中文译本者，且不收当代
作品。被荐各书都写有较长的导读文字，除一般性评介外，着重在提示
和指点阅读要点、难点，列举阅读法，有较好的导读作用。②

据萧东发教授回忆："1987 年建立导读室，我兼职当了顾问，并给同学们开
'怎样利用图书馆''怎样查工具书''怎样写论文'三个讲座。"③而在北京大学
图书馆导读室工作的齐宝惠馆员主编了一部《大学生导读手册：必读书目》，由

---

① 《书林》杂志编辑部.大学文科书目概览［M］.上海：上海人民出版社，1985：1.
② 王余光，徐雁.中国读书大辞典［M］.南京：南京大学出版社，1993：808.
③ 萧东发.不解之缘［M］//庄守经，赵学文.文明的沃土.北京：北京大学出版社，
　　1992：331.

北大图书馆导读室于 1988 年 10 月编印问世后，供校内外赠阅之用。据悉，在 20 世纪 80 年代末至 90 年代初，齐馆员曾在国内 10 余个省区市的 100 余所大学，就高校图书馆导读工作进行讲学和考察。全书正文内容共有 738 页，分为"理论性导读"和"文科各专业课程的参考书目"两个部分。

第一部分"理论性导读"，主要阐述了大学生应该具备什么样的知识结构，在大学四年时间怎样通过阅读、实践来搭建自己合理的知识结构，也介绍了选择图书和阅读书籍的方法，以及怎样充分利用图书馆。认为这些理论性导读"所涉及内容既不包括在大学入学教育中，也未能体现在课堂教学中，本书或可弥补目前大学教育过程中的不足，以完善大学教育的全过程"[1]。由此可见，利用图书馆在自修中成才，在阅读中成长，是大学整个过程的重要环节。

第二部分"文科各专业课程的参考书目"，收录了北京大学文科类 1544 门课程的 5600 种图书（每一条目，均附有北大图书馆索书号），以系别为分类，组成了 19 个书目。这些书目，以北大的教学计划、课程设置为依据，先介绍专业"培养目标"，再罗列专业"课程简目"，最后依次编排每门专业课程的参考书目。编写方法是，参照图书馆教学参考书工作小组从各系、各专业、各门课程历届任课教师搜集而来的教学参考书目，在此基础上加以删减、增补、整合。因是可以拓展专业课程教学内容的"必读书目"，它对于目标受众来说，具有非常强的针对性和导读价值。

在 20 世纪 90 年代初立项的国家社会科学基金项目"大学信息用户研究"系列报告之《大学生与图书馆》一文中，马佩欣、罗志勇指出："高校图书馆在大学生的成长与进步中，发挥着举足轻重的作用，这已是图书馆界的共识""在大学生的日常生活中，除了课程学习，图书馆便成为他们活动的主要场所""在大学生的信息环境中，高校图书馆处于核心地位，也应该成为大学生最主要的信息来源。它的作用和地位，优于书店书摊、广播、电视、情报机构等。建设好高校图书馆对改善校园信息环境有着至关重要的意义"，但高校图书馆需要加强对大

---

① 齐宝惠.大学生导读手册：必读书目［M］.北京大学图书馆导读室编印，1988：2.

学生情报意识和文献检索能力的培养，主动加强专业馆员对大学生的咨询服务和辅导活动，"帮助大学生更好地利用图书馆"。

他们通过对当时北京大学 4 个年级共计 328 名学生的调查信息进行统计分析后，发现"大学生利用图书馆，有一种跨年级界限而存在的等级差异"，这说明："图书馆应根据大学生利用图书馆这种跨年级界限而存在的等级差异，将大学生分为不同层次的读者，根据不同层次的服务对象实行区别对待的原则，保证充分利用不同类型的文献资料，不断提高图书馆的服务水平和读者的科研能力以及知识水准。区别不同层次的读者，也是对图书馆评估工作的重要标准之一。高层次读者越多，说明图书馆服务质量、科研能力及管理水平越高，从中可看出图书馆整体水平的高低，也是衡量一个学校的教学与科研水平的重要标志，应引起图书馆领导和校领导的重视，促进图书馆事业的不断发展。"

对于莘莘学子的学业成长，有识之士们从来都保持着热切的关注。1993 年11 月，出版家、经济学家高希均先生，鉴于"人民小康，但是社会大贫；教育普及，但是读书风气低落"的台湾社会现实，提出了"新读书主义"的理念。

他注意到，在现实中，"读书"的动机蕴涵着浓厚的功利色彩，"在今天升学主义与考试主义主宰一个人早年的命运时，读书、考试、就业，就变成了痛苦的三级跳。当'读书'沦落到如此的工具化与世俗化时，怎么还可能有'读书乐'？从幼稚园到大学，在 20 年的读书压力下，谁会不厌恶读书？这正是今天台湾读书风气低落的一个根本原因"。他发现，进入社会工作以后，再用功的学生也会立刻发现，在本学科专业知识方面，"书到用时方恨少"；在其他相关知识方面，是"书到用时更恨狭"，其原因就在于"一般大学生对本科以外的知识，从科学到人文，从艺术到宗教，都几乎是'功能性的文盲'"，我们的大学教育最欠缺"通识教育"了。因此，他指出：

> "新读书主义"所要提倡的，不是消极地从"苦"读书中得到的"新"乐趣，而是全面改变对读书的心态。不论自己已经就业或者还在求学，首先必须下定决心告诉自己：不再为应付考试而读书；不再为应付就业

而读书。减少了读书的强迫性，就增加了读书的宽广性。

"新读书主义"者所追求的，就是透过全方位的读书，使自己，使家人，使同事，使朋友，成为一个全方位的读书人。这是一个现代知识分子对自己，也是对自己关怀的人的新要求。

读书是无法由他人代劳的。读书是要自己投入的。一旦养成了读书的习惯，就能自己体会到"三日不读书，面目可憎"的哲理。

爱读书的人，一定读过不少专业以外的闲书，一定读过不少看来没有实用价值的书……让"新读书主义"者，来共同提倡，也更要身体力行：自己再忙也要读书；收入再少也要买书；住处再挤也要藏书；交情再浅也要送书。

我们也要告诉社会各界：最庸俗的人是不读书的人；最吝啬的人是不买书的人；最可怜的人是与书无缘的人。[1]

在高等院校工作的师长们，对于大学生校园阅读问题自然也是倍加关注。1994 年 2 月，齐宝惠女士在《导读工作概论》（周金林编著，南京大学出版社1994 年版）的序言中认为，所谓"导读"，也即"辅导阅读"之意，包含着两个方面的含义，"一是为大学生的成长服务，指导大学生读者如何学习，如何构建科学合理的智能结构；二是为教学服务，辅导大学生读者如何进行阅读活动"[2]。

1995 年夏，时任武汉大学教务处副处长的彭宇文先生编撰了《大学生文化素质教育百部名著导读》（武汉大学出版社 1997 年版）。他在《制定大学生阅读推荐书目的几点体会》一文中指出，"为大学生制定'必读书目'是许多高校加强大学生文化素质教育的一项重要措施"，武汉大学在制定书目的过程中，广泛参考了兄弟院校的有关书目及该校原已开列的部分专业阅读书目，在此基础上提

---

① 高希均 . 新读书主义 [M] // 高希均 . 阅读救自己：50 年学习的脚印 . 北京：人民出版社，2011：62-63.

② 齐宝惠 . 序 [M] // 周金林 . 导读工作概论 . 南京：南京大学出版社，1994：2.

出了书目初稿，然后又通过多种形式征求修改意见，经五易其稿后发布了该书目的"试行稿"。鉴于在本科四年中，要求读完数十甚至上百种书并不符合客观实际，因而将"必读书目"改称为"推荐书目"，意为推荐给学生从中选读一部分，而不要求全部阅读。在具体的书目遴选中，注意到了所选书籍的文化性、思想性、经典性、权威性、典型性、代表性、通用性、适用性、可读性因素，并设想采取一些具体的导读举措，以及获得学分等办法，促成良好的经典书籍阅读氛围。

1995年10月，苏州大学推出了大学生必读书目，据《光明日报》报道，该校规定，自1995级新生开始，在学四年间，在完成专业课目的学习之外，还必须完成总量为80本的"必读书"，为此，该校还编印发放了《苏州大学学生必读书导读手册》。九年后，又修订了"苏州大学关于建立学生必读书制度的实施意见"。据顾烨青《苏州大学必读书制度实施十年之回顾与思考》一文披露，有20余所高校前往苏大学习借鉴苏大的做法。①

如徐州工程学院图书馆组织专门人员前往苏州大学图书馆调研后，于2008年4月，正式建立了该学院的"大学生必读书制度"，推荐了99种必读书并于次年春正式实行了"大学生必读书"的考试制度。据该馆李明真、王真的文章反映，之所以要实行"大学生必读书制度"，一方面是遵循原国家教育委员会在1995年7月发布的有关文件精神，另一方面，也是基于"大学生阅读的功利性越来越强和'浅阅读'的盛行，营造'书香校园'任重道远"的现实，而在实际运行七八年之后的自我评估中，他们认为："我校必读书制度取得了一定成效，但尚存诸多不足，我们将通过资源库建设、题库建设、推广宣传等多方面、全方位的手段，推动我校必读书制度建设更上一个台阶。"②

2015年，在时任南京大学校长陈骏院士的倡议下，南京大学研拟并实施了

---

① 顾烨青.苏州大学必读书制度实施十年之回顾与思考[C] // 中国图书馆学会.以人为本 服务创新.北京：北京图书馆出版社，2005：177–181.

② 李明真，王真.高校必读书制度存在的问题及对策分析——以徐州工程学院图书馆为例[J].图书馆研究，2016（05）.

"悦读经典计划"，将大学生的阅读能力、阅读习惯培养作为"通识教育"中的重要内容之一。具体措施为设置本科生悦读通识必选学分（2学分），其中包含经典研读、导读和悦读三个学习模块，覆盖本科一至四年级、课内到课外。加强第一课堂、第二课堂联动，课程形式由小规模的研读课程和读书会逐步拓展至大规模的经典悦读慕课学习，结合全校范围内的各类读书活动，并融入名师指导与朋辈互助机制，从而构建立体化的经典阅读体系，使广大学子通过接触经典、深入研究经典、广泛交流经典逐步培养"悦读"经典的习惯并终身受益。

# 七

从口耳相传的人类蒙昧时代，到教书习字的文教启蒙时代，从"读无字书"进入"读有字书"，继而形成"读无字书 + 读有字书"的基本学习模式，人类的阅读行为，始终随着人类生存、生活、生产的新需求，而不断地被赋予新的文化教育使命。尽管就人类的信息传播和知识传承方式而言，已从由笔、墨、竹、木为基本工具的文书时代，进入如今以屏、键、光、电为特征的数字化网络时代，但学习的内涵和阅读的本质并没有任何改变。

所谓"学习"，是指人类通过听讲、阅读等知识接受途径，结合求学者个体的理解、思考和感悟，再借助急用先学、边学边用、学用结合之类的方法去学以致用，以获取生存经验、生活技能、生产知识为主要目的的行为。其本质是"求知"和"明理"，既求未知、新知和真知，更求文理、学理和真理，以形成自己的常识体系、知识结构、学识水平，进而造就自己的见识，锤炼自己的胆识，提升认知水平。也就是说，无论是开卷观书，还是启屏求知，通过不间断的阅读和终身化的学习，以汲取书本内外的信息、知识乃至智慧，为人生的战略服务，正是一个现代人的基本生存方式和生活内容。

"全民阅读"是中央政府持续倡导和推动的社会文教基础性工程，需要多方联动协作，形成合力，来共同夯实"书香中国"的民间根基。我认为，全民阅读工作既要全面深入，又要重点拓展，更需要重视具体阅读推广活动的务实有效和逐时创新。因此，急需构建"学习型家庭""书香校园"和"图书馆阅读推广"这种"三位一体"的全民阅读推广机制，以便组合性地发挥出全民阅读全方位、多层面的文教功能和精神文明功用。

南方科技大学图书馆从事读者服务与阅读推广的陈欣馆员通过文献搜集编辑了《大学生导读主题著述一览表（1988—2017 年）》，从中可获得如下信息：

表导 -1　大学生导读主题著述一览表（1988—2017 年）

| 书名 | 编著者及出版者、出版时间 |
|---|---|
| 《大学生导读手册：必读书目》 | 齐宝惠主编，北京大学图书馆1988年编印 |
| 《大学图书馆导读教程》 | 四川省师专图书馆协作会、湖北省师专图书馆协作会编，中州古籍出版社，1991年版 |
| 《大学图书馆导读教程》 | 杜新中主编，中州古籍出版社，1991年版 |
| 《大学图书馆导读教程》 | 路银生主编，中州古籍出版社，1993年版 |
| 《导读工作概论》 | 周金林编著，南京大学出版社，1994年版 |
| 《大学生导读教程》 | 陈有富、苏长江主编，河北人民出版社，1994年版 |
| 《大学图书馆导读教程》 | 张世良主编，北京图书馆出版社，1998年版 |
| 《大学图书馆导读》 | 张亚琴编，石油工业大学出版社，1998年版 |
| 《大学生导读》 | 李广建编著，北京图书馆出版社，1998年版 |
| 《大学图书馆导读》 | 何立民、张根彬、王欣编著，河海大学出版社，2001年版 |
| 《图书馆导读工作》 | 林运卓编著，远方出版社，2004年版 |
| 《图书馆导读方法与策略》 | 林运卓编著，暨南大学出版社，2005年版 |
| 《大学生阅读指导》 | ［英］加文·费尔贝恩、苏珊·费尔贝恩著，谢友倩译，中国人民大学出版社，2005年版 |
| 《导读工作简明教程》 | 韩文军编著，中国原子能出版传媒公司，2011年版 |
| 《大学图书馆导读策略》 | 沈秀琼著，人民邮电出版社，2013年版 |
| 《大学图书馆阅读推广》 | 王新才主编，朝华出版社，2017年版 |
| 《书香满园：校园阅读推广》 | 钱军、蔡思明、张思瑶编著，海天出版社，2017年版 |

其中由武汉大学图书馆馆长兼中国图书馆学会阅读推广委员会副主任王新才教授领衔主编的《大学图书馆阅读推广》，及南京邮电大学图书馆馆长兼中国图书馆学会图书评论与阅读推广专业委员会主任钱军研究馆员领衔主编的《书香满园：校园阅读推广》，两书共计 50 余万字。据南京工业大学图书馆馆员魏俊婕评介，两书编者的不约而同之处，是均对校园阅读推广工作中的"人文情怀"给予了足够的关注；遗憾之处，是两书编者均回避了"校园阅读推广经费"这一至关重要的现实性问题。

魏馆员在书评文章中，还结合其所在的南京工业大学图书馆多年从事大学生阅读推广活动的业务实践，列举了推进"书香校园"建设工作需要抓住的 6 个方面重点：第一，需要学校高层的"顶层设计"，为校园阅读推广提供"政策保障"；第二，需要精心编制设计一份"好书书单"，为校园阅读推广提供"内容支持"；第三，需要校图书馆在业务馆员中用心选好"阅读推广人"，为校园阅读推广提供"质量保证"；第四，需有学生的"读书会"组织，成为校园阅读推广的"重要组成部分"；第五，需有类型丰富的阅读活动，为构建"书香校园"增添活力；第六，需有严谨科学的评价体系，为校园阅读推广提供"进步导向"[1]。

总之，院校图书馆应该以当仁不让、义不容辞的精神，在全民阅读的时代背景下，担当起校园阅读推广的重任。

作为 2016 年被批准立项的国家社会科学基金项目——"高等院校校园阅读氛围危机干预研究"的主持人，我对于当下的校园阅读推广工作有以下三点建议：

第一，要以"分众学说"等为学理依据，切实分析各级各类学校自己的办学特色和学生的基本特点，及早转变以往模仿而来的公共图书馆全民阅读推广活动的样式，要结合不同学校、不同年级各自的特质，来创意策划、创新发展更具针对性的"分校（分级）式校园阅读推广"活动。

---

[1] 魏俊婕.见之而知之，知之而行之——以《大学图书馆阅读推广》及《书香满园：校园阅读推广》为中心 [ J ].山东图书馆学刊，2019（01）.

第二，要借助"分时阅读""分地阅读"及"分类读物"推广的方式，努力结合"新生入学季""校友校庆季"及"人生规划季"等时间节点，举办主题鲜明的优良适配读物的推广活动。让好书佳作、名著经典所内涵的知识芬芳，能够最大效能地沐浴大学生们的身心，伴随其既成长又成才的宝贵学业生涯。

第三，要在"教师专业读物指导"和"学生素质型自主阅读"的基础上，努力开创院校图书馆"专业馆员导航式阅读"的业务新格局。高校图书馆应及早恢复"导读室"，或新创建立"校园阅读推广部"，选用馆内乃至校内外得力人才，使之发展成为促进校园阅读与学风建设的新部门。因为业务有必要，读者有需要。在北京大学图书馆举办的一次馆庆征文活动中，我们读到了如下真挚的文字：

> 我们不能不感谢那些书海中的导航员，图书花园中的园丁——那些可敬可亲的馆员，是他们为一批又一批的读者参谋引路，是他们为我们提供了如此整洁安静的环境。常常会碰到这样的情况，许多读者，特别是初敲科学大门的年轻人，面对卷帙浩繁、五花八门的图书报刊……因而不知所措，无从着手；不识道路，迷失方向；不问（青红）皂白，狼吞虎咽。是他们，热情地为我们咨询指路。①
>
> 一个图书馆，没有第一流的书不行，没有第一流的馆员也不行。没有好的馆员，图书馆的价值往往是潜在的；有了好的馆员，它才能泽被更多的学子，发出更多的光热。②
>
> 没有孜孜以求的好学精神，一丝不苟的治学态度，不可能在学术上取得任何成就。从"五四"到今天，北大出类拔萃的学者，无不经历了勤奋、严谨之路。勤奋、严谨的学风，与利用图书资料又是分不开的……北大的勤奋学风的表现之一，是每天从早到晚，有数千人在校图书馆、

---

① 张文定．春天就在这里［M］// 庄守经，赵学文．文明的沃土．北京：北京大学出版社，1992：325–326.

② 董学文．不忘的记忆［M］// 庄守经，赵学文．文明的沃土．北京：北京大学出版社，1992：308.

系资料室，如饥似渴地阅读和查找资料，专心致志地进行研究工作。①

正如"阅读要从家庭中的娃娃抓起"，校园阅读推广，也应从每年度秋季入学的新同学抓起。而人文素质和科学素养教育，则是其中的重中之重。展望目前在校的大学生，大多在十年左右将为人父母，肩负起教儿育女的家庭重任。因此，当今大学生们假如不能依靠在读院校图书馆的丰富文献资源，把自己从"应试教育"土壤长成的考生，及时转型为有文化素质和人文素养的读书人的话，在未来又如何能够胜任教养儿女的天职呢？

由此可见，大学阶段还是培养未来年代"学习型家长"的关键时期。而一个由众多"学习型馆员"组成的"学习型图书馆"，则应该成为这一群体的"知识保姆"。

"我爱我的老师，我爱我的书籍……"（河南留学欧美预备学校校友《母校之歌》）作为现代"知识天堂"——图书馆的文献守护人和知识传播者，"学习型馆员"应具有强烈的职业忧患意识，既要多一份"人生唯有读书好，最是书香能致远"的人文自信，又要多一份从"学习型馆员"到"阅读推广人"的身份认同，本着慈悲、博爱、公益之心劝学导读，积极推介好书名著、佳作经典，在以"读书要从娃娃抓起"的"学习型家庭"建设方面，在以"读书求知，知行合一"为学风内涵的"书香校园"创建方面，为"促进全民阅读，建设学习型社会"的社会文教愿景，夯实最为广泛和坚实的人力资源基础。

徐雁

（作者系南京大学信息管理学院教授、博士生导师，中国图书馆学会阅读推广委员会副主任）

---

① 肖蔚云. 勤奋、严谨学风与图书资料［M］// 庄守经，赵学文. 文明的沃土. 北京：北京大学出版社，1992：134.

# 第一章

# 大学生阅读现状评析及"分校阅读"推广理念

当代大学生阅读状况调查综述

大学生阅读推广现状评析

"分校阅读"的推广理念

"分校阅读推广"的六大院校类型

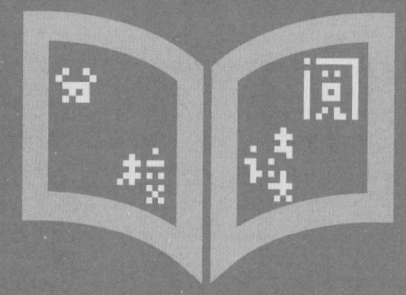

自 1999 年大专院校进一步扩大招生数量以来，我国自然人口中的大专院校毕业生的数量逐年增长。1998 年，我国本专科毕业生为 82.98 万人，高等教育毛入学率为 9.8%；而到了 2017 年，本专科毕业生为 735.83 万人，扩张近 9 倍，毛入学率达到了 45.7%，全国高等教育总规模已经增长至 3779 万人[①]。大专院校毕业生正成为我国青壮年人口的主要构成群体，其知识品质和文化素养也将主导我国青壮年人口的整体水准。

大学生阅读是全民阅读的重要组成部分。2006 年，在中共中央宣传部、中央文明办、新闻出版总署、文化部、教育部、国家广电总局等多个中央、国家机构的倡导下，全国各地开始组织全民阅读活动。2012 年，"开展全民阅读活动"被写入党的十八大报告。自 2014 年至今，"全民阅读"已连续多年被写入国务院《政府工作报告》。显然，与美国、英国、日本、韩国等发达国家类似，中国已经将"全民阅读"（National Reading Promotion）视为可持续发展的国家文教战略。不仅如此，全民阅读更被视为坚定文化自信、建设文化强国和实现中华民族伟大复兴的必要方式。

从社会可持续发展的国家战略看，大学生在"书香宝宝—学龄儿童—青少年书生—学习型父母"的"阅读人口可持续发展链条"[②]之中处于非常重要的位置，我们不妨从以下三个角度充分认识大专院校学生阅读的重要意义：

首先，我国的青少年在所谓"应试教育体制"的压力下普遍缺乏丰富而多元

---

[①] 中华人民共和国教育部 . 教育发展统计公报 [DB/OL] .http：//www.moe.edu.cn/jyb_sjzl/sjzl_fztjgb/.

[②] 徐雁 ."年少从他爱梨粟，长成须读五车书"——从"书香娃娃"与"学习型父母"的关系说起 [J] . 图书馆杂志，2017（6）：51-54.

的课外阅读，进入大专院校的学业理应完成从"知识型考生"到"学识型书生"的过渡，用深阅读、精阅读、泛阅读等途径提升思考、思辨的能力，并形成继续学习乃至终身学习的习惯，以适应当代社会的快速发展。

其次，我国人文教育存在严重缺位的问题。著名教育家蔡元培先生曾言："教育者，养成人格之事业也。"①在大学教育中倡导阅读经典著作和人文著作，有助于大学生拓展人生视野，构建人文情怀，提升审美意识，塑造积极进取的人生观和价值观。

最后，大专学生在毕业数年之后就会建立小家庭并生儿育女，大学期间的阅读经历则是他们未来可以顺利转变为"学习型父母"的基石。让每一个大学生带着对阅读的情意走出校园，是未来建设书香家庭和书香社会的重要基础。如果当今大专院校学生普遍远离阅读，那么下一代人可能越发远离阅读。国外有学者将这种现象命名为"彼得效应"（Peter Effect），意即阅读的指导者们自己都不具备"阅读的热情"，他们也无法给予孩子们"阅读的热情"。我国有悠远绵长的"耕读传家"和"诗书继世"的人文传统，孕育了众多人才。如果今天的大专院校学生远离阅读，失去了继承中华民族阅读传统的"文化自觉"，那么我国未来一代人的童年文化底色、知识结构和道德素养会直线下降，直接影响到我们民族未来的竞争力。

总之，阅读是人类认知事物的主要方法，是大学生形成知识结构的基本途径，有助于形成深度思考及终身学习的良好习惯。诚如著名阅读推广名师、全民阅读形象代言人朱永新先生所言："一个没有阅读的学校永远不可能有真正的教育。"②因此"书香校园"不仅是中小学教育的建设目标，也是大学教育发展的永恒追求。

---

① 蔡元培. 一九零零年以来教育之进步［M］// 蔡元培. 蔡元培全集：第 2 卷. 北京：中华书局，1984：407.

② 朱永新. 我的阅读观［M］. 北京：中国人民大学出版社，2012：143.

**当代大学生阅读状况调查综述**

对大学生阅读状况展开调查，并分析其特点和存在的问题，是进一步提升高校阅读推广实效的前提。我国针对大学生阅读状况调查的研究成果主要集中在图书馆学、情报学界，主要涵盖了两个维度：第一，阅读的外显行为，包括阅读时间、阅读内容、阅读数量、阅读方式、阅读环境等；第二，阅读的内在心理，包括阅读需求、阅读动机、阅读兴趣、阅读观念等。

2010年，中国图书馆学会下属的大学生阅读委员会和阅读与心理健康委员会对我国内地在校大学生的阅读状况进行了问卷调查。该调查是国家社会科学基金项目"图书馆的阅读推广活动调查研究"的子课题之一，共涉及39所大学、4078位调查对象。调查问卷主要包括基本信息、阅读行为和阅读心理三个部分。结果显示，当代大学生对阅读持有积极的态度，但限于自身素养和大学阶段面临的各种诱惑和压力，导致他们的阅读状况不尽如人意，比如缺少阅读计划，主要阅读内容是文学及专业图书，阅读氛围较差等。该调查的相关研究还对功利性阅读、阅读推广、阅读辅导等问题提出了建议。①②

另一项调查来自华东师范大学查颖的申请博士学位论文，即《阅读与大学生发展的关系研究》。她对浙江省5所大学的1105名本科阶段的文科类大学生进行了分场次的问卷调查，发现以下问题：大学生阅读数量明显偏少；阅读环境不够浓厚，校园阅读推广活动参与度低，阅读互动频次低；更偏向纸质阅读，数字阅读则以手机为首选；阅读内容倾向多领域平衡，经典阅读十分匮乏，阅读的经典

---

① 岳修志.当代大学生阅读问卷调查分析［J］.大学图书馆学报，2011（4）：81-85.

② 岳修志.基于问卷调查的高校阅读推广活动评价［J］.大学图书馆学报，2012（5）：101-106.

著作聚焦在中外文学名著，而其他领域和专业的经典阅读频次明显偏低[1]。

季亚娟、王醒宇也曾针对国内外大一新生的阅读状况展开了对比性的问卷调查。调查结果显示，参与调查的国外高校学生在初、中级教育阶段已经形成了较强的阅读素养，其阅读量明显高于国内学生。国外学生的阅读面普遍比较广、选择性阅读能力更强、阅读主动性稍强、对阅读材料的合理使用意识很强，国外高校教师对学生的阅读要求和阅读材料提供方面也明显强于国内教师，而国内学生的阅读功利性明显；尽管我国的校园阅读推广活动远远多于国外，但是阅读推广能力和效果亟待提升[2]。

现有的调查结果已经得到了一些近似的结论，比如大学生课余时间较多，但阅读在课余时间中所占的比例较小；阅读时间和阅读数量都偏少；阅读趋向功利化和娱乐化；高校普遍缺少阅读指导；浅阅读和碎片化阅读流行。即目前存在"无习惯、无计划、无内容、无方法、无深度"[3]五个特征。

在数字阅读方面，谢蓉、金武刚采用焦点小组法（focus group）分别针对上海地区在校大学生和高校图书馆员两个群体开展调研。根据调研结果，建议图书馆多为学生提供以消遣性和资讯性等内容为主的手机阅读内容[4]。刘亚和蹇瑞卿在《大学生手机阅读行为的调查分析》一文中指出，手机阅读因为具有轻松、灵活、互动性强、内容丰富等特征而被大学生普遍认同，同时急需在阅读习惯、阅读情怀、阅读氛围与环境等方面引导大学生[5]。

---

① 查颖.阅读与大学生发展的关系研究［D］.上海：华东师范大学，2017.

② 季亚娟，王醒宇.国内外大学生阅读情况比较及高校图书馆阅读教育与推广的反思［J］.图书馆杂志，2014（8）：65–69.

③ 郭文玲.基于阅读心理的大学生阅读调查与图书馆阅读推广策略［J］.高校图书馆工作，2016（2）：7–13.

④ 谢蓉，金武刚.高校图书馆如何推广手机阅读——基于对在校大学生手机阅读的调查结果［J］.图书情报工作，2011（14）：20–23.

⑤ 刘亚，蹇瑞卿.大学生手机阅读行为的调查分析［J］.图书馆论坛，2013（3）：97–101.

大学生的寒暑假时间较长，假期内活动比较自由，也是该群体在阅读时间段内的首选。郑红京对大学生的假期阅读状况展开了调查，指出大学生存在假期前盲目借书，但实际阅读情况并不乐观的情况，建议高校图书馆应帮助大学生落实"阅读无假期"的理念[①]。

与国内的大学生阅读调查相比，"国外对大学生阅读行为的研究没有将大学生作为一个孤立的研究群体来考察，而是从培养公民终身学习的阅读习惯入手"[②]。比如，吉尔伯特等人以古斯塔夫阿道夫学院的学生为调查样本，发现美国高校存在阅读危机，主要原因是大学生缺少阅读的时间。不过，大学生仍然具有良好的阅读兴趣，高校图书馆不仅应当保障学术阅读，而且要努力培养大学生终身阅读的习惯。安东尼等人调查了美国 1025 名大二学生，发现仅有 46.6% 拥有阅读热情，而他们的阅读热情又与长辈的阅读倾向、自身的阅读观、早期阅读经验等因素有密切的关联。

张麒麟《当代大学生童年阅读经验的探索性研究》一文，首次针对我国大学生的童年阅读经验进行了问卷调查和访谈，结果显示：当代大学生在童年时期普遍缺乏充分的阅读经验，家庭藏书偏少，图书馆体系存在缺位，父母的指导和干预行为较少，学校教师也很少开展课外阅读的教育，多数访谈对象迟至小学的三四年级才开始有课外阅读的经历；缺少童年阅读经验是导致当代大学生远离阅读的重要原因；尽管大学生们希望以后成为在家庭阅读教育方面比上一代更加主动的父母，但他们的童年阅读经验和目前的知识储备尚不足以支撑他们实现这个目标。高校需要为当代大学生的童年阅读"补课"，并积极重建他们与阅读之间

---

① 郑红京.假日阅读——基于大学生问卷调查分析的高校图书馆阅读推广研究[J].图书馆论坛，2013（1）：152–155.

② 苑世芬，钱军.国外近年来大学生阅读行为研究进展与分析[J].图书馆杂志，2018（3）：12–19.

的心理联系①。

除问卷调查法外，也有一些学者采用文献计量的方法，即统计院校图书馆的借阅数据，对大学生的阅读情况实现间接分析。从整体数据看，院校图书馆的读者入馆率、人均借阅量、纸质文献使用率都在逐年下降，普遍存在"新书入馆即沉睡书架"的遗憾现象。院校图书馆作为校园精神文化培养核心机构的重要性正在下降，大学生与阅读之间的紧密联系日益弱化，图书馆的现代化馆舍基本被大学生视为自习、复习的重要场所。

从借阅数据所反映的阅读内容看，教材和文学类一直占据高校图书馆借阅排行榜的主要位置。高等数学、英语、编程语言等教材是公共必修课的教辅参考书，由于需求量大和复本较多，产生了较多的借阅数据。从 20 世纪 80 年代的金庸武侠小说和港台言情小说，到今天的各种类型文学读物，文学类一直是大学生的最爱。陆艳统计了河海大学图书馆 2003—2013 年的借阅比（借阅量／复本量）排行，发现前 100 位几乎都是文学类②。吴汉华等人统计了 2015 年度 20 所"985工程"高校的图书借阅排行榜，发现这些图书借阅排行榜中登榜频次大于 2 的 22种图书全部是人文类图书，其中文学类占到了 18 种，而且大多是尚未经过时间考验的畅销小说③。刘宇、李武在《阅读中的冷漠与自觉——当代大学生阅读倾向调查》一文中指出：当代大学生严重缺乏对知识性读物和经典著作的阅读，而且存在"精英与非精英分化的趋势"④。

在社交媒体和文化娱乐产业的影响下，时尚阅读在大学生生活中占据了重要

① 张麒麟.当代大学生童年阅读经验的探索性研究［J/OL］.图书馆论坛，2018：
  1-7［2018-08-10］.http：//kns.cnki.net/kcms/detail/44.1306.G2.20180515.
  1734.006.html.

② 陆艳.基于热门图书排行榜的高校图书馆读者阅读特征分析［J］.图书情报导刊，
  2014（19）：23-25.

③ 吴汉华，姚小燕，倪弘.我国"985工程"高校图书借阅排行榜分析［J］.大学图书馆
  学报，2016（6）：63-69.

④ 刘宇，李武.阅读中的冷漠与自觉——当代大学生阅读倾向调查［J］.中国图书评论，
  2013（4）：102-107.

的位置。随着《白鹿原》《平凡的世界》《冰与火之歌》《后宫·甄嬛传》《深夜食堂》等影视剧的热播，相关图书借阅量迅速走高；《从你的全世界路过》《解忧杂货店》《追风筝的人》《偷影子的人》《嫌疑犯 X 的献身》等畅销书也出现在许多高校的借阅排行榜。尽管阅读文学作品无可厚非，但当代大学生时尚阅读过多、经典阅读偏少已经成为一个需要关注的问题，一篇微信公众号文章《哈佛北大11 所中美名校图书借阅榜公开：对比结果惊到你了吗？》列出了中国 7 所名校2015 年的借阅排行榜和 4 所美国名校的课程参考书目①，尽管这样的对比有待商榷，但很快就引发全社会对国内大学生的阅读范围及知识结构的担忧，因为该文内容呼应国人对中、美两国大学教育差距的固有印象，也符合许多人对目前国内大学生人文素养正在下降的认知，所以引起了广泛的讨论和关注。

从根源上讲，在过去很长一段时期里，我国教育界忽略了世界性"阅读危机"的到来。早在 1983 年，美国国家优质教育委员会（National Commission on Excellence in Education）就发表了一份影响极为深远的教育报告《国家在危急中：教育改革势在必行》（*A Nation at Risk：The Imperative For Educational Reform*），该报告显示在 1983 年美国大约还有 13% 的 17 岁青年属于半文盲，与 1967 年的水平不相上下；相比于国际社会的进步，美国教育水平停滞不前的趋势对国家的未来构成了威胁。1986 年，美国在全世界率先为阅读立法。《卓越阅读法案》（*Reading Excellence*，1998）、《不让一个孩子掉队》（*No Child Left Behind Act*，2001）等法案反映了美国对抗"阅读危机"的努力。在美国之后，日本、韩国、俄罗斯、英国、瑞典、西班牙等许多国家都通过了促进阅读、开展阅读推广的法律，确认了公民应享有的"阅读权"，并具备"制定—施行—修订—再施行"的良性反馈机制。

除了立法之外，各国还投入了相当多的人力、经济和科研资源。比如，韩国在文化体育观光部下设立阅读推广委员会，以专门的机构管理国民阅读。俄罗

---

① 蓝橡树.哈佛北大 11 所中美名校图书借阅榜公开：对比结果惊到你了吗？［EB/OL］.
　　［2018-08-15］.http://www.sohu.com/a/228620828_124768.

斯在公共图书馆系统内普遍建立阅读中心，每年举行整合了各界阅读推广力量的《国家支持和发展阅读纲要》全国会议（《国家支持和发展阅读纲要》是 2006 年俄罗斯为促进国民阅读颁布的法律），并要求科教系统投入力量以提升阅读能力。日本专门设立了儿童梦想基金，用于支持民间团体的儿童阅读推广活动。

再看我国，在国家层面给予阅读推广的财政扶持及政策支持力度正在加大，《全民阅读促进条例》已在制定过程之中，部分地方政府将公民阅读纳入公共财政预算。公共儿童图书馆建设、书店、早期阅读教育、亲子阅读理念普及、阅读教育师资体系建设、阅读推广人培育、阅读教育效果评价等问题直到近几年逐渐被社会各界所重视，低幼年龄的学童呈现出广泛阅读的倾向。

**大学生阅读推广现状评析**

　　针对我国内地大专院校学生群体课外阅读面窄、量少的现状，各级各类高校图书馆在大学生阅读推广工作中发挥了重要作用。本节从行业组织、书香校园建设品牌、校园阅读推广活动、名著导读课程以及大学生阅读推广研究五个方面加以具体叙述。

## 一、专业组织

　　图书馆是全民阅读的主力阵地。2009 年，中国图书馆学会将下属的科普与阅读指导专业委员会更名为"阅读推广专业委员会"。阅读推广专业委员会自2014 年启动了"阅读推广人"培育行动，2015 年负责高校阅读推广的图书馆员们举办了首期"高校图书馆阅读推广理论与实践高级研修班"。

　　中国图书馆学会阅读推广专业委员会所设立的 15 个专业委员会中，以高校图书馆阅读推广为主要任务的有 2 个：阅读与心理健康专业委员会、大学生阅读推广专业委员会。

　　阅读与心理健康专业委员会成立于 2009 年，组织了"图书馆员阅读推广彩云团队"，并每年推出"好书中的好书——精选好书榜"。该组织尤以"推广阅读疗愈"读物及有关活动为特色，组织翻译了美国阅读疗法研究权威罗宾的《阅读疗法：理论与实践指南》( *Using Bibliotherapy*：*A Guide To Theory And Practice* )，团队成员应全国各地的邀请宣传阅读疗法，王波、宫梅玲先后成功申请到"图书馆的阅读推广活动调查研究"和"大学生抑郁症阅读疗法中医学配伍书方研究"这两个国家社科基金项目。

　　成立于 2016 年的大学生阅读推广专业委员会除每年会主办"大学生阅读推

广高峰论坛"，还发起了高校大学生经典阅读征文比赛、全国大学生中华经典美文诵读大赛等阅读推广活动。

除中国图书馆学会以外，教育部高等学校图书情报工作指导委员会在 2013 年成立了"读者服务创新与推广工作组"，该工作组共由 25 个高校图书馆组成，工作内容分为馆员培训、案例集编撰、阅读推广、创新服务推广四个部分。该组目前已经举办了两届全国高校图书馆服务创新案例大赛暨研讨会（2015 年和 2017 年），并组织成员馆编写、出版了《高校图书馆阅读推广案例精编》（陈进、李笑野、郭晶主编，海洋出版社，2017 年版）。

此外，上海市图书馆学会大学生阅读推广委员会、江苏省图书馆学会阅读推广专业委员会等组织了针对学生群体的若干研讨活动。

中国写作学会阅读学专业委员会（又称"中国阅读学研究会"）成立于 1991 年，是专门从事中外阅读基础理论研究和实践以及国民阅读促进和指导活动的学术团体。学会倡导的"撒播读书种子，提高阅读能力，推进全民阅读，建设书香社会"等理念日渐深入人心，组织的"建设书香校园"等活动已经走进全国各地的有关学校，鼓励和引领不同年龄段的学生学会进行阅读。自 2008 年 4 月在四川泸州召开首次"书香校园"建设研讨会后，学会已授予 20 余所中小学校以及 6 所高校"书香校园"的荣誉称号。

## 二、"书香校园"建设

"书香校园建设"主要面对高等院校，肯定高校在大学生阅读推广方面所取得的示范性、常态性和长效性的工作成果。这些奖项也吸引着业界各单位、团体的关注，成为全国其他高校在阅读推广方面努力的方向和目标，形成全民阅读的良好风尚。

中国图书馆学会从 2005 年起每年对在"全民阅读"活动中表现突出的图书馆进行表彰，一开始包含"全民阅读活动先进单位"以及"全民阅读优秀组织"两种奖项。2008 年，又增加了"全民阅读示范基地"奖项，"两次以上（含两次）

获得优秀组织奖或先进单位奖的单位，可申请命名'全民阅读示范基地'"称号，该奖项可谓我国图书馆阅读推广界的最高奖励。截至 2016 年，院校图书馆共有 157 家获得"全民阅读活动先进单位"奖，占总数的 27.74%；37 家被评为"全民阅读示范基地"，占总数的 23.84%。获奖情况参见表 1–1。

表 1–1　2004—2018 年院校图书馆获"全民阅读"奖项统计表

| 时间 | 全民阅读先进单位 | 全民阅读示范基地 |
|---|---|---|
| 2004年 | — | 该奖项尚未设立 |
| 2005年 | 河南大学图书馆<br>安徽省淮北煤炭师范学院图书馆 | — |
| 2006年 | 中原工学院图书馆<br>湖南大学图书馆<br>北京大学图书馆<br>北京邮电大学图书馆<br>北京交通大学图书馆 | — |
| 2007年 | 北京建筑工程学院图书馆<br>北京交通大学图书馆<br>北京师范大学图书馆<br>北京邮电大学图书馆<br>河南师范大学图书馆<br>湖南大学图书馆<br>南京师范大学图书馆<br>郑州轻工业学院图书馆 | — |
| 2008年 | 安徽水利水电职业技术学院图书馆<br>北京大学图书馆<br>北京建筑工程学院图书馆<br>北京师范大学图书馆<br>内蒙古科技大学图书馆<br>郑州大学升达经贸管理学院图书馆<br>中央广播电视大学图书馆 | 北京交通大学图书馆<br>湖南大学图书馆 |

（续表）

| 时间 | 全民阅读先进单位 | 全民阅读示范基地 |
|---|---|---|
| 2009年 | 北京师范大学图书馆<br>淮北师范大学图书馆<br>内蒙古科技大学图书馆<br>南阳师范学院图书馆<br>郑州大学图书馆<br>中央广播电视大学图书馆 | 北京邮电大学图书馆 |
| 2010年 | 兰州大学图书馆<br>南京师范大学图书馆<br>深圳大学图书馆<br>郑州大学图书馆 | 北京建筑工程学院图书馆<br>北京师范大学图书馆<br>淮北师范大学图书馆<br>内蒙古科技大学图书馆<br>中央广播电视大学图书馆 |
| 2011年 | 东南大学图书馆<br>福州大学图书馆<br>河西学院图书馆<br>湖南师范大学图书馆<br>淮南师范学院图书馆<br>清华大学图书馆<br>山东青年政治学院图书馆<br>泰山医学院图书馆<br>天津财经大学图书馆<br>西南交通大学图书馆<br>信阳师范学院图书馆 | 南京师范大学图书馆<br>郑州大学图书馆 |

（续表）

| 时间 | 全民阅读先进单位 | 全民阅读示范基地 |
|---|---|---|
| 2012年 | 北方民族大学图书馆<br>北京大学图书馆<br>电子科技大学图书馆<br>东北师范大学图书馆<br>东南大学图书馆<br>福州大学图书馆<br>广西科技大学图书馆<br>河北联合大学图书馆<br>河南大学图书馆<br>河西学院图书馆<br>湖北大学图书馆<br>湖南师范大学图书馆<br>华中师范大学图书馆<br>淮南师范学院图书馆<br>解放军信息工程大学图书馆<br>空军航空大学图书馆<br>南京理工大学图书馆<br>南阳师范学院图书馆<br>清华大学图书馆<br>山东青年政治学院图书馆<br>深圳大学图书馆<br>四川大学图书馆<br>天津财经大学图书馆<br>西南交通大学图书馆<br>郑州升达经贸管理学院图书馆<br>中原工学院图书馆 | — |

（续表）

| 时间 | 全民阅读先进单位 | 全民阅读示范基地 |
|---|---|---|
| 2013年 | 包头轻工职业技术学院图书馆<br>南通纺织职业技术学院图书馆<br>广西科技大学图书馆<br>福建师范大学图书馆<br>福建农林大学图书馆<br>西安电子科技大学图书馆<br>军械工程学院图书馆<br>河北经贸大学图书馆<br>河北政法职业学院图书馆<br>电子科技大学图书馆<br>四川大学图书馆<br>长沙商贸旅游职业技术学院<br>中南大学图书馆<br>东北师范大学图书馆<br>武汉大学图书馆<br>湖北大学图书馆<br>华中师范大学图书馆<br>中国人民大学图书馆<br>北京科技大学图书馆<br>北京大学图书馆<br>北京大学医学图书馆<br>兰州大学图书馆 | 东南大学图书馆<br>广西河池市民族图书馆<br>淮南师范学院图书馆<br>福州大学图书馆<br>南阳师范学院图书馆<br>河南大学图书馆<br>中原工学院图书馆<br>西南交通大学图书馆<br>湖南师范大学图书馆<br>清华大学图书馆 |

（续表）

| 时间 | 全民阅读先进单位 | 全民阅读示范基地 |
|---|---|---|
| 2014年 | 包头轻工职业技术学院图书馆<br>北京大学医学图书馆<br>北京科技大学图书馆<br>北京农学院图书馆<br>北京石油化工学院图书馆<br>福建师范大学图书馆<br>贵州民族大学图书馆<br>南京邮电大学图书馆<br>南通开放大学图书馆<br>深圳职业技术学院图书馆<br>石家庄学院图书馆<br>武汉大学图书馆<br>武汉纺织大学图书馆<br>武汉理工大学图书馆<br>西安电子科技大学图书馆<br>浙江师范大学图书馆<br>郑州大学西亚斯国际学院图书馆<br>中共上海市委党校图书馆<br>中国人民大学图书馆<br>中南大学图书馆 | 电子科技大学图书馆<br>东北师范大学图书馆<br>广西科技大学图书馆<br>湖北大学图书馆<br>华中师范大学图书馆<br>黄淮学院图书馆<br>兰州大学图书馆<br>四川大学图书馆<br>郑州升达经贸管理学院图书馆 |

（续表）

| 时间 | 全民阅读先进单位 | 全民阅读示范基地 |
|---|---|---|
| 2015年 | 包头医学院<br>北华大学图书馆<br>北京工商大学图书馆<br>北京农学院图书馆<br>福建农林大学图书馆<br>三明学院图书馆<br>贵州民族大学图书馆<br>华北理工大学图书馆<br>江西师范大学图书馆<br>南京工业大学图书馆<br>南京理工大学图书馆<br>南京邮电大学图书馆<br>南通开放大学图书馆<br>山东青年政治学院图书馆<br>沈阳师范大学图书馆<br>武汉纺织大学图书馆<br>武汉理工大学图书馆<br>西安理工大学图书馆<br>云南师范大学图书馆<br>浙江大学图书与信息中心<br>浙江师范大学图书馆 | 包头轻工职业技术学院图书馆<br>北京科技大学图书馆<br>福建师范大学图书馆<br>武汉大学图书馆<br>西安电子科技大学图书馆<br>中国人民大学图书馆<br>中南大学图书馆 |

（续表）

| 时间 | 全民阅读先进单位 | 全民阅读示范基地 |
|---|---|---|
| 2016年 | 包头医学院图书馆<br>北京工商大学图书馆<br>北华大学图书馆<br>广州城市职业学院图书馆<br>贵阳幼儿师范高等专科学校图书馆<br>河南工业大学图书馆<br>华中农业大学图书馆<br>吉首大学图书馆<br>江西师范大学图书馆<br>沈阳师范大学图书馆<br>铜陵学院图书馆<br>武汉科技大学城市学院图书馆<br>武汉理工大学图书馆<br>西北民族大学图书馆<br>厦门大学图书馆<br>乐山师范学院图书馆<br>南京工业大学图书馆<br>南京艺术学院图书馆<br>许昌职业技术学院图书馆<br>三明学院图书馆<br>山东青年政治学院图书馆<br>山东师范大学图书馆<br>中共上海市委党校/上海行政学院图书馆<br>中国农业大学图书馆<br>中南民族大学图书馆 | 北京农学院图书馆<br>贵州民族大学图书馆<br>南京邮电大学图书馆<br>武汉纺织大学图书馆<br>浙江师范大学图书馆 |

　　另一项影响较大的书香校园建设品牌，是由"中国阅读学研究会"颁发的"书香校园"称号。2011年，中国阅读学研究会成立20周年之际，首次将"书香校园"荣誉称号授予中原工学院。此后，河北大学（2013年）、无锡科技职业学院（2014年）、浙江师范大学（2014年）、常熟理工学院（2015年）、三明学院（2017年）先后获此殊荣。

　　不过，一些阅读推广工作比较出色的院校图书馆由于规模较小、消息闭塞、馆际交流较少等原因，在专业协会中的活跃度较低，也没有进行书香校园建设品牌的申报。因此，这些书香校园品牌还不能全面反映我国高校阅读推广工作的真实面貌。规模较小的地方院校、特色院校也应当积极通过书香校园建设品牌宣传其教育特色，提升知名度。

## 三、校园阅读推广活动

目前，以高校图书馆为主体，联合校内多个组织机构，向大学生开展的各类阅读推广活动都取得了实际成效。常见的活动形式包括：征文比赛、知识竞赛、读书箴言征集、图书漂流、阅读疗愈、阅读书目推荐、主题书展、专家讲座、读者沙龙、真人图书馆、馆刊馆报、书影共赏、走读游学、校园共读、新媒体阅读推广等。

2014 年，中国图书馆学会大学生阅读推广专业委员会联同阅读与心理健康专业委员会承办了"高校阅读推广活动优秀案例"征集活动，共收到来自全国 57 所高校图书馆和 2 个联合组织提交的优秀案例 71 份。最终，北京大学图书馆《"书读花间人博雅"》、清华大学图书馆《专题书架》、武汉大学图书馆《基于卡通形象"小布"的高校图书馆阅读推广》、上海财经大学图书馆《"悦读·行者的故事"》、郑州大学图书馆《微博——@大学生阅读分享平台》、北京建筑大学图书馆《招投标——让学生做阅读的主人》、河南大学图书馆《晨读经典》、北京科技大学图书馆《"对话–足迹"品牌阅读活动》、中原工学院图书馆《以"阅读学"课程推进阅读文化建设》9 个案例荣获一等奖。

2015 年，教育部高校图书情报工作指导委员会"服务创新与阅读推广工作组"主办了第一届"全国高校图书馆阅读推广案例大赛"。活动征集到 456 个参赛案例，其中 38 个案例在华中师范大学决赛现场角逐名次，最终四川大学图书馆《光影阅动——微拍电子书》、清华大学图书馆《读有故事的人，阅会行走的书——"学在清华·真人图书馆"交流分享》、上海交通大学图书馆《鲜悦（Living Library）：以人为书，分享智慧》、北京大学图书馆《"书读花间人博雅"——北京大学图书馆 2013 年好书榜精选书目 / 阅读摄影展》、武汉大学图书馆《拯救小布之消失的经典——2015 武汉大学读书节经典名著在线游戏》、天津财经大学《"书与剧的碰撞，你与我的思扬"话剧比赛》获得一等奖，其他 12 个案例获二等奖、17 个案例获三等奖。

2017 年的第二届"全国高校图书馆阅读推广案例大赛"由中国高等教育文献保障系统管理中心主办，上海交通大学图书馆、辽宁大学图书馆共同承办。大赛收到 118 个阅读推广案例，其中主题活动类 77 个、读者组织类 21 个、新媒体推广类 11 个、出版物类 1 个、其他类 8 个，30 个案例进入决赛。最终，辽宁大学图书馆《守望经典·深耕心灵——乡邦经典深阅读之"经典里的盛京"》、沈阳师范大学图书馆《用诵读激发情感　用经典润泽心灵——沈阳师范大学"诵读经典"》、上海交通大学图书馆《思源悦读——扬帆远航的梦想之舟》、北京大学图书馆《遇见文字与声音之美——北大师生"共读一本书"活动》、清华大学图书馆《在这里，我们"横扫清华图书馆"——寻访、阅读老馆珍贵图书系列活动》5 个案例获得一等奖。

这些参赛案例系统总结了所在高校在校园阅读推广中的实践经验，具有很好的代表性和复制性，也反映了全民阅读蔚然成风、高等院校图书馆广泛参与的现状。获奖案例在形式创新、组织管理、宣传报道和品牌树立上都具有一定的特点，但部分参赛案例存在把校园阅读推广"文娱化""秀一把"的倾向，也缺少针对性的评价标准和比较系统的理论性指导及总结。

## 四、名著导读课程

朱自清先生在《经典常谈》一书中说："在中等以上的教育里，经典训练应该是一个必要的项目。"[1]高等院校是对大学生进行人格培养和塑造的重要阶段。在大学课程体系中引入名著导读，可以引导大学生养成良好的阅读习惯，形成积极的阅读兴趣，并接受人文情怀的熏陶，让心灵变得更加宽广、丰富。与常见的

---

① 朱自清.经典常谈[M].上海：复旦大学出版社，2004：1.

书目推荐等形式相比，名著导读以大学课程的形式出现，对学生的引导性和激励性更强。而在任课教师专业性、系统性的教授之下，名著所呈现的优势也更加明显。

美国大学是开展经典导读课程的先行者，最早可追溯至 1919—1920 学年哥伦比亚大学教授约翰·厄斯金（John Erskine）开设的名著讲读课程"通识荣誉著作"（General Honors Course）。撰写阅读学名著《如何阅读一本书》（*How to Read a Book*，中译本有商务印书馆 2004 年 1 月版等）的作者莫提默·J. 艾德勒（Mortimer J.Adler）和查尔斯·范多伦（Charles Van Doren）正是参与过该课程的学生。在厄斯金教授的启发下，美国高校开始出现各种名著教育项目，并在 20 世纪 30 年代形成了"名著运动"（The Great Books Movement）[1]。其中最著名的就是芝加哥大学前校长赫钦斯（Robert M.Hutchins）从 1930 年开始在芝加哥大学推行的"名著教育计划"。他在 1952 年还主编了包含 443 部经典著作的"西方名著丛书"，被誉为"人类心灵的一大成就"。[2]

2000 年，北京大学信息管理系王余光教授面向全校学生开设了"中国名著导读"这门通识选修课，系国内首次开设名著导读课程。王余光教授认为："我们常说的经典，是指那些具有重要影响的、经久不衰的著作，其内容或被大众普遍接受，或在某专业领域具有典范性与权威性。"他还主编了《影响中国历史的三十本书》（武汉大学出版社 1991 年）、《塑造中华文明的 200 本书》（武汉大学出版社 1997 年版）、《中国读者理想藏书》（光明日报出版社 1999 年版）等，为大学生阅读经典提供了基本指导书目，也为大学校园开展经典阅读推广指明了方向。

2005 年，复旦大学将"文史经典与文化传承"纳入通识教育的核心课程体

---

[1] 王晨. 西方经典教育的历史、模式与经验——以美国为中心的考察 [J]. 教育学报，2012（1）：19–27.

[2] 孙月沐，张维特.30 年中国人的阅读心灵史 [M]. 北京：中国对外翻译出版公司，南昌：江西教育出版社，2009：133.

系。2009 年，中山大学创立博雅学院，引导学生广泛而深入地研读中西方经典著作。2011 年，浙江大学面向全校开设通识课"世界文学名著导读"，2013 年成为首推的三门在线开放课程之一。

2012 年，西南大学开始面向所有新生开设全校性的"名著阅读"选修课。学校组织专家推荐了包含 120 种经典图书在内的选读书目，分为文学、哲学、历史学、美学、艺术学、伦理学、人类学、社会学、法学、科学、人物传记 11 个大类。每年 9 月新生要在除本专业外的每个大类任选 1—2 本选读书目、共计 10 本进行阅读，并撰写读书笔记。次年 5 月，学生通过全校统一组织的结业考核后才可获得学分。西南大学图书馆根据已有馆藏，新增采购的复本量为 20—100 册不等，并在馆内设置了专门的经典著作书架。

2015 年，南京大学面向所有新生推出了"悦读经典"计划，该课程是本科生必选的通识课程。该计划首先制定了一份经过学校资深教授推荐、师生评议等环节确定的 60 本经典基本书目。在此书目的基础上建设研读课程，由名师领衔教学团队，7—8 位导师按照知识单元合力打造每一门通识课程，采用"课前主题阅读 + 课内导师组研讨 + 学习组讨论"的教学方法，以小班研讨的形式面向全校学生开设，学生须在导师的引导下进行拓展阅读、线上讨论。同时，学校组织阅读研讨、学长导学、读书沙龙、学长荐书、文化参访等系列活动，图书馆设置专门馆藏和专题书架，营造校园书香氛围，引导学生接触经典、研读经典、好读经典。

2018 年，武汉大学提出"博雅弘毅，文明以止，成人成才，四通六识"的通识教育理念，面向全校本科新生开设了两门基础课程：《人文社科经典导引》和《自然科学经典导引》。课程分为预阅、导读、研讨、书写四个部分，意在通过阅读经典著作，指引新生逐步完成身份转换和自我认同，养成博雅习性和君子人格。

从全国范围看，开设名著导读课程的高校仍然偏少，把名著导读作为通识课或通修课的学校更是凤毛麟角。一方面受师资力量的限制，另一方面受传统教育理念的限制。

## 五、大学生阅读推广研究

以中国知网学术期刊库为数据来源，笔者检索到2008—2017年大学生阅读推广相关论文共2105篇，检索表达式为：SU=（'高校'+'大学生'+'大学'+'高等院校'+'高职'+'高专'）*（'阅读推广'）。论文篇数按年份分布的折线统计图如图1-1所示。

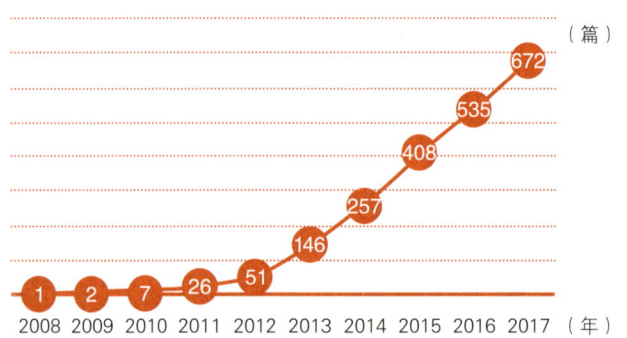

图1-1　大学生阅读推广相关论文篇数按年份分布折线统计图（2008—2017年）

论文数量的年度变化能够反映出我国高校阅读推广研究的总体进展。尽管高校阅读推广研究起步较晚，但近年来取得了飞速发展，已经成为图书馆学、情报学界的热门选题。

反映学界科研方向的另一个风向标是科研项目。国家社会科学基金是我国人文社会科学最高等级的基金项目，获得国家社科基金的项目有鲜明的目标导向和创新意识，在理论和实践上都具国家级高度。近年来已有4项与大学生阅读推广密切相关的项目受到了国家社科基金的资助，如表1-2所示。

表 1-2　受国家社会科学基金资助的"大学生阅读推广"项目

| 时间 | 课题名称 | 负责人 | 承担单位 |
|---|---|---|---|
| 2013年 | 高校图书馆基于区域图书馆联盟开展阅读推广活动的策略研究 | 刘彦丽 | 北京大学 |
| 2016年 | 高等院校校园阅读氛围危机干预研究 | 徐雁 | 南京大学 |
| 2016年 | 泛在知识环境下校园经典阅读推广体系构建研究 | 钱军 | 南京邮电大学 |
| 2017年 | 数字青年网络阅读行为模式识别及引导策略研究 | 张文亮 | 辽宁师范大学 |

　　研究专著是一段时期内科研成果的系统性总结。教育部高校图工委"读者服务创新与推广工作组"组织编写的《高校图书馆阅读推广案例精编》（陈进、李笑野、郭晶主编，海洋出版社 2017 年版）是"新型图书情报人员能力培训丛书"之一，收录了"全国高校阅读推广案例大赛"中具有典型性和特色的 49 个案例，汇聚了高校图书馆员对阅读推广工作实践的细致归纳和独特思考。

　　此外，湖南省高校图工委在总结该省"一校一书"活动的基础上，每两年出版一辑案例汇编，目前已经出版了两部，即《"经典 精读 经世"：湖南省普通高校"一校一书"阅读推广活动集萃》"2013—2014 辑"与"2015—2016 辑"。

　　在理论研究方面，陈钰、赵曼娟、毛雁编著了《大学生阅读推广与校园文化建设》，2014 年由世界图书出版公司出版；杨庆书编著了《高校图书馆建设与大学生阅读推广》，2015 年由光明日报出版社出版；王云洪主编了《高校图书馆阅读推广理论与实践》，2017 年由天津科学技术出版社出版；湖南省人文科技学院图书馆副研究馆员刘时容在《且为繁华寄书香——高校图书馆阅读推广理论与实务》（新华出版社 2018 年版）一书中，将农业推广领域比较成熟的理论、原则、方法、模式引入了阅读推广。

　　更具系统性和代表性的阅读推广专著有两部。第一部是由王新才、黄鹏、王媛编著的《大学图书馆阅读推广》（朝华出版社 2017 年版），该书是"阅读推广人系列教材"第二辑中的一本。"阅读推广人系列教材"是中国图书馆学会"阅读推广人"培育计划的一部分，由北京大学教授王余光与中国图书馆学会秘书长霍瑞娟主编。《大学图书馆阅读推广》追溯了理论与实践的源泉，重点阐述了大学图书馆阅读推广活动的策划方法、大学校园读书会的培育方法和高校阅读推广活动评价方法，并对北京大学、武汉大学、重庆大学等高校的阅读培养案例进行了学理性分析。

另一部是由钱军、蔡思明、张思瑶编著的《书香满园：校园阅读推广》（海天出版社 2017 年版），该书是由国务院参事王京生先生与中国阅读学研究会名誉会长、南京大学徐雁教授联合主编的"书香中国·全民阅读推广"丛书中的一本。该书除系统阐述了中外倡导学校阅读的传统思想，还引入了通识教育理论、生命教育理论和终身教育理论，认为"书香校园"不仅仅是一时一地的推广，而是通过阅读推广活动培养出具有人文精神的现代人，再将这种阅读的爱好和优雅的风气通过血脉流传，真正夯实书香社会的基础。

不过，目前高校阅读推广研究大多以实践案例总结为主，理论研究还不够深入；对高校阅读推广的目标及方式，大学生群体的特点，高校阅读推广的价值及意义，校园阅读推广活动的分类、管理与评价等主题的研究尚不够深入。

综上所述，近年来高等院校的阅读推广工作已经取得了一定的成效，但从行业组织、书香校园建设品牌、校园阅读推广活动、名著导读课程和大学生阅读推广研究五个方面看，都存在一些不足之处。本书旨在以"分校阅读"理论为基础，针对不同类型高校的学校情况和学生阅读状况，基于"校本"及"系本"的理念开展阅读推广工作，推动书香校园建设实践，帮助当代大学生提升阅读的意愿。

**"分校阅读"的推广理念**

华东师范大学教授范并思在阅读推广的理论方面，较为系统地回答了"阅读推广是什么""阅读推广为什么"和"阅读推广怎么做"等问题。他认为，阅读推广是一种新型的、介入式的图书馆服务，其目标人群是全体公民，重点是特殊人群，活动化、碎片化是主要特征，其主要目的是使不爱阅读的人爱上阅读，使不会阅读的人学会阅读，使阅读有困难的人跨越阅读的障碍[①]。

南开大学教授于良芝认为："根据图书馆界从事阅读推广的经验，它主要是指以培养一般阅读习惯或特定阅读兴趣为目标而开展的图书宣传推介或读者活动。"[②]

中原工学院图书馆研究馆员张怀涛先生认为："'阅读推广'顾名思义就是推广阅读；简言之就是社会组织或个人为促进人们阅读而开展的相关活动，也就是将有益于个人或社会的阅读活动推而广之；详言之就是社会组织或个人，为促进阅读这一人类独有的活动，采用相应的途径或方式，扩展阅读的作用范围，增强阅读的影响力度，使人们更有意愿、更有条件参与阅读的文化活动和事业。"[③]

## 一、高校阅读推广

北京大学图书馆研究馆员王波在此基础上为"阅读推广"做出如下定义：

---

① 范并思.阅读推广与图书馆学：基础理论问题分析［J］.中国图书馆学报，2014（5）：4–13.

② 于良芝，于斌斌.图书馆阅读推广——循证图书馆学（EBL）的典型领域［J］.国家图书馆学刊，2014（6）：9–16

③ 王波.中外图书馆阅读推广活动研究［M］.北京：海洋出版社，2017：3–4.

"'阅读推广'就是为了推动人人阅读，以提高人类文化素质、提升民族软实力、加快各国富强和民族振兴的进程为战略目标，而由各国的机构和个人开展的旨在培养民众的阅读兴趣、阅读习惯，提高民众的阅读质量、阅读能力、阅读效果的活动。"①简而言之，阅读推广是为推动全民阅读的实现而开展的所有引导阅读、激励阅读的活动的统称。而"高校阅读推广"是指高校图书馆利用自身信息资源、设施设备、馆员队伍等各种条件，鼓励校内人群成为图书馆的读者，培养其阅读兴趣、阅读习惯，提高其阅读质量、阅读能力、阅读效果的各种活动。

**1. 高校阅读推广活动的局限性**

图书馆一直是阅读推广的中坚力量，高校图书馆作为阅读推广活动的重要阵地，除为教学、科研服务，还肩负着培养学生阅读兴趣和能力的责任，其拥有的丰富馆藏资源不仅为高校的科学研究、社会服务和文化传承与创新服务，满足师生的教学、科研和文化传承与创新的要求，还主动关注高校的人才培养，帮助师生们"多读书、读好书"，实现师生个人素养和精神品质的不断提升。

自"阅读推广"概念提出以来，各图书馆相继推出了形式更为多样的阅读推广活动，高校图书馆亦是如此，涌现出了颇多优秀案例，如持续性举办的读书节（月）、讲坛活动，以北京大学图书馆"阅读"为主题的读书讲座、湖南大学"一校一书"经典导读活动为例；又如成立读书会，以清华大学"集学读书会""西麓学社"为例，这些活动都在不同层面上发挥了功用。在高校阅读推广活动百花齐放的同时，我们也应该注意到现有高校阅读推广活动中存在的局限性。

（1）缺乏系统的理论支撑

阅读推广活动最先在公共图书馆中开展起来，高校图书馆受公共图书馆影响，又响应国家"全民阅读"的号召，继而开始重视高校阅读推广。

国内公共图书馆已经有相应的法律法规，《公共图书馆服务规范》与《公共图书馆法》对公共图书馆的职责与服务范围有明确具体的规定。《公共图书馆法》的第一章第三条规定"公共图书馆是社会主义公共文化服务体系的重要组成部分，

---

① 王波.中外图书馆阅读推广活动研究［M］.北京：海洋出版社，2017：4.

应当将推动、引导、服务全民阅读作为重要任务",第四章第三十三条规定公共图书馆应当提供"公益性讲座、阅读推广、培训、展览"等服务①。

到目前为止,高校图书馆只有《普通高等学校图书馆规程》,该规程制定于1987 年,2002 年修订,对开展阅读推广活动没有具体的规定②。2015 年再修订后才明确规定阅读推广是高校图书馆工作的组成部分,是图书馆学研究的范畴,与文献借阅参考咨询、情报检索同属一个范畴,将阅读推广和信息素养相提并论③,但是国家尚未出台高校图书馆阅读推广活动规范,理论的薄弱使活动实践带有一定的盲目性与随意性。

(2)缺乏精确的阅读推广对象定位

大数据时代,随着人工智能技术的发展以及应用,用户越来越追求智能化、个性化、精准化的服务产品。从目前已有的高校阅读推广活动看,显然还没有完全跟上时代的步伐,其服务多数偏向于为"大众阅读"服务,普及师生科学文化知识,从而忽视了师生用户的差异性。不同院校的师生都具有自身的特性,如果不加以分类,阅读推广活动的对象过于笼统,也就导致目前阅读推广活动的另一个突出的问题——重人文,轻科技。纵观各高校图书馆的阅读推广活动,如:书评、好书推荐、专家讲座等,内容多以人文社会科学为主,缺乏自然科学或各专业的内容,学生的书评内容也大多是文学历史等方面的书籍,甚至是畅销书、通俗读物等,专家讲座也往往是人文艺术偏多,科技偏少。④这种不考虑分众理念而开展的活动,无法精确定位阅读推广的目标读者,也就无法获取精确化的需求,提供针对性的服务。

---

① 中国人大网.中华人民共和国公共图书馆法[EB/OL].(2017-11-04)[2018-08-28].
http://www.npc.gov.cn/npc/xinwen/2017-11/04/content_2031427.htm.

② 刘彩娥.国内高校图书馆阅读推广活动的几个误区[J].图书馆,2014(03):111.

③ 赵秀丽.高校图书馆新环境下大学生经典阅读推广的意义和途径[J].山西能源学院学报,2017(04):197.

④ 刘彩娥.国内高校图书馆阅读推广活动的几个误区[J].图书馆,2014(03):112.

（3）缺乏阅读推广人才

阅读推广事业的迅速发展对阅读推广人才队伍建设提出了更高的要求。中国图书馆学会在2014年"阅读推广人"培育行动中对阅读推广人进行了定义：阅读推广人是指具有一定资质，可以开展阅读指导，提升读者阅读兴趣和阅读能力的专业与业余人士[①]。阅读推广人才与之相区别，主要在"人才"二字上，是指经过系统教育，具有专业知识和专门技能的阅读推广人。我国缺少接受过系统专业教育的阅读推广人才，查询《普通高等学校本科专业目录（2012）》《普通高等学校高等职业教育（专科）专业目录（2015年）》《2017年硕士专业目录》等专业教育招生资料，没有与阅读推广相关的本科、专科专业，只有以"阅读"命名的硕士研究生方向，并不存在系统的阅读推广专业教育[②]。

虽然目前多数高校阅读推广人还存在诸如专业化程度不高、观念建设滞后等不足，但随着阅读推广人队伍日益壮大，各类培育行动也愈加增多，很多优秀的阅读推广案例，如北大清华校史图书、校友传记类读物推广，都离不开专业的阅读推广人团队。通过对阅读推广的立场和方法进行认真总结，不断学习，让阅读推广人形成自己的推广模式，扩大自身影响力。

（4）缺乏创新的阅读推广形式

网络信息时代下的大学生读者群具有敏锐的思维和快速接受新鲜事物的能力，但目前高校阅读推广形式和内容创新不足，形式单一，活动开展得零零散散，随意性很强，更多的是表面工作。多数图书馆阅读推广活动的主题和宣传口号较为陈旧，且缺乏新颖的宣传方式，普遍采用征文比赛、读书会等活动形式进行阅读推广；或者活动过分追求形式上的新颖，内容却单调乏味，这些都难以有效激发读者的阅读兴趣和热情，缺乏吸引力，难以取得良好的阅读推广效果。

---

① 中国图书馆学会.中国图书馆学会召开第六届青年学术论坛和阅读推广人培育行动记者会[EB/OL].（2014-11-06）[2018-08-14].http：//www.lsc.org.cn/contents/1177/951.html.

② 曹娟.从阅读推广人到阅读推广人才——论图书馆界主导阅读推广专业教育[J].图书馆论坛，2018（01）：79.

徐雁教授在"东北地区高校图书馆阅读推广理论与实践交流研讨会"上提出：校园阅读推广要有比较明确的定位和认识，策划阅读推广要坚决杜绝那些有害无益的应景作秀式、广场式的形式主义的推广，需要求真务实地把校园阅读推广做实、做好、做到位[①]。

（5）缺乏针对性的阅读推广评价标准

目前高校图书馆开展的阅读推广活动普遍缺少后期活动效果评价环节及有针对性的高校阅读推广评价标准。对阅读推广活动来说，活动结束后的效果评估环节同样重要，只有对活动加以评估，各高校图书馆才可能了解自己的阅读推广目标确定得是否合理，活动组织方法、手段运用是否得当，发现学生阅读推广难以开展的原因；也可以了解学生阅读状况以及与其他高校存在的差距，从而调整活动策略，改进活动措施，有针对性地解决存在的各种问题[②]。

目前，国家针对阅读推广活动，并没有建立相关的活动评价标准。查阅文献发现，学者提出的一些评价标准缺乏定性指标，如活动前读者的期望度与兴趣度、活动后的满意度等，大多从活动后的来馆人数、借阅量的增减情况、借阅书籍种类的变化、电子文献使用量、教师的科研情况等定量指标加以评价。很少考虑到院校的个体差异性，如综合性大学和军队院校必然存在各自的特色，推广活动就需要"对症下药"，自然活动的评价标准也会有所不同，因而高校阅读推广评价标准应建立在宏观综合标准的基础上，从微观上建立针对不同院校阅读推广活动的标准。

**2. 高校开展分校阅读推广的必要性**

（1）有利于阅读推广精准化

根据读者的需求量身定做阅读推广活动是一个趋势。不同年级、不同性别、不同专业高校读者的阅读倾向和阅读行为存在巨大差异，根据大学生的教育水平、

① 王宇，王磊，胡永强，等.图书馆阅读推广实践和理论的新进展——东北地区高校图书馆阅读推广研讨会综述［J］.大学图书馆学报，2016（04）：17–22.

② 吴水秀.高校图书馆阅读推广存在的问题及对策［J］.办公室业务，2017（21）：159.

学习环境等属性，以及相应学习生活阶段对阅读活动的需求，可划分为综合性大学学生群体、高职院校学生群体、理工类院校学生群体、师范类院校学生群体、医学类院校学生群体、军队院校学生群体。综合性大学有较强的阅读饥饿感和求知欲，阅读类型广博，专业类书籍与课外阅读并重。高职院校重视职业技能教育，重点培养技术应用型人才，轻人文素质教育，导致人文阅读不足。军队院校的特殊性决定了学生对特定门类书籍的阅读需求。此外，理工类院校学生群体、师范类院校学生群体、医学类院校学生群体也因自身个体差异性而显示出不同的阅读特点。

学生群体的分众化现象和对阅读需求的多元分散状态需要图书馆为不同受众群体提供高质量、精准化的阅读推广服务。分校阅读有利于高校阅读推广精准化，即针对不同读者的阅读习惯和知识背景，"缺什么，补什么"进行有针对性的读物推广，最大限度地满足读者的需求，发挥读者的主观能动性，吸引更多读者，从而提高推广效率，达到更好的推广效果。

（2）有利于提高馆藏利用率

馆藏资源是图书馆的物质基础，由于宣传、导读、服务方式等因素的制约，图书馆对文献资源的利用率较低，读者需求无法有效满足，资源相对短缺，图书馆只有努力为读者提供高效率、高质量的服务，关注读者需求，分析读者需求，才能在服务中有的放矢，有针对性地解决实际工作中存在的问题、转变服务观念、制定激励机制、提高馆藏资源的使用效率[1]。

不同院校、不同专业的师生使用图书馆馆藏资源的侧重点不同，好书佳作和经典名著适合所有师生阅读，所以高校图书馆一般都会开展经典导读阅读推广活动，此举确实有利于提高经典类书籍的利用率。但是，馆藏中利用率最低的往往是各学科的专业用书，尤其是院校部分专业的馆藏资源。2015年辽宁大学图书馆对馆藏图书使用情况进行统计，理工类图书利用率平均不足20%。因此，分校阅读推广有利于按照读者的院校、专业进行读者群划分，再将相关专业图书有针对

---

① 申燕.激发读者需求提高馆藏资源利用率［J］.中国成人教育，2012（13）：67–69.

性地进行推送，如定期将新入藏的专业图书目录发送给专业教师和学生、针对重点读者进行重点推送，有的放矢，提高专业图书的利用率，不仅对提高整体馆藏利用率有所助益，而且对学校的教学科研能够起到有力的支持与保障作用[①]。

（3）有利于高校阅读推广工作的深化和提升

从社会发展规律看，无论是图书馆自有的学科服务，还是文献资源建设，都是逐渐由粗犷式走向精细化，阅读推广也是如此，其发展历史虽然短暂，但发展迅速，绝大部分图书馆已经形成了自己的阅读推广模式，高校图书馆阅读推广开始进入精细化分工阶段。因此，根据读者群的特点细分推广策略，是图书馆阅读推广的发展方向，是对阅读推广工作的深化与提升，如理工类院校阅读推广当聚焦人文阅读，而师范类等文科类院校应适当重视科技类读物推广。简而言之，高校图书馆应结合当前社会的发展、读者的需要，开展各类阅读推广活动，打造文化品牌，突显特色，推动图书馆的创新服务。

（4）有利于促进全民文化素养的提升

大学教育是大学生素质教育的主要阶段，对提高生活质量、文化水平有决定性的影响。社会需要有多方面知识的复合型人才，即共性知识是人们进入社会所必需的。因此，高校图书馆积极开展阅读推广工作，通过阅读推广活动引导大学生阅读，培养大学生的阅读习惯，改善大学生的阅读行为，可谓意义重大。图书馆可以充分发挥读书育人、教育育人的服务功能，可以充分利用图书馆文献信息资源，促进大学生阅读能力的提高，完善知识结构，并最终实现大学生全面发展。大学生阅读质量的整体提升，势必推动全民文化素养的提升。大学校园内阅读氛围的形成，也势必影响社会读者的阅读行为[②]。

---

① 从丹.高校图书馆分众阅读推广探究［J］.图书馆工作与研究，2017（12）：108–112.

② 李伟.基于实践活动分析的国内高校图书馆阅读推广活动优化的思考［D］.昆明：云南大学，2016.

## 二、分校阅读的理论依据

分校阅读是对所有高等院校不同读者的不同阅读需求进行聚类的过程，以便高校图书馆有效地推出阅读推广活动。人们在长期的组织活动实践中，从相关理论中汲取营养，为分校阅读奠定了理论基础，本部分主要从分类理论在教育上的应用以及阅读文化学原理两方面进行阐述。

### 1. 分类理论在教育上的应用

教育类型主要有家庭教育、学校教育和社会教育三种。学校教育是在学校实施的教育，有固定的场所、专门的教师和一定数量的学生，有一定的培养目标、管理制度和规定的教学内容，按水平可分为初等学校教育、中等学校教育、高等学校教育[①]。

当今社会日益呈现出以市场为导向、注重个性发展、崇尚多样性等取向，因而对高等教育要求实行分类管理。随着教育现代化的推进，"教育活动和教育组织日趋普及，不同层次的教育系统，如初等、中等、职业、成人、高等教育之间持续发生分化，每一个这样的系统，甚至每一个系统内的子系统，都在自己的框架之内越发独立自主、专门化和组织化"[②]。与此同时，高等教育也呈现出"多样化"与"一体化"相结合的特性。一所综合性高等学校同时存在各种不同类型、不同要求的高等教育的"一体化"态势；而在整个大的高等教育系统内，传统大学特色得以保持的同时，其他各种不同类型、不同要求的高等教育机构也得以建立，教育形式和学校类型又呈现出"多样化"的倾向[③]。

高等教育的分类依据不同，其结果也不一样。如"按教育性质分：学历教育、非学历教育；按教育时间分：全日制教育、非全日制教育；按教育对象分：职前

---

① 顾明远.教育大辞典［M］.上海：上海教育出版社，1998.

② 约翰·S.布鲁贝克.高等教育哲学［M］.王承绪，郑继伟，张维平，等，译.杭州：浙江教育出版社，1987.

③ 曹赛先.高等学校分类的理论与实践［D］.武汉：华中科技大学，2004.

教育、职后教育；按学历层次分：专科教育、本科教育、研究生教育；按教育形式分：在校教育、远程教育、其他形式教育"①；根据教育所侧重的培养目标，将高等教育分为"学术性、职业性、技术性、师范性"②等类型。本书所采用的分校原则大致与后者相似。

正如通识教育理论所不断强调的，高等教育的目的是培养完整的人。完整的人的培养意味着一个有机的整体的培养过程，更包含精神乃至灵魂的臻于至善，若大学培养只懂科学技术而欠缺整体素质，是对高等教育目的缺乏整体认识的表现。

完整的人应该同时拥有科学知识及人文素养，二者缺其一，都不算完整。实施完整有效的通识教育需要加强科学教育与人文教育，需要在课程设置和课堂教学方面采取有力措施，更需要从隐性课程入手，建设大学校园文化。

进行校园阅读推广，建设"书香校园"的目标是全方位地培养学生，使学生具有优美情感、通融见识、良好的沟通表达能力、高雅的气质，而非只局限于自己的专业之内。从这一点看，广泛涉猎自然、社会各科经典著作，"腹有诗书气自华"，培养长久的阅读习惯，有利于拓宽大学生的知识面。

建设"书香校园"不仅仅是一时一地的推广，希望培养大学生学习专业技术知识的能力，更加深他们的人文素养，最终培养出一个完整的"人"。将来成家立业，结婚生子，把这种阅读的爱好和优雅的风气通过血脉流传，假以时日，必将对整个民族、整个国家造成深远的影响③。

**2. 阅读文化学原理**

（1）分众阅读

"大众阅读"即民众阅读，不是詹福瑞提出的"在大众社会的背景下，以大

---

① 罗伯特·伯恩鲍姆.大学运行模式：大学组织与领导的控制系统［M］.别敦荣，主译.青岛：中国海洋大学出版社，2003.

② 德拉高尔朱布·纳伊曼.世界高等教育的探讨［M］.令华，严南德，译.北京：教育科学出版社，1982.

③ 王京生，徐雁.书香满园：校园阅读推广［M］.深圳：海天出版社.2017：12.

众传媒为载体，以大众文化为消费对象的新的阅读现象"①，而是指图书馆的一种无差别的服务思维和模式。"分众阅读"则关注这种差异性。所谓"分众阅读"，是基于"为人找书，为书找人""书是为了用的""节省读者的时间给读者所有的书"以及"在适当的时间，给适当的读者提供适当的图书"等图书馆学基本原理，结合了全民阅读的基本要求而形成的一种新的阅读推广理念②。

"分众学说"发端于新闻传播领域，1970 年美国未来学家阿尔文·托夫勒（Alvin Toffler）在《未来的冲击》中，首次提出"分众（demassification）"之说："面向社会公众的信息传播渠道数量倍增，而新闻传播媒介的服务对象逐步从广泛的整体大众，分化为各具特殊兴趣和利益的群体"③。1985 年，日本博报堂生活综合研究所在其专著《分众的诞生》中，明确提出个别化、差异化的小型群体，正在不断分化原来以"划一性"为基础的"大众社会"，形成种种"被分割了的大众"新群体④。由此"分众学说"得以正式确立。我国在 20 世纪 30 年代已有学者提出分众阅读的雏形，李小缘先生在《全国图书馆计划书》中呼吁图书馆应依地方需要，有所专重，如商民多者则应偏重商业，农人多者则应偏重农事，即多购各专门书籍⑤。随后因其首创性和新视角，被广泛地应用于广告、传媒等多个领域，引导着服务方为不同的受众群体提供更为精准的、高质量的信息服务。而随着全民阅读推广工作的深入开展，服务对象也"由传统的'泛用户'逐渐分化为个性化的读者群体"⑥。

---

① 詹福瑞.大众阅读与经典的边缘化［J］.复旦大学学报（社会科学版），2014（6）：121–135.

② 徐雁，谭华军.把握分众阅读原理，做实分地读物推广——以湖南地方文献主题著述为中心［J］.图书馆，2017（11）：23.

③ 阿尔文·托夫勒.未来的冲击［M］.孟广均，译.北京：中国对外翻译出版公司，1985.

④ 博报堂生活综合研究所.分众的诞生［M］.黄恒正，译.台北：远流出版社，1986.

⑤ 徐雁，李海燕.全民阅读知识导航［M］.南京：南京大学出版社，2016.

⑥ 王成玥."水深鱼极乐，林茂鸟知归"——大学校园分众阅读推广探索［J］.图书馆论坛，2017（11）：9.

　　图书馆常用的大众化的阅读推广方式适用于更广泛的读者群体。而分众阅读推广的最根本特点是将阅读推广对象按照知识层次、文献需求层次及其他个体差异进行聚类，再锁定某个或者某几个需求最为迫切的特定目标读者群，有针对性地制定相应的阅读推广策略，是多点对多点的交流，承认差异，尊重个性①。分众服务的内容可以根据读者的要求定制，满足读者的差异化需求，具有更强的专业性，改变以往全民阅读活动大而化之、笼而统之的倾向，切实提高其活动价值和社会效能。

　　由此可见，"分众阅读"的终极目标是把最合适的读物，推介、推送、推广给最合适的"读者"。所谓"读者"，就是一切有图画、文字、符号阅读和理解能力，并有实际阅读行动的人。对于阅读推广活动来说，读者是主体，因此，有关活动的策划和设计，不仅应当充分贴近读者的阅读需求，尽力做好接地气、连文脉、扬书香的全民阅读推广活动，还要努力把具有阅读能力、需求和兴趣的最广大读者，吸引到全民阅读活动中来，让古今中外的读物发挥出最大的社会效益。张怀涛先生认为，"分众阅读"可以收到"分众推广主题清，面向读者目标明"的良好功效②。

　　（2）阅读推广方法论

　　南京大学教授徐雁长期致力于推动全民阅读进程，在全国各地作了上千场以"读书与人生""最是书香能致远：读物选择与幸福追求""耕读传家久，诗书继世长"等主题的报告、讲座，其倡导的"大阅读观"及"人贵有读书之志"等阅读理念有一定的社会影响。

　　近年来，他针对大学生阅读现状，提出了"'三位一体'推广方略"，将大学生阅读置于"学习型家庭""书香校园""书香社会"的阅读生态之下。首先，应

---

① 王成玥."水深鱼极乐，林茂鸟知归"——大学校园分众阅读推广探索 [ J ] . 图书馆论坛，2017（11）：9.

② 徐雁，谭华军. 把握分众阅读原理，做实分地读物推广——以湖南地方文献主题著述为中心 [ J ] . 图书馆，2017（11）：23.

当开展以"新生入学季""校友校庆季""职涯展望季（毕业季）"等为时间节点的、主题明确的"校园读物推广"活动；其次，应改变以往学习、模仿公共图书馆"群众性全民阅读推广"活动的模式，创意策划更具有针对性的以"分众（分时、分地）学说"为依据的"分校（分级）式校园阅读推广"方式；最后，要在"学生自主型阅读"的基础上，努力开创"院校馆员导航式阅读"的新局面。[①]

其中"分地读物推广""分级读物推广""分龄读物推广""分时读物推广""分类读物推广"等理念，共同组成了阅读文化学的重要方法论系统[②]。

"分地读物推广"的理念基础是社会现实和文化事实，即每位读者都来自不同的地域，都拥有各自的祖籍、故土和居住地；而图书馆则在品种和数量上有一定的乡土读物和地方文献资源。因此，无论是基于"家是最小国，国是千万家"的"家国情怀"，还是"悠悠天宇旷，切切故乡情"的"乡土情丝"；无论是基于图书馆公共文化服务的范畴，还是"全民阅读"及"分众阅读"的阅读文化学理念，"分地读物推广"理应成为全民阅读推广的重要选项[③]。

"分级阅读"理念起源于英美等发达国家，是一项成功的儿童阅读模式，它以儿童在不同时期的心智特点为标准，制订科学的阅读计划，并向其推荐适合的书籍。2011年，国务院颁布了《中国儿童发展纲要（2011—2020年）》，明确提出"要为儿童阅读创造条件，推广面向儿童的图书分级制，为不同年龄儿童提供适合其年龄特点的图书，为儿童家长选择图书提供建议和指导"[④]。"分级读物推广"就是针对不同阅读能力的读者，为其提供适合其阅读的读物，主要应用于图

① 徐雁.全民阅读立法促进与"三位一体"推广方略[EB/OL].[2018-08-15].http://www.gxbgsx.cn/industry/show-23575.html.

② 徐雁，谭华军.把握分众阅读原理，做实分地读物推广——以湖南地方文献主题著述为中心[J].图书馆，2017（11）：22.

③ 徐雁，谭华军.把握分众阅读原理，做实分地读物推广——以湖南地方文献主题著述为中心[J].图书馆，2017（11）：23.

④ 华依雯.儿童阅读推广，从分级阅读开始[J].图书情报工作，2015，59（S1）：99-103.

书馆儿童阅读推广活动。

"分类读物推广"的本质就是读物分类阅读。在当今互联网时代，科技的迅速发展和信息资源的爆炸式增长，不仅使普通读者在浩如烟海、良莠不齐的读物前有选择困难，即便是专家、学者也难以迅速、全面地掌握学科的现状和最新动态，因而客观上需要专门从事信息管理的专家依据各类信息资源的特性，进行搜集、整合、分类、筛选等工作；在此基础上，为不同的读者群体寻找适宜的读物，方便他们做出阅读选择，并根据读物特性采取恰当的阅读方法和阅读策略，从而提高阅读效率和阅读的系统性，提升图书馆的阅读推广成效[①]。

总之，"分众阅读"原理与具体读物推广方法论的结合，对提高全民阅读推广的活动价值和社会效能具有积极意义。

## 三、"分校阅读推广"的人文内涵

### 1."分校阅读推广"的定义

当一种产品或者服务确立了目标人群，就内含着分众服务的目标。这也是当代社会注重个性化服务的大趋势，从"大众阅读"到"分众阅读"，实际上是图书馆服务精细化的一环——从满足广泛读者的期求，过渡到顾及每位读者的特殊需求[②]。"分校阅读推广"就是此形势下"分众阅读"原理在不同院校阅读推广上的具体体现。

"分校阅读推广"是指针对所有院校中具备共同属性且具有相似阅读需求的院校群体，培养院校读者阅读兴趣、阅读习惯，提高读者阅读质量、阅读能力、阅读效果的活动。对此，可以从三个方面进行理解：一是从阅读内容而言，按照不同的阅读内容进行细分，比如针对理工科院校读者就着重人文读物推广，对文

---

① 徐雁，钱军，李海燕.图书评论与阅读推广［M］.北京：朝华出版社，2017：119.

② 冯展君.从"三八妇女节"到"六一儿童节"——以分众阅读及分类读物推广为视角［J］.图书馆杂志，2017（06）：55-60.

科院校就注重科技读物推广；二是从阅读者而言，按照院校类别进行细分，可分为综合性大学读者、高职院校读者、理工类院校读者、师范类院校读者、医学类院校读者、军队院校读者；三是针对阅读平台和阅读媒介而言，比如纸质书阅读、电子书阅读、电脑 PC 端 Web 阅读及移动互联网终端手机、平板阅读等。在阅读平台和场地上根据院校群体予以分别对待，提供相对独立的阅读空间，营造出适合群体特点的个性化阅读氛围。

### 2. "分校阅读推广"的四个基本特点

（1）针对性

目前的高校阅读推广多根据"分类读物推广""分地读物推广""分众读物推广"展开活动，"分校阅读推广"则跳出以某一所高校为主体的局限，而是站在更为宏观的层面对阅读推广的实施方进行划分，考虑到不同院校读者群体的需求差异。同时，现有的高校图书馆过分注重人文类读物的推广，体现出轻科技、应用类读物的特点，与当今社会提倡人的全面发展亦是不同步的。分校阅读推广能够针对不同院校的读者群体，通过分众化项目策划阅读推广活动，即专门打造面向某一院校群体的阅读推广活动，通过细分受众、个性化定制等打造专属的阅读推广活动。

（2）精细化

阅读推广的成功与否取决于推广活动的质量，阅读推广目标的实现依赖于图书馆优秀的服务，即图书馆要能提供精细化的阅读推广服务，而分校阅读推广就是一个具备"精细化"特性的推广方法。精细化阅读推广的目的在于提高阅读的质量，尤其是基础水平的阅读推广。只有切实精确到读者的需求及其细微变化，才能提供更为精确的读物推广，使阅读推广更具有特色性，满足读者的深层次需求。分校阅读推广的精细化要求高校图书馆阅读推广必须建立在读者兴趣点和需求点的基础之上，所推出的活动必须与本校及师生群体的情形相适应，坚持"缺什么，补什么"的理念。

（3）双向性

面对读者的多样化需求，一味采用大众服务（一对多）的方式，会出现读者服务工作供需失衡及读者对大众化的服务不满意的状况。因此，高校阅读推广应该用"分校读物推广"的理念来细分不同院校群体，变信息接受者为信息的传播者，变信息的接收方为信息的提供方，能对每位读者的需求做出及时响应，从而能提供个性化服务。分校阅读推广服务的内容可以根据读者的需要具有更强的专业性，满足读者对图书馆资源与服务的差异化需求，如可以采取讲座、讨论、实践等相结合的方式，增加读者与图书馆员之间的沟通，让读者主动参与到图书馆的服务传播过程中[①]。

（4）创新性

分众服务是图书馆读者服务中的一种新的服务模式，分校阅读推广更是图书馆阅读服务方式的一种重要创新，是针对院校群体个性化需求和互动参与而开展的个性化阅读服务方式。以"分校阅读""分校阅读推广"为关键词在"中国知网"中进行检索，均无检索结果，可见目前研究界对于"分校阅读推广"还没有具体的论述，只有高校的推广方案，还没有集成高校群。可以说"分校阅读推广"是"分众阅读"原理在具体实际应用中的又一次创新。也正因如此，分校阅读推广作为一种"新事物"，其理念与方法还未成熟，还需要进一步实践，通过总结更多的案例，不断创新，完善体系。

---

① 黄雪梅."分众服务"在高校图书馆读者服务中应用与研究［J］.河南图书馆学刊，2015（03）：49-51.

## 第四节　"分校阅读推广"的六大院校类型

### 一、高等院校分类

#### 1. 分类

随着高等教育整体规模的扩大，类型结构也日渐复杂，高等学校的数量有了很大增长，高等学校的类型结构也日渐复杂。

（1）以行政手段参与分类

重点大学是我国一个特殊的高等学校群体，目前有三项规划：

实施"985 工程"是党中央、国务院在世纪之交做出的重大决策。第三次全国教育大会通过的《中共中央、国务院关于深化教育改革全面推行素质教育的决定》和教育部《面向 21 世纪教育振兴行动计划》都把建设世界一流大学的奋斗目标列入其中，"985 工程"正式开始启动建设。"985 工程"一期建设率先在北京大学和清华大学开始实施。2004 年，根据国务院批转教育部《2003—2007 年教育振兴行动计划》，教育部、财政部印发《教育部、财政部关于继续实施"985 工程"建设项目的意见》，启动了"985 工程"二期建设，列入"985 工程"建设的学校共 39 所[①]。

"211 工程"，即面向 21 世纪、重点建设 100 所左右的高等学校和一批重点学科的建设工程，是由国家立项在高等教育领域进行的规模最大、层次最高的重

---

① 中华人民共和国教育部."985 工程"简介 [ EB/OL ] . [ 2018-08-16 ] .http: //www. moe.gov.cn/s78/A22/xwb_left/moe_843/201112/t20111230_128828. html.

点建设工程，是中国政府实施"科教兴国"战略的重大举措。[1]1995 年 11 月，经国务院批准，原国家计委、原国家教委和财政部联合下发了《"211 工程"总体建设规划》，"211 工程"分为三类："若干所接近或达到世界一流大学水平的高校""一批主要面向所在行业并起到骨干和示范作用的高校""一批适应所在地区发展需要，起到骨干和示范作用的高校"[2]。

"双一流"建设是党中央、国务院关于建设世界一流大学和一流学科的重大战略，即到 2020 年，推动若干所大学和一批学科进入世界一流行列，若干学科进入世界一流学科前列；到 2030 年，更多的大学和学科进入世界一流行列，若干所大学进入世界一流大学前列，一批学科进入世界一流学科前列，高等教育整体实力显著提升；到 21 世纪中叶，一流大学和一流学科的数量和实力进入世界前列，基本建成高等教育强国。[3]

（2）学位授予权的评定调整分类

在学位制度建立以前，我国高等学校进行的主要是本科和专科教育。1980 年 2 月，《中华人民共和国学位条例》通过，标志着我国学位制度的建立。在我国，高等学校授予三级学位，即博士学位、硕士学位和学士学位。有些高等学校能够同时授予这三种学位，有些高校可以授予后两种学位，还有的高校只能授予学士学位，也有一些高校群体尚没有学位授予权。

自 1984 年我国建立研究生院审批制度以来，在拥有博士学位授予权且办学水平较高、基础较好的大学中，先后建成了 59 所（合并后为 57 所）研究生院。

---

① 中华人民共和国教育部."211 工程"简介［EB/OL］.［2018-08-16］.http：//www.
　moe.gov.cn/s78/A22/xwb_left/moe_843/tnull_33122.html.

② 曹赛先.高等学校分类的理论与实践［D］.武汉：华中科技大学，2004.

③ 中华人民共和国教育部.教育部财政部国家发展改革委关于印发《统筹推进世界一流大学和一流学科建设实施办法（暂行）》的通知.［2018-08-16］.http：//www.
　moe.gov.cn/srcsite/A22/moe_843/201701/t20170125_295701.html.

表1-3　中国高等学校研究生院情况①

| 时间 | 高等学校名单 |
|---|---|
| 1978年（共1所） | 中国科学院 |
| 1984年（共23所） | 北京大学、北京医科大学（后并入北京大学）、中国人民大学、清华大学、北京航空航天大学、北京理工大学、北京科技大学、北京师范大学、北京农业大学、南开大学、天津大学、吉林大学、哈尔滨工业大学、复旦大学、上海医科大学（后并入复旦大学）、上海交通大学、南京大学、浙江大学、武汉大学、华中理工大学（今华中科技大学）、国防科技大学、西安交通大学、中国科技大学 |
| 1986年（共10所） | 中国协和医科大学、东北大学、大连理工大学、同济大学、华东师范大学、东南大学、厦门大学、中国地质大学、中山大学、西北工业大学 |
| 2000年（共22所） | 北方交通大学、北京邮电大学、北京林业大学、东北师范大学、华东理工大学、南京航空航天大学、南京理工大学、中国矿业大学、南京农业大学、山东大学、石油大学、湖南大学、中南大学、华南理工大学、四川大学、重庆大学、西南交通大学、电子科技大学、西安电子科技大学、兰州大学、第二军医大学、第四军医大学 |
| 2002年（共2所） | 哈尔滨工程大学、河海大学 |
| 2003年（共1所） | 西北农林科技大学 |

（3）按招生资质进行分类

①按照学科类别分类

与教育相关的文本主要有两大类：一类是各种法律、法令、条例和规章制度，另一类则是统计文本。我国每年都会公布和出版关于教育事业发展情况的统计资料，其中最权威、最详尽的当数每年由人民教育出版社出版的《中国教育年鉴》和由教育部发展规划司组织编写的《中国教育统计年鉴》。这一类统计文本最常用的分类方法是按照学科覆盖情况将全国的普通高等学校分为13类：综合

---

① 59所被批准建有研究生院的高校名单及批准时间［EB/OL］.（2010-04-10）［2018-08-16］.http://www.360doc.com/content/10/0415/18/1152545_23213074.shtml.

大学、理工院校、农业院校、林业院校、医药院校、师范院校、语文院校、财经院校、政法院校、体育院校、艺术院校、民族院校和职业技术院校，基本上与哲学、经济学、法学、教育学、文学、历史学、理学、工学、农学、医学十大学科门类相对应。1997 年，国务院学位委员会和原国家教育委员会联合颁布的《授予博士、硕士学位和培养研究生的学科、专业目录》中，又增设了管理学这一学科门类（研究生目录中另有军事学）[①]。

②按照办学形式分类

我国高等学校的办学形式包括全日制和非全日制，主要有以下一些高等学校类型：全日制普通高等院校（大学、学院、高等专科学校、高等职业学校）及其夜校部、函授部；独立的函授大学（学院）、广播电视大学（学院）；管理干部学院；职工、农民大学（学院）；教育学院、教师进修学院；高等教育自学考试机构等[②]。

通过条块分割管理，即按高等学校的隶属关系或管理权限对它们进行分类。根据这一维度，通常将高校分为教育部所属高校、中央部委所属高校和地方所属高校三类。此外，还有很多研究人员对中国高等学校的分类也进行了有益的研究和探讨，提出了多种分类设想，不再赘述。

**2. 高等院校分类对开展阅读推广的局限性**

（1）分类标准不统一不利于明确阅读推广的定位

目前我国对于高等院校的分类统计口径多样，分类结果也各不相同，不能适应高校发展和整个高等教育系统发展的实际情况，很多高等学校的类型没有在分类中反映出来，不利于高等院校自身的定位。作为高校重要组成部分的图书馆和师生群体定位也难以明确，在阅读推广的主客体都不清晰的情况下，活动寸步难行。

（2）分类范围不恰当，不利于提高高校阅读推广的实效性

中国现有的高校分类或过于宽泛，分类范围过宽或者过窄都不利于高校阅读

---

①② 曹赛先 . 高等学校分类的理论与实践［D］. 武汉：华中科技大学，2004.

推广群体的划分，若阅读推广群体划分过于宽泛，读者需求就很难进行有效聚类，或者聚类结果太多，图书馆很难满足全部需求，从而读者满意度下降、活动效果不达预期。若阅读群体划分过于狭窄，那活动的参与者就会减少，也会增加活动的类别与次数，对图书馆的人力、财力、物力都是一种负担。可见没有一个合适的分类范围，阅读推广的策划就会遇到层层阻碍，难以实施；如果一个活动没有实效性，那就是无意义的。

（3）分类结果不鲜明不利于突显高校阅读推广特色化

当前分类并未能体现出中国高等学校的特殊性，分类依据不周详，对关键词的界定也不够规范，使人难以了解这些名称所承载的真正含义。许多研究者只好尽可能地避开过于具体的量化指标，这样做的结果就是，分类含糊笼统、理想化的成分高、应用和推广价值不高。①目前读物的一般分类是按照学科范围进行划分，很难用其他方法进行分校读物推广。

但是，按学科进行高校分类也存在一定的缺陷，不利于实现高校阅读推广的特色化。首先，除了综合大学和理工院校外，其他院校大部分学科单一、文理分家，不利于人才培养和学科交叉融合。其次，我国高校的学科专业构成已经发生了很大的变化，尤其是一些合并高校，它们原来的学科门类相对单一，通过学科的优化和重组，学科门类有了拓展，但还没有成为真正意义上的综合性大学，如果仍按这种分类方法把它们圈定为某一类单科性院校，或是不加区别地把它们归入综合性大学，似乎都显得偏颇。该分类法只涉及普通高校，没有包括我国新型高等学校，比如民办高等学校、中外合作办学类高等学校、校企合作高等学校等。在中国高等教育向大众化迈进的过程中，这些非传统的高等学校起着越来越重要的作用，也需要对它们进行研究和分类。

（4）分类层次结构失调不利于高校阅读推广人服务深化

我国社会现阶段需求增长最快的应该是专科人才，但我国高等学校层次结构失调，偏离了金字塔的形状，主要表现在专科发展不足，本科发展较快，研究生

---

① 曹赛先．高等学校分类的理论与实践［D］．武汉：华中科技大学，2004.

教育比例偏低，各层次高等教育替代性较强等[①]。高校阅读推广主要体现在推广活动趋同性上，图书馆开展的阅读推广活动大多形式单一，不能满足不同群体的要求。分类层次结构失调不利于对读者进行有效定位，给阅读推广人增加了一定的难度，不利于高校阅读推广服务的深化。

## 二、"分校阅读推广"的六大分类

本书结合我国高等院校按照学科范围分类的方法，将高校阅读推广细分为综合性大学阅读推广、高职院校阅读推广、理工类院校阅读推广、师范类院校阅读推广、医学类院校阅读推广及军队院校阅读推广。

### 1. 综合性大学的阅读推广

综合性大学是指那些涵盖哲学、文学、理学、工学、管理学、法学、医学、农林、经济学、教育学、艺术等各学科门类的本科院校。综合性大学的学科之间往往呈现知识内在融合的景象，教学和科研两手并重，"人才培养层次和模式多元化"，并以为社会培养、输送全面发展的高素质人才为目标[②]。

综合性大学比较重视"通才教育"或"通识教育"的教育理念。综合性大学学科门类多又彼此融合，互为补充，读者的学科专业背景、阅读习惯和爱好都各有不同，在阅读推广的过程中，往往既要进行通性的推广，也要注意补缺的推广，如为人文科学及社会科学专业的学生推荐自然科学类的书籍，加强理工科专业的学生对人文及社科知识的吸纳，如武汉大学为 2018 年入学的新生发放了《自然科学经典导引》和《人文社科经典导引》两书，体现出综合性大学进行阅读推广兼容并包的特色。

### 2. 高职院校的阅读推广

从 20 世纪末起，根据教育部相关规定，非师范、非医学、非公安类的专科

---

① 夏娟.关于高等教育分类管理研究[D].福州：福建师范大学，2012.

② 孙长青.我国综合性大学战略管理[M].郑州：郑州大学出版社，2013：12.

层次全日制普通高等学校逐步将校名的后缀规范为"职业技术学院"或"职业学院"，而师范、医学、公安类的专科层次全日制普通高等学校则将校名后缀规范为"高等专科学校"。

高职院校的学生阅读素养和本科院校的学生对比来说相对较弱，而且高职院校的专业也限制其培养学生的人文素养，加上图书馆书籍资源、管理员综合能力和阅读推广活动的经验方面也都存在不足，它们都对开展阅读推广活动产生一定的影响。

一般来说，高职院校的学生通常只接触教辅类的书籍，高职院校的教学计划也只重视职业技能教育，培养技术应用型人才。高职院校的学生学期短、时间少，并且还要工学相结合，所以阅读活动并不受重视[①]。

因而，高职院校的阅读推广应当针对以上这些特殊性展开，大力举办"缺什么，补什么"式的社科及人文读物推广，不只局限于图书推介、读书征文、优秀读者评选、读书座谈会、专家讲座、趣味知识、数字资源推荐、读书沙龙、图书摄影等活动形式，更要与时俱进，创新内容，提升高职院校师生的人文素养与人文精神。与此同时还需注重学生的人际交往与沟通表达能力。此外，高职院校在校学生普遍具有接受新事物能力强、追求时尚、对网络接受度高等特征，设计阅读推广活动时也需要做到有的放矢，促进全面发展。

### 3. 理工类院校的阅读推广

国家对理工类院校本科毕业生的要求是：具有一定的人文社会科学和自然科学基本理论知识，掌握本专业的基础知识、基本理论、基本技能，具有独立获取知识、提出问题、分析问题和解决问题的基本能力及开拓创新的精神，具备一定的从事本专业业务工作的能力和适应相邻专业业务工作的基本能力与素质。[②]合

---

① 刘静. 泛在知识环境下高职图书馆阅读推广实践研究 [J]. 黑河学刊，2018（04）：175.

② 托雅. 图书馆在我国理工类院校学生信息素质教育中的作用研究 [D]. 长春：东北师范大学，2006.

肥工业大学赵金华教授把"理工院校"定义为以理科或工科为主或理工科兼顾的高等院校。他总结了我国理工院校在学科设置和学科结构等方面上的三大特征：工科教育是理工科大学的教育重心，理科起强大的支撑作用；学科结构综合化，相互交叉渗透；科研广泛应用于生产，社会经济效益明显[①]。

　　从理工类院校的校名上可以大致判断其专业特色，如农业大学，其农业科技一定是占主导特色的；纺织大学，其纺织科技势必为重点学科。鲜明的专业特色是理工类院校长足发展的优势，也是理工类院校阅读推广的特色所在。理工类院校的多数学科具有实践性强的特点，比如地质学专业，在野外采集岩石标本、地质调查、地质填图是必修之课程，学生在实践教学中，磨炼了意志、培养人与自然的深厚感情，这种感情深深影响大学文化的发展内涵。理工类院校的专业特点就是不断创新，只有在创新中科技才会不断发展，从某种程度上说，理工类院校就是为了传播科技知识和实现可持续发展而存在，理工类院校大学文化的活力也在于创新[②]。理工类院校在招生计划、学科及专业设置、课程设计、人才培养方案制定、科学研究等多方面都体现了较强的理工科色彩，也导致此类院校普遍存在人文学科发展滞后、人文素质教育不足等现象。

　　因此，理工类院校在阅读推广过程中需要结合自身的学科特点和办学方向，提炼有理工特色的科学内涵，坚持发展共性与彰显特色相结合，应鼓励学生不仅要学课本知识，更要在课外博览群书，走出一条具有鲜明特色的阅读推广之路。理工类院校阅读推广大体可分为：专业、科普、人文阅读。专业是立足之本；科普和人文是现代社会发展之基。针对理工类高职院校学生专业阅读特点，发挥专业馆员良好沟通的渠道优势，特邀与广泛征集相结合，鼓励老师推荐适合本系学

① 赵金华. 基于科技创新的理工院校创业教育理论研究与实践 [M]. 合肥：合肥工业大学出版社，2014：12.

② 丁振国，陈华文，金蕊. 理工类大学文化建设的内涵及路径 [J]. 中国高等教育，2012（Z1）：23.

生的阅读书目。其中，科普和人文阅读则是图书馆主要推广的内容[①]。

### 4. 师范类院校的阅读推广

师范类院校在我国设置的历史最为悠久，传统意义上的"师范学校"主要指培养各类师资力量的高等院校，它们不仅担负着培养高水平师资的使命，也成为综合性人才的培养基地。师范类院校具有以下特点：（1）重视"规范"教育；（2）人文学科突出；（3）课程设置富有师范色彩。

理工科学生的阅读范围较文科更广一些，而师范类院校学生更偏向于文科生，阅读范围集中在自己本专业的图书种类，虽然文科生的阅读量较大，但是他们在阅读广度上确实需要加强，文科类学生必须在其他领域有所涉猎，方能显现自己的优势。师范类学生以阅读社会科学类书籍为主，对提高自身的综合能力和文化修养有一定的诉求和需要，但对于自然科学类知识没有太大兴趣。

对师范类院校和理工类院校的学生，在阅读推广上都存在"人文"和"科学"失衡的问题。因此，我国高校开展阅读推广也要考虑"通才式"教育。师范类院校因为本身人文学科突出，更应该为文科专业学生开设有关自然科学的阅读课程或阅读计划，推送具有"理工"色彩的书目清单，为文史专业的学生和理工科专业的学生提供一个互相学习、彼此交流阅读心得的平台，促进文科生科学思维的培养和理科生人文素养的提升。

### 5. 医学类院校的阅读推广

我国医学类院校具有以下特点：（1）学制长，目前我国医学教育存在多种学制，培养周期长成为医学类院校最突出的特征之一；（2）专业设置以医学专业为主，其他有关学科为辅；（3）专业课程量占比大。我国医学类院校以学科为中心设计课程，课程体系由公共基础课程、专业基础课程、专业课程和选修课程组成。

而医学类院校学生面临课业负担重、专业技能考核多、人文素养低、择业

---

① 王晓霞，洪跃，丁学淑. 理工类高职院校图书馆开展阅读推广策略研究——以辽宁省交通高等专科学校图书馆为例 [ J ]. 图书馆研究，2016（02）：72.

延后、就业难等多方挑战。据近十年对我国部分医学类高校学生或医学专业生进行的关于阅读情况的调查，医学生的阅读倾向呈现以下五个主要特点：第一，除专业或技能书籍外，最爱读文学类图书，但多为流行小说而非经典名著；第二，阅读目的以功利性、工具性和娱乐性为主；第三，阅读时间短，阅读量不高；第四，有阅读的意识，但阅读的积极性不高；第五，学业繁忙成为阻碍阅读的关键因素。

可见，医学类院校主要以培养应用型人才为办学目的，易于忽视人文素质的培养与提高。为追求医学生的就业率，把主要精力放在培养学生的专业技能和各种技能考核上，缺乏医学人文精神的渗透和导向，与社会生活实际相脱离，造成人文教育的空泛化，导致医学院校人文精神逐渐被淡化，人文内涵日益流失[1]。

医学人文素质教育关乎未来医务工作者的整体素质，影响国家的医疗水平。医术和医德是医学的两翼，因此医学教育必须同时培养学生具备科学与人文精神。目前，有的医学类院校也试图努力打造"书香校园"，但行动的力度、广度和深度不足，既缺乏有影响力的特色阅读品牌，又缺乏长期性的人文阅读氛围。"医学是科学，更是人学，兼具自然科学与人文科学的特征。"中国工程院院士王辰认为，医生特别需要读经典的文学作品，而历史、哲学、宗教等人文学科能引导他们对医学有更深刻的理解[2]。医学类院校应该加大对人文素养教育的投入，重点关注和推广阅读，在重科学精神的同时也要培养学生的阅读兴趣和能力，提升他们的人文素质。高校图书馆作为校园文化的隐性传播场所，应从培养医学与人文相结合的角度构建特色馆藏资源，引导学生培养文化自信、创新思维、社会责

---

[1] 韩沙沙，唐铭含，吕秋萍，等.医学生人文素质现状调查及对策分析 [J].医学信息学杂志，2017（10）：90.

[2] 王辰.和谐之要：医患人文素养比值大于等于1.中华医学会呼吸病分会年会（CTS2016）人文专场专题报告.http：//meeting.dxy.cn/article/505189.

任感等综合人文素养①，让冰冷的柳叶刀上能有书香的温情。

### 6. 军队院校的阅读推广

军队院校也称为军事院校，是以培养军事人才为主要任务的学历教育院校和非学历教育院校的统称，包括综合型院校、指挥院校、工程技术院校、军事医学院校、士官学校等。军队院校教育呈现如下特点：以高等教育为起点的军事专业教育和职业教育；以军事、科技和人文为核心的综合教育；以适应军队发展为目的的继续教育。相比其他高校，军队院校对学员课堂学习和体能训练等硬性要求较为关注，学员的时间和精力也主要用于课堂学习和体能训练，自由活动的时间较为有限，导致军校生人文素质教育处于弱势。

军队院校在阅读推广活动设计中要注重对推广对象的动态情况分析，既要保证少数学有余力的学员能够通过有一定难度和挑战的活动检验自身的综合能力水平，又能保证大多数学员群体参与到活动中来；既要达到学员主体积极自主学习的培养目标，又能符合人才精英教育的培养理念。根据院校不同时期的培养对象，利用图书馆流通系统大数据做好针对本科学员和研究生学员、学历教育学员和在职教育学员、一线教员和科研人员、机关干部与基层干部、普通战士与大学生士兵等不同读者群体的调研与分析，调整活动设计。

以上分校阅读推广的系统组成具有以下几个突出优势：

（1）有利于多角色、多渠道获取用户需求，开展阅读推广服务。高校图书馆对读者需求的前期调研，能够更明确地知晓不同类别院校读者的不同需求，继而与分类读物推广相结合，有利于"一对一"推广读物，对"缺什么，补什么"理论具有积极意义。

（2）有利于建设分众导读资源库。图书馆可在官方主页设置分众导读栏目，对不同分众群体进行指导。推荐书目时，避免大而全的罗列方式和缺乏书评、推

---

① 易娟，王伟.医学类高职院校图书馆中文纸质文献馆藏结构特点研究——以长沙卫生职业学院为例[J].卫生职业教育，2018，36（14）：21.

荐理由的书目编排。在推荐范围上，一方面根据学科专家的意见精选哲学历史、文学艺术、自然科学等经典读物，推进通识阅读；另一方面，根据受众的学习阶段、兴趣爱好、时事热点等，挖掘充满思考和富有时代气息的优秀读物。在推荐形式上，每本读物附上书影、简短书评或推荐理由，增强书目的吸引力[①]。

（3）有利于提升高校图书馆阅读推广水平，体现特色。通过对读者需求的聚类分析，图书馆能够细化目标，针对这些具体需求策划活动，使读者需求被最大化地满足。这些活动也因应其他需求推出的活动的不同，更具有自身的特色。

---

① 王成玥."水深鱼极乐，林茂鸟知归"——大学校园分众阅读推广探索［J］.图书馆论坛，2017（11）：13.

# 第二章

# 高校阅读推广的分类策划方略

综合性大学的阅读推广

理工类院校的阅读推广

师范类院校的阅读推广

医学类院校的阅读推广

高职院校的阅读推广

从办学层次上说，我国内地的普通高等学校分为本科层次和专科层次；从学校类型上说，分为综合性、师范、工科、农业、医药、林业、财经、政法、体育、艺术、民族等类型。综合性大学是指那些招生专业涵盖各主要门类学科，办学规模宏大的本科院校。综合性大学各学科之间往往安排得较为均衡，并且教学和科研两手并重，"人才培养层次和模式多元化"，以为社会、国家培养、输送全面发展的高素质人才为目标。孙长青认为，应从四个方面对综合性大学的内涵进行把握，分别是学科门类涵盖广；人才培养以本科层次以上为主，"通""专"一体；办学规模大，在校生人数一般在 5000 名以上；注重产学研一体①。

我国内地首批综合性大学几乎都是老牌重点大学，如北京大学、清华大学、浙江大学、复旦大学、南京大学、南开大学、中山大学、厦门大学、武汉大学等。20 世纪八九十年代，随着时代经济与社会教育的发展，出现了许多新兴的综合性大学，如西北大学、郑州大学、苏州大学、西南大学、上海大学等。随着我国教育水平的整体上升，部分以某一特色学科起步的高校也逐渐向综合性高校发展②。截至 2017 年 5 月 31 日，全国高等学校共计 2914 所，其中普通高等学校有2631 所③。

大学图书馆进行阅读推广应根据各自院校的性质进行策划和创意，呈现出不同的阅读推广特色。

---

① 孙长青.我国综合性大学战略管理［M］.郑州：郑州大学出版社，2013：13.
② 钱军，蔡思明，张思瑶.书香满园：校园阅读推广［M］.深圳：海天出版社，2017：60.
③ 教育部.全国高等学校名单［EB/OL］.［2018-08-05］.http：//www.moe.gov.cn/srcsite/A03/moe_634/201706/t20170614_306900.html.

## 一、综合性大学的阅读推广特点及推广方式

综合性大学读者的专业背景、阅读习惯和爱好都各有不同，在推广的过程中，往往既要进行通性的推广，也要注意补缺的推广，如为人文社科专业的学生推荐自然科学类的书籍、努力加强理工科专业的学生对人文社科知识的吸纳。

种类丰富、形式多样的阅读推广活动和方式在综合性大学往往有生发、成长的土壤。因为无论哪一种活动，基本都能找到合适的受众。目前，综合性大学举办的阅读推广活动基本可分为以下几类：

一是以各类"读书节""读书月"为依托，将多种活动纳入同一个体系下，为校园读者奉上丰盛的文化大餐，包括名家讲座、主题征文、图书交换／漂流、编制推荐书目、"优秀读者"评选、主题展览、摄影比赛、读书沙龙、真人图书馆、明信片慢递、书展、"你选书，我买单"、电影放映、阅读"马拉松"、游学走读等。这类活动的特点是可以在集中的时间段推出一系列的活动吸引学生的注意力，让他们参与到阅读活动中来，而且通过制造公共话题，引起全校师生的广泛关注，形成规模和轰动效应，收到比较好的宣传效果。近些年来，图书馆也注重吸取学生的创新思想，将许多活动的策划、组织与实施都交给学生组织或社团承担，开辟了一片学生参与阅读推广的新天地。

二是举办形成品牌效应和可持续发展模式的讲座、讲坛。虽然名家讲座已经成为许多高校举办校园阅读推广活动的首选，也常常出现在各类"读书节""读书月"活动的节目单上，但形成一定模式，长久、长效地举办名家讲座已成为各高校互相学习的一种手段。不少学校为了吸引学生利用课余时间参加讲座，设置了计次卡、自主学分修习等学习方式，促进学生多方面提升素质。讲座、讲坛的主题多与人文学科相关，在较短的时间内（一两个小时）围绕一个主题，向在场听众输送高质量、高密度的人文知识，受到学生的欢迎。高质量、影响大的讲座现场氛围非常火爆，常常一座难求。内地高校中影响较大的有北京大学图书馆的"一小时讲座"、南京师范大学图书馆的"敬文讲坛"等。

三是建立校园读书会，从内容上加深阅读推广的内涵。现代意义上的读书

会起源于 20 世纪初的瑞典，一般称为"学习圈"。读书会在我国港台地区的高校图书馆也十分普及。近年来，虽然校园读书会已逐步在内地的高校建立起来，但还是在本科高校开展活动比较多，而高职院校则相对较少①。2014 年中国图书馆学会组织的"图书馆'书友会'优秀案例"评选活动中，共有 43 个案例分别获得一、二、三等奖，共有 11 所院校图书馆"书友会"获奖，综合性大学的读书会占到近一半，分别是东南大学善渊读书会（一等奖）、湘潭大学文馨书友会（二等奖）、厦门大学读者协会（三等奖）、宁波大学园区图书馆阅读沙龙书友会（三等奖）②。

四是开辟信息共享空间或学习共享空间。近年来，一些高校开始尝试将独立分割的学习格局打破，倡导合作式的学习体系，因此出现了"信息共享空间"。大学图书馆无疑是进行空间开辟的绝佳选择，这种优势不仅仅来源于学习动力，还在于图书馆是大学校园中集文献资源与知识服务于一身的机构，而"信息共享空间不只是促进学习的共享空间，还是校园文化展示的重要窗口，是校园阅读推广的重要阵地"③。台湾中兴大学的学习共享空间"兴阅坊"中设有"知识吧"，就是图书馆为主题阅读和书目推介设置的区域，学生可以在这个环境中进行学习以及主题图书的了解和阅读④。

五是编制校园导读性内刊内报。面对汗牛充栋的书籍，加上信息时代带来的信息爆炸，随意地选择书籍阅读虽能让部分人的阅读充满趣味，却难免会形成阅读娱乐化、浅层化的弊端，不仅无法塑造健全的知识体系，更会让人因为不知道

---

① 钱军，蔡思明，张思瑶.书香满园：校园阅读推广［M］.深圳：海天出版社，2017：128.

② 钱军，蔡思明，张思瑶.书香满园：校园阅读推广［M］.深圳：海天出版社，2017：128–129.

③ 钱军，蔡思明，张思瑶.书香满园：校园阅读推广［M］.深圳：海天出版社，2017：143.

④ 张婷."兴阅坊"：台湾中兴大学图书馆"学习共享空间"［J］.高校图书馆工作，2014（3）：6–10.

读什么而丧失对阅读本身的兴趣。引导大学生阅读经典，品味书香，立身成人，依然需要校园导读工作的干预和介入。这时候，校园导读性的内刊内报应运而生。校园导读性内刊内报的编制，让阅读推广更好地融入高校图书馆的日常工作中[①]。在中国图书馆学会阅读推广委员会主办的两届"中国图书馆阅读推广类十佳内刊内报"评选中，东南大学图书馆主办的《书乐园》和武汉大学图书馆主办的《文华书潮》分别获"2014中国图书馆阅读推广类十佳内刊内报"荣誉称号和"2017中国图书馆界阅读推广类内刊内报新秀奖"。

六是通过开设阅读课程或推出经典阅读学分修习等措施承担阅读教育的功能。2014年，南京大学第九届读书节推出了"悦读经典计划"。该项目由学校组织相关学科的高水平教授，按照经典性、思想性、知识性、前沿性、可读性的遴选标准，初步形成了一份涵盖"文学与艺术""历史与文明""哲学与宗教""经济与社会""自然与生命""全球化与领导力"六个知识单元的书目清单，而后经过广大师生网络投票，最终选出了60种代表南大特色、引领南大阅读文化的基本书目和100多种拓展书目，由南京大学校长陈骏院士在读书节开幕式中正式揭晓[②]。为了配合该计划，南京大学还推出了相关课程并配以学分的要求，以激励广大学子进行经典阅读[③]。

七是探索"阅读疗愈"方法。"阅读疗愈"的研究和尝试逐步踏出医学类院校及其图书馆的领域，开始向更广阔的范围进行尝试和疏导。嘉兴学院图书馆的阅读疗法起步较早，2008年起便进行了相关的探索。2014年该馆专门的阅读疗愈场所"心灵书屋"正式落成，成为阅读疗法从理论走向实践的关键转折。"心

---

① 张思瑶.面向书香面向文雅：改革开放三十五年来南京都市书文化建设（1978—2013年）[D].南京：南京大学，2014.

② 钱军，蔡思明，张思瑶.书香满园：校园阅读推广[M].深圳：海天出版社，2017：243.

③ 南京大学设有2—4个悦读通识学分，计入在校生必修的通识教育课程14个学分内。从2015级新生起，本科生大三学年结束时原则上需要完成"悦读经典计划"的学习，且毕业之前获得至少2个悦读通识学分才能毕业。

灵书屋"采取馆员与志愿者合作的方式，通过"触动我灵魂的一本书"主题征文、"女性心灵阅读书展及征文"等一系列活动，把阅读疗法的理念作为一种促进心理健康及心灵给养的方式来推广，获得广大学生的踊跃支持并收获好评①。

八是利用微博、微信等新媒体进行阅读推广。以微博、微信、博客等各类网络媒体为平台的高校阅读推广新媒体层出不穷，越来越多的高校选择利用新媒体的方式向读者推送阅读活动、推广读物资源和阅读方法，以及与读者进行沟通和互动，以期在大学生们世界观、人生观、价值观的重要塑造时期、升华时期，引导他们的求知渴望与阅读好奇，丰富他们的课余文化生活，拉近学生与学校间的关系，打造大学生实践人文阅读的重要平台。"清博指数"下的微信公众号排行榜是根据微信公众号的总阅读数、平均阅读数、最高阅读数、总点赞数、平均点赞数和最高点赞数六个指标对其进行综合评估，得出的数值（WCI）越大表示微信传播力越大。注册后能查到"全国高校图书馆微信排行榜"，2018 年 7 月的月榜显示当月传播力最大的十家高校图书馆中，有 5 家是综合性大学的图书馆，其中武汉大学图书馆排名第一。

校园阅读推广是一种有目的、有计划、有步骤的文化活动，需要调动、协调多方力量参与，许多高校在开展阅读推广工作的过程中存在重组织实施、轻创意策划的倾向。而简单地借鉴其他高校的做法，难免出现阅读推广工作的同质化倾向，无论是阅读推广的效果还是影响，都会大打折扣。许多综合性大学图书馆也逐步意识到这个问题，开始寻求突破，在活动的形式、内涵等方面进行创新。

如郑州大学在 2012 年的文化经典特色阅读推广活动中推出"读书达人秀"，将"推广"和"悦纳"相结合，每届比赛都包括海选、初赛、复赛、决赛四个阶段和提交个人原创作品、知识竞赛、读书达人秀、望词生情、精彩再现、重命经典六个项目，激励参与者将书本知识与才艺展示相结合，以"秀"的方式增强其

---

① 钱军，蔡思明，张思瑶.书香满园：校园阅读推广［M］.深圳：海天出版社，2017：250.

展现力，使书本知识转换成一种可供学生亲身体验和感悟的形式，极具观赏性[①]。

又如 2014 年世界读书日前后，北京大学图书馆推出"书读花间人博雅——2013 年好书榜精选书目 / 摄影展"，活动由北京大学图书馆、北京大学青年摄影协会共同主办。活动选取大学生最喜欢的模仿秀形式，由图书馆精心挑选了 30 幅以"阅读的少女"为主题的经典画作，再由 12 位北大女生模仿画作拍摄成 30 幅读书照片。图书馆将展览做成竖形展板展出，每一个展板上方是原图与模仿照的对比图，而该摄影的重点不在于模仿，而是模仿者手中所拿着的书，每幅照片配一本书。展板下方则是每本书的书影、相关信息和基本简介。此种新颖的展览，在北大图书馆以往举办的活动里尚属首次，旨在倡导阅读、展示学养博雅之美。而摄影中所涉及的 30 本书是中国图书馆学会阅读推广委员会根据 2013 年度各大媒体好书榜所统计、分析后推出的书单。该活动让活动美感与阅读推广兼备，并且充分结合了多种阅读推广形式，让活动的各个流程有机融合，使得活动呈现出生机而没有生拉硬凑的尴尬效果，引起了很大的反响。

再如，西南大学图书馆在 2017 年 4 月"西大读书月"期间推出了首届"阅读马拉松"大赛，希望倡导大学生养成沉下心来阅读的习惯。比赛要求参赛大学生如同马拉松长跑一样持续性地投入阅读，用 6 小时左右的时间完成一本书的阅读，而且不允许使用手机等联网设备。读完一本书后，还必须提交一份读书笔记才算挑战成功，并获得奖励。供参赛者选择阅读的图书来自西南大学图书馆的经典著作阅览区。该区设立于 2012 年，为配合西南大学为新生所设置的"名著选读"通选课，校内教授联合推选了 30 部人文、社科和自然科学经典读物，图书馆为每部经典著作配备了 30—100 本左右的复本供学生使用。阅读马拉松将经典阅读推广和新颖的"马拉松"形式相结合，首届阅读马拉松就吸引了 170 余位同学参与，最终 147 位同学完成了对自己的挑战。2018 年，第二届"阅读马拉松"在读书月期间如期举行，同样吸引了不少同学参与。

---

① 钱军，蔡思明，张思瑶.书香满园：校园阅读推广 [M].深圳：海天出版社，2017：245.

## 二、对于综合性大学阅读推广活动的建议

综合性大学进行阅读推广有其自身的文献资源和人力、人才优势，如经典阅读的课程设置、"阅读疗愈"的开展等。对于综合性大学而言，在阅读推广的策划创新方面，应紧密结合校园文化（如校史、名家等）、地方文化，以点带面、层层递进地推动校园书香文化建设，打造全校师生共同参与的阅读品牌。以清华大学为例，2013 年 5 月，清华大学研究生会、清华大学人文社科图书馆和清华大学国家大学生文化素质教育基地联合推出了"学在清华·真人图书馆"项目，通过搭建面对面的交流平台，使同学们在深化导学关系的同时，获得更多求学问道的方法和为人处世的道理。北京大学、清华大学都推出与校史相关的书籍和活动，引导学生们了解校史、校情，在潜移默化中与学校建立稳固、长久的情感纽带。

读者对通识教育有不同的认识和阐述，无论什么样的出发点都有一个共同的认知，就是"为了达到现实生活问题的解决，达到个人与社会的相得益彰并追求普遍永恒的真理"[①]。正因如此，综合性大学进行阅读推广，一定要注意活动的覆盖面以及对学生科学素质和人文素养的培养，以凸显图书馆在高校通识教育方面的特殊地位，无形之中引领着学生亲近图书、关注阅读。同时，应侧重于活动的联动性，多部门合作，打造以校图书馆为中心的书香阵地。

---

① 钱军，蔡思明，张思瑶 . 书香满园：校园阅读推广［ M ］. 深圳：海天出版社，2017：
　　10-11.

北京理工大学的礼堂，"德以明理，学以精工"八字校训被醒目地悬挂于中央。这里的"理"指的是"真理"，"工"指的是"学术"。尽管它并不是"理工"一词的确切之意，但代表了我国众多理工院校所秉承的办学理念和育人精神。谈到理工类院校的阅读推广工作，南京邮电大学图书馆馆长钱军倡导"通识型"的创意和策划，认为侧重于人文精神与科学精神的阅读推广，是理工类高校图书馆发挥育人作用的重要抓手、参与校园文化建设的重要渠道。[①]理工类院校讲究科学精神与技能培养，在推广阅读时应该"扬长补短"，善于结合优势资源完善人文教育，使阅读推广自成一格，培育莘莘学子成为既能掌握真理和学术，又具有文化素质和人文修养的"通才"。

## 一、理工类院校的基本特点

"理工"一词最初源于 19 世纪 80 年代，中国留学生将"Science"和"Technology"合并翻译而来，指自然、科学和科技的融合。我国教育部《学位授予和人才培养学科目录（2011 年）》共设了 13 个学科门类，其中就包括理学和工学；理学下设数学、物理学、化学等 14 个一级学科，工学下设力学、机械工程、光学工程等 38 个一级学科。合肥工业大学教授赵金华把"理工院校"定义为以理科或工科为主或理工科兼顾的高等院校。他总结了我国理工院校在学科设置和学科结构等方面的三大特征：（一）工科教育是理工科大学的教育重心，理科起强大的支撑作用；（二）学科结构综合化，相互交叉渗透；（三）科研广泛应

---

① 钱军.与时俱进的大学校园阅读推广［R］.2014 中国图书馆学会年会报告，北京.

用于生产，社会经济效益明显。①

我国理工类院校的数量规模约占全国高校总数的 14%，在招生计划、学科及专业设置、课程设计、人才培养方案制定、科学研究等多方面都体现了较强的理工科色彩；也很大程度导致此类院校人文学科发展滞后、人文素质教育不佳等。改革开放前，我国理工类院校只以"马列主义教研室"或"政治理论课教研室"这一形式开展人文社会科学教育。改革开放后，大部分的理工类院校把有关人文的教研室升级为"教研部"，重点院校更把其独立设置成一个"系"或"院"，例如"社会科学系""人文社会科学学院"等，并且招收文科学生。我国实施"211工程"后，不少理工类高校相继成立人文社会科学学院，文科专业的数量也持续增长。

尽管如此，理工类院校的人文学术气氛仍旧不浓，文化生活较为贫乏。一般而言，理工科学生的动手能力强，敢于探索自然科学知识，对科学技术接受快、掌握程度高，但他们的人文素养和人文意识薄弱。郭炳南曾于 2012 年对江苏省 5 所理工类院校的大学生，包括中国矿业大学、南京航空航天大学、南京理工大学、南京农业大学、河海大学，实施人文素养调查。结果显示，理工类高校学生在人文素养上存在四大问题：（一）人文知识缺乏，忽视人文课程类的学习；（二）道德责任感缺乏，诚信度不高；（三）价值观模糊，价值取向庸俗化明显；（四）艺术修养明显匮乏、审美能力不足。郭炳南指出，理工类院校单调的校园文化生活，以及人文气息的缺乏是引起大学生人文素养缺失的原因之一②。

推广阅读是创设校园文化的首要方式，也是营造人文气息的关键措施。武汉理工大学副校长康灿华认为，开展阅读推广活动是学校推进育人为核心的大学文化建设，是学校文化内涵发展的需要，学生不仅要学课本知识，更要在课

---

① 赵金华.基于科技创新的理工院校创业教育理论研究与实践 [M].合肥：合肥工业大学出版社，2014.12.

② 郭炳南.江苏省理工科院校人文素养调查与对策研究——以江苏省五所理工科院校为例 [J].柳州师专学报，2013（2）：93-97.

外博览群书；不仅要阅读专业知识，更要阅读专业知识之外的其他文化知识。他表示，理工科学生要多读一些人文社科类图书，以更好地培养正确的人生观、价值观、历史观、审美观。①苏联著名教育理论家和教育实践家苏霍姆林斯基说，一所学校可能什么都齐全，但如果没有为了人的全面发展和丰富精神生活而必备的书，或者如果大家不喜爱书籍，对书籍冷淡，那么，就不能称其为学校。②因此，理工类院校开展阅读推广，加强学生的阅读意识，不仅是一种需要，更十分有必要。

## 二、理工类院校的阅读推广现状与面临的问题

### 1. 理工类院校的阅读推广现状

理工类院校人文底蕴水平不高的问题，常备受教育界及学术界诟病。但随着近年来社会越来越关注人文教育，并且有了政策、资源的支持，这些高校在课程改革、人文环境营造、校园文化建设方面都有了很大的改善。要构建一个富有人文气息的校园，绝对不能少了"书香"，阅读推广也渐渐成为理工类高校培养"全面型"人才、塑造人文氛围的"武器"。总的来说，理工类院校的阅读推广现状呈现三大特征：

（1）注重自然科学资源的推广

理工类院校首要发展的领域是自然科学，在阅读推广活动中引入和宣传自然科学资源是该类高校的一个重点工作，这首先表现在数据库的推广上。理工类院校图书馆会为师生专门购置多种理工科数据库，如 American Institute of Physics、SciFinder Web、Computing Reviews 等，同时不定期地开展多场有关

---

① 理工党员网."书香校园 文化理工"阅读推广主题活动开幕.2016-04-26.https://lgdy.whut.edu.cn/index.php？a=detail&c=home&id=19832.

② 苏霍姆林斯基.帕夫雷什中学［M］// 苏霍姆林斯基.苏霍姆林斯基选集：第 4 卷.赵玮，等，译.北京：教育科学出版社，2001：67.

数据库使用的讲座或培训课程，以增强他们检索、利用数字文献的能力。合肥工业大学图书馆仅在 2018 年 5 月就举办了"带您走入跨学科的化学世界""Springer Nature 用户在线培训""SciFinder 在化学科学中的应用"三场有关自然科学资源的讲座。

除了培训讲座外，一些理工类院校通过竞赛、书目推荐、读书沙龙等形式，提升师生对自然科学资源的认识，比如北京工业大学面向 2017 级硕士研究生开设了《科技文献检索与利用》课程，图书馆相继举行了科技文献检索达人挑战赛、土木工程资源知识竞赛等活动；再如西北工业大学邀请学校各专业的知名教授推荐图书，并形成了一份涵盖 57 种读物的推荐书单。在这份书单里，理工学科读物约占八成，其余为管理学科和人文学科读物。

（2）善于借助新技术、新媒体

21 世纪人们步入了信息化时代，移动通信、应用程序、微博、微信等新技术和新媒体几乎遍布社会的每个角落。新生代年轻人，特别是在校大学生热衷新鲜事物，自然成为率先使用这些信息工具的群体之一。理工类院校自身在科学、技术领域上的特色和优势，使他们更青睐于通过新技术、新媒体推广阅读。

新技术（如移动图书馆）在高校的应用始于 21 世纪初。2003 年，北京理工大学率先开通了手机图书馆短信服务平台，随后北京工业大学、浙江工业大学也推出同类型移动信息服务。2006 年，湖南理工学院开设了我国第一家 WAP 手机服务的图书馆，成功带领其他高校图书馆、公共图书馆、国家图书馆引入此项服务。这些院校通过网络平台向本校师生提供包括图书预约、催还通知、图书馆公告信息、新书通报、图书馆讲座与培训信息、检索文献资源等多项服务，极大地满足了他们对信息的需求。

新媒体也是理工类院校常用的阅读推广渠道之一，特别是微博平台和微信公众号。绝大多数的理工类院校图书馆，包括独立学院和民办大学都开通了微博账号，也有不少高校更倾向于注册微信公众号，延伸实体图书馆的服务，如江苏省 10 所理工类本科高校（根据"艾瑞深中国校友会"2018 年中国理工类大学排名名录）均开设了学校微博和微信，其中有 7 所有认证的图书馆微博账号，10 所有认证的图书馆微信公众号。部分院校图书馆通过微博或微信发布的信息量比网站还多，一些阅读计划、培训资讯仅上传至新媒体平台，甚至依靠这些平台举办活动。

（3）倾向举办"实用型"阅读推广活动

哈尔滨工业大学图书馆秉承"规格严格，功夫到家"的精神，在网站上介绍了这些内容："20世纪60年代中期，图书馆已逐渐形成了中外兼顾、理工并重，以机、电、仪书刊为主体的，具有哈工大专业学科特色的藏书体系。"类似的藏书模式和服务精神在我国理工类院校图书馆是非常普遍的，这也致使它们在设置活动时，往往带有浓厚的理工味道，注重实用性和学术性，但缺乏足够的趣味性和创新性，例如电子科技大学图书馆开设的2018年春季学期讲座，共分为七大主题板块，除了"阅读修身"板块中的"爱尔兰民谣赏析"和"闲聊王维诗歌之美"两个讲座伴有文娱气息，其余6个板块包括"科研助力""论文写作""知识产权""信息挖掘""软件开发与技术"以及"使用工具"，都是"实用型"的学术、知识或技术讲座。又如华北电力大学图书馆的"2018年全民阅读推广系列活动"，共计18项的阅读项目中，有6项为排行榜展示活动，3项为图书展，其余大多为资源的宣传及其使用培训，包括"新东方、博看期刊、尚唯科技报告、超星系列数据库展示宣传""CNKI、EPS中科软股数据库展示宣传""BALIS馆际互借及原文传递现场咨询活动""原文传递服务回顾展""原文传递培训"等。

**2. 理工类院校阅读推广活动面临的问题**

从上述的现状分析可知，这些院校在推广阅读时通常结合它们的办学理念与教学特色，也限制了阅读推广的多元化和包容度。《教育创新论》认为，就高等教育的课程体系与教学方法而言，我国高等教育长期以来文理分家，学理工的缺乏人文知识的底蕴，学文科的又缺少对必要的基础自然科学知识的掌握。[1]透露出国内理工类高校圈存在"人文书香"缺失的问题。这种不足又具体表现在课程、图书馆、校园环境三个领域上，很大程度地阻碍了理工类高校的"书香校园"构建之路。

---

[1] 张武升. 教育创新论 [M]. 上海：上海教育出版社，2000：12.

（1）体量不大，形式较为单一

笔者通过网络调研发现，我国理工类院校的阅读推广工作普遍不太积极，即使一些老牌理工类高校的"阅读推广"，也只是为学术锦上添花。

理工类院校开展阅读推广活动的体量较小，活动形式多囿于座谈、培训、展览、比赛等传统形式。

（2）课程缺少"人文书香"

在专业设置上，我国典型的理工类院校理工科占比超过 70%，经管科约占 20%，法学、文学等占 10%。而理工科学生的课程分布上，同样呈现专业课、基础课占比 70% 以上，人文类与政治理论课占比 10% 的情况。另外，人文类课程往往以选修而非必修的形式出现，课程又以工具性、知识性、技能性居多，进一步削弱了理工科学生接触人文知识、提升人文素养的积极性。教育部《关于加强大学生文化素质教育的若干意见》（下简称《意见》）指出，第一课堂主要是开好文化素质教育的必修课和选修课，对理、工、农、医科学生重点开设文学、历史、哲学、艺术等人文社会科学课程[1]。显然，现今很多理工类院校并未有效地达到《意见》中的要求，理工科的课程表依然难觅阅读尤其是人文阅读推广的影子。

（3）图书馆缺乏专门的阅读推广部门

南京大学教授、博士生导师，中国阅读学研究会名誉会长徐雁认为，阅读推广是高校图书馆当仁不让的时代使命，在大学生课外阅读、知识结构造就及文化素质教育方面，院校图书馆应该主动性地有所作为。[2]纵观我国理工类院校图书馆，它们主要以学术导航和科研资源作为服务内容，较少涉及阅读推广或者阅读兴趣、习惯的培养。笔者调查了我国"985 工程"和"211 工程"高校中的理工类院校的图书馆网络，发现只有哈尔滨工业大学、华中科技大学、电子科技大学、

[1] 中华人民共和国教育部.《关于加强大学生文化素质教育的若干意见》.1998-04-10. http://www.moe.edu.cn/s78/A08/moe_734/201001/t20100129_2982.html.

[2] 徐雁.校园阅读推广是高校图书馆当仁不让的时代使命 [J].高校图书馆工作，2017（1）：38-39.

北京科技大学、北京邮电大学、南京航空航天大学、西安电子科技大学图书馆在其概况介绍中提到"阅读推广"等相关字眼；另外，仅有两成院校图书馆专门设置了有关阅读推广的栏目或部门，包括哈尔滨工业大学图书馆、电子科技大学图书馆、北京科技大学图书馆、华东理工大学图书馆以及西北工业大学图书馆。《意见》强调，高校的第二课堂主要是组织开展专题讲座、名著导读、名曲名画欣赏、影视评论、文艺汇演、课外阅读、体育活动等丰富多彩的文化活动[1]，而其图书馆理应成为开设第二课堂的主力，特别是理工类院校[2]。

（4）校园环境的人文气息不足

虽然图书馆是师生阅读的主要场所，但"书香校园"的打造不能仅限于一馆之内，更要为师生营造一个"处处可读、处处宜读、处处想读"的优美校园环境。理工类院校注重经济效益，校容校貌的创建时常以实用性为主，而忽略人文元素的融入。我国北方的很多理工类院校的建筑俨然一个大工厂，其楼体采用灰色、土黄色、棕色等冷色调，设计规整、单一。阅读氛围受阅读环境的影响，而人文气息稀薄的校园环境难以给学生创设一个有益、积极的阅读场所，也难以达到丰富他们的课余文化生活、陶冶情操、提高文化修养的效果。

## 三、理工类院校阅读推广的策略

### 1. 提升人文教育在理工科专业的渗透度

《意见》表示，高校开设的第一课堂要在传授知识的基础上，更加注重大学生人文素质和科学素质的养成和提高。[3]我国理工类院校在培育学生的科学素质和人文素质上，呈现前强后弱的状态。改善这个状态的首要良策应是扩大人文教育在理工科专业的渗透度，从学生的日常课程中推广阅读。

---

[1][2] 中华人民共和国教育部.《关于加强大学生文化素质教育的若干意见》.1998–04–10. http://www.moe.edu.cn/s78/A08/moe_734/201001/t20100129_2982.html.

[3] 岳修志. 基于问卷调查的高校阅读推广活动评价［J］. 大学图书馆学报，2012（5）：101–106.

电子科技大学自 2013 年启动文化素质精品讲座课程计划，在 2016 年 10 月成功创设了新生必修通识课程《人类文明经典赏析》。该课程围绕人类文明史、人类科技发展史进行教学活动，以"悦读经典 + 深度讨论"的教学方式，风趣幽默的讲课风格授课，仅半年时间就开设了 167 个班，深受学生追捧。课程的书单包括《红楼梦》《挪威的森林》《史记》《逍遥游》《遇见未知的自己》《帝国与传播》等各类型读物，话题涵盖文学、史学、哲学、美学、政治学、经济学、社会学、管理学等数十个领域，充分让学生沐浴在阅读的"春风"里。随后，学校又开设了素质选修课《文化 / 艺术 / 辩论 / 博士精品课程》和《大师课程》，与《人类文明经典赏析》构成人文教育系列课。同时开展"银杏叶""慕课群""悦读荟"等课程延伸活动，极大地激发了学生对人文课程的兴致，提升了他们的阅读鉴赏能力和人文素养。

电子科技大学的核心通识必修课程《人类文明经典赏析》深受学生欢迎

电子科技大学的"人文课"无疑给其他理工类院校提供了宝贵的借鉴，它把人文教育嵌入理工专业的必修课程中，把人文素质培养融入教学内容，把人文理念应用于学生培育工作，使书香之风浸润校园。

### 2. 充分发挥校图书馆的阅读推广功能

正如《华南理工大学图书馆馆史 60 年》宣传封面上写的："图书馆伴随学校一起走过了六十载的风雨砥砺，引领莘莘学子走向博大精深的知识海洋和异彩纷呈的文化世界。"图书馆理应是知识与文化的殿堂，而不仅是学术的"补给站"。中原工学院图书馆馆长张怀涛认为，图书馆应该是大学校园中，特别是理工类院校的文化高地[①]。实际上，不少理工类院校图书馆的借阅榜单中，位居前列的书目均是富有人文气息的读物，包括《理想国》《平凡的世界》《小王子》《白银时代》《万历十五年》等。中国科学技术大学图书馆发布的《2017 年度纸质图书借阅报告》显示，按学科借阅量而言，前三名分别为工业技术、文学和数学；按图书借阅比而言，前三十均是人文社科类图书，且文学专著雄霸榜单的前十五[②]。这从一定程度上反映了人文读物在理工类院校的"市场潜力"。因此，理工类院校应充分发挥其图书馆的阅读推广功能，进一步激发学生对人文学科的热情，促进阅读习惯与兴趣的养成，帮助他们树立全面而美好的世界观、人生观和价值观。

一方面，图书馆网站可设立专门的"阅读推广"栏目，结合院校自身特色、学生特征以及馆藏资源，定期地开展具有创新性、多元化的阅读活动。例如长沙理工大学图书馆网站设置了"阅读推广"板块，涵盖了读者培训、云湖导读、好书推荐、学风指数、读者活动、读者协会六大项目。太原理工大学图书馆设置了"星期五讲座"板块，每月举办 3—5 场专题讲座，迄今已成功开办近 200 场。另一方面，图书馆也能利用微博、微信平台，同步开展和宣传线下、线上阅读活动，让学生足不出户便能沐浴书香。如上海理工大学图书馆把学生的经典作品朗读音

---

① 刘锦山. 文化引领书香满园——访中原工学院图书馆馆长张怀涛 [J]. 河南图书馆学刊，2014（9）：2-5.

② 中国科学技术大学图书馆.2017 年度纸质图书借阅报告.http：//lib.ustc.edu.cn/cat_news/ 服务公告 /【新闻】图书馆发布 2017 年度纸质图书借阅报告 /

频上传至微信公众号，并开设了"悦读悦享"栏目，向读者推荐《绝对小孩》《中国在梁庄》《寻路中国》等优秀读物。再一方面，图书馆可以编印校园导读性内刊、内报，网罗好书、美文、佳作，形成特有的图书馆文化，比较有代表性的理工类院校图书馆馆刊有南京工业大学的《劝业乐学》、中原工学院的《中原书廊》等，这些馆刊扮演着媒介的角色，成为"图书馆—读者—外界"的沟通桥梁，有利于扩展学生的知识面和阅读面。

**3. 从校貌营造文理兼容的书香校园**

清华园有一处叫"水木清华"的地方经常被学子选为读书学习之地，那里林山变幻，秀水环拢，古亭典雅，荷花盛美。学校的校容校貌有助于营造校园的阅读之风，具有感化、濡染的作用。理工类院校可在校园的建设上，借助亭台楼阁、山水风光、荷塘湖景等景观，利用诗词歌赋、名人名言、艺术雕像、涂鸦绘画等元素，改善因教育理念与教育模式造成的趋于硬朗、乏味的校园风貌，打造一个文理并蓄的书香校园环境。

2008 年 11 月，华南理工大学出版了《华南理工大学人文建筑之旅》（华南

华南理工大学的洞桥丽影

理工大学出版社 2011 年版）一书，精选了南、北校区 60 余个校园建筑与人文景观，旨在引领师生在建筑中寻味人文历史，更深切地关注华南理工大学的历史发展和文化建设。由此可知，学校的建筑也是构建和体现校园文化的手段之一。

近代著名建筑学家梁思成曾在清华大学举办过一次学术讲座，题为《半个人的世界》（1948）。他提出，教育要将"理工"与"人文"结合，只重"理工"或只重"人文"，只是"半个人"的教育。[1]理工类院校应把阅读推广看作是人文教育的一部分，积极地制造、传播书香，力求做到"全人"的教育。阅读不应区分姓理还是姓文，它应该是"全校""全民"的，是每种教育的必需品。

---

① 中国科学技术大学图书馆 .2017 年度纸质图书借阅报告 .http：//lib.ustc.edu. cn/cat_news/ 服务公告 /【新闻】图书馆发布 2017 年度纸质图书借阅报告 /

师范类高校时常被戏称为"女儿国"，女多男少的状态是这类高校最突出的特征之一。中国高校新媒体联盟曾于2015年发布了全国719所高校男女比例排行榜。榜单的前十位中，四所师范类高校榜上有名：成都师范大学、江苏第二师范学院、重庆第二师范学院、牡丹江师范学院，它们的女生比例均超过七成。男女比例失衡的现象，在师范类院校的文科专业中更加明显。例如华南师范大学2017年新生中，文学院、外国语言文化学院、教育科学学院/特殊教育学院的男女比例约为1∶9。

英国著名传播学家丹尼斯·麦奎尔在《受众分析》(*Audience Analysis*) 一书中提出"性别化的受众"，认为性别影响着媒介的选择和使用。[①]中原工学院图书馆馆长张怀涛指出，"阅读推广对象"是阅读推广的目标群体和服务归宿，其他要素必须围绕对象而实现价值。[②]女性是我国师范类院校主要的阅读推广对象，在推广阅读时，学校必须要关注她们的阅读特征和差异性，以取得更好的推广效益。

## 一、师范类院校的基本特点

四川师范大学狮子山校区中，一尊高10米的孔子雕像仁立在田家炳教育行政学院教学楼前，雕像底座刻着：万世师表——孔子。师范类院校在我国设置的历史最为悠久，传统意义上的"师范学校"主要指培养各类师资力量的高等院校。

---

① 丹尼斯·麦奎尔. 受众分析 [ M ]. 刘燕南，李颖，杨振荣，译. 北京：中国人民大学出版社，2006.

② 张怀涛. 阅读推广的要素分析 [ J ]. 晋图学刊，2015 ( 2 )：1–7.

四川师范大学内的孔子雕像

发展至今，它们不仅担负着培养高水平师资的使命，也成为综合性人才的培养基地。根据"艾瑞深中国校友会"2018年中国师范类大学排名名录，我国师范类大学共有141所（包括独立学院17所）[1]。

师范类院校在办学理念、人才培育、专业设置以及课程安排上，都与理工类院校存在很大差别。1996年，启功教授提议"学为人师，行为世范"为北京师范大学校训，与北京理工大学的校训有异曲同工之妙。他认为，"学"指的是每位师生应具有的学问、知识以及技能，并且能达到成为后学师表的程度；"行"指的是每位师生应有的品行，能成为世界上、社会中的模范。[2]由此看来，相比理工类院校注重学生对学术和真理的掌握，师范类院校更强调培育"榜样式"人才。这也解释了为什么我们经常用"为人师表""灵魂工程师"等词语描述教师。师范类院校可归纳为以下几大特点：

一是重视"规范"教育。英文往往翻译为"normal"，因此师范类院校注重学生言行举止的规范化和标准化。同时，不少师范生都有晨读习惯，自律性较高，例如湖南师范大学制定了学生自律承诺书，明确学校与学生各自的权利和义务。

二是人文学科突出。师范类院校的教学理念，促进了其人文学科的长足发展，尤其是教育学、语言学、历史学、文学。

三是课程设置富有师范色彩。师范生的课程有心理学、教育学和教学法"老三门"传统。因此，传统的师范类院校主要围绕教学技能和教学心理来设置课程。

---

[1] 中国校友会.2018中国师范类大学一流专业排行榜.http：//kaoyan.cuaa.net/paihang/news/news.jsp？information_id=135269.

[2] 新华网.北师大：师生践行传承"学为人师，行为世范"校训.2015-10-04.http://www.xinhuanet.com/2015-10/04/c_1116739651.htm.

四是学费较低。由于国家优惠政策以及学科自身特点，师范类院校的学费一般比其他类型的院校低，部分高校如华东师范大学、陕西师范大学等甚至设置了"公费师范生"。当年老舍先生也是看到了北京师范大学"免费读书"的广告，才得以延续自己的读书梦。

师范类院校对人文学科的投入较大，人文专业的实力相对雄厚，也注重学生人文素质的培养。阅读作为提升人文素养的重要途径，一直是师范类院校长期关注的热点。2016年，全国师范院校图书馆联盟秘书处和文化建设中心曾对联盟80所成员馆所在的高校大学生进行阅读现状调查，结果发现，高校师范类学生对阅读重要性的认知程度很高，其阅读态度良好，阅读目的和阅读动机积极。尽管如此，他们的日均阅读时长在3.3小时内，月均阅读量为4本书以下，并且对阅读的满意度较低。忙于学业或实践活动、阅读效率低、想读的书图书馆没有，成为师范类院校学生的三大阅读困惑。①另外，学业压力大以及缺少读书氛围都严重影响了他们的阅读效果，更有近两成大学生表示没有阅读的兴趣。我国师范类院校学生虽然具备良好的阅读意识和阅读认知，但课业繁忙、校园环境不完善、资源不充足等问题，制约了他们的阅读热情和阅读需求。可见，师范类院校在阅读推广工作方面还有很大的上升空间，它们应该积极地为学生提供足够的"书香土壤"，以滋养他们心中的阅读种子。

## 二、师范类院校的阅读推广现状与面临的问题

### 1. 师范类院校阅读推广现状

我国师范类院校在阅读推广工作上显现以下四个特点：

（1）设置专栏式、节庆式的阅读推广活动板块

师范类院校比较重视人文学科的创建，不少院校通过设置专栏或者特定节日，

---

① 全国师范院校图书馆联盟.高等师范类院校大学生阅读调查报告（2016）[R].
2016-09-26.

宣传校园文化、推广阅读，形成独有的校园人文特色。例如云南师范大学在官网上设置了"校园文化"板块和"学术讲座"栏目，其中"学术讲座"设有"云岭大讲堂""西南联大讲坛"以及其他类型的讲座，主题兼具"文理"特点，内容多样。另外，该校图书馆开设了"图书推荐"服务，并连续6年借"世界读书日"举办"书香师大"校园文化月系列活动，鼓励师生好读书、读好书。一些院校如北京师范大学、沈阳师范大学、安徽师范学院专门设置了"阅读推广"栏目，用于新书通报、书目推荐、活动推介等。南京师范大学、山西师范大学、湖南师范大学等众多师范类高校均设立了"读书节"或"读书日"。这种把阅读做成常规专题或节庆日的推广模式，一方面能扩大阅读活动的关注度、参与度，保证其可持续性；另一方面，可有效地让人文风气蔓延全校，为"书香校园"的创设推波助澜。

（2）开展具有人文气息的阅读推广活动

较理工类院校而言，师范类院校在阅读推广形式上显然丰富得多，而且伴有浓郁的文科气息。除了讲座、培训、展览等传统活动形式外，摄影、朗诵、书法、绘画、电影等充满人文气息的形式深受师范类院校图书馆的青睐。例如江西师范大学图书馆于2017年举办了"师大好读书"摄影大赛、"四月书香满校园"书法绘画大赛、"父子共读一本书"、"好书共享，佳评共赏"书评大赛等。在活动内容上，师范类院校更加关注经典的传承以及经典读物的推广。如天津师范大学于2017年成立古籍保护志愿者委员会，以"守望经典、志愿服务、传承文明、勇于创新"为理念，通过开展丰富多彩的古籍保护教学和实践活动，让更多人了解和保护传统文化。再如六盘水师范学院图书馆的"好书推荐"栏目，为师生推荐了数种经典读物，包括《资治通鉴》《西游记》《凤凰往事》《战争与和平》《假如给我三天光明》等。

（3）协同全校各级单位做好阅读推广工作

2018年，江西师范大学图书馆成功主办"悦读师大，传承经典"读书季活动，获得全校师生的欢迎和喜爱。校图书馆馆长许婕表示："'馆院联动'是活动成功举办的基石，'全校覆盖'使读者的参与面更加广阔。"对于师范类院校，联合全校各级单位开展活动是常用的阅读推广方式，要以图书馆为核心阵地，与学校的职能部门、学生社团、读书协会等建立合作关系。一些院校甚至"走出去"，与其他高校、出版社、书商、数据库网络平台等相关单位举办活动。如湖南师范大学第 13 届读书节由图书馆、学生工作部等 4 个单位主办，社团联合会、青年评论网、读书协会等多达 17 个单位共同协办。再如广西师范大学图书馆于 2014 年联合校宣传部、学工部、研工部等多个部门，启动"独秀书香"文化项目，推出"世界读书日""毕业季""书香十月"三大系列主题，每年均开展十余项阅读文化活动。

（4）立足师范特色，衔接青少年阅读

许多师范类院校的大学生在毕业之后将会成为幼儿园、小学和中学的教师，也将会把自己的阅读经验、阅读能力和阅读兴趣传递给儿童和青少年。因此，许多师范类院校的阅读推广工作都立足于自身的师范特色。一方面，图书馆在资源上比较注重阅读教育、教材等方面的馆藏。如河北师范大学构建了专题文献馆藏，实体资源包括教育经典案例、教育家文集和传记等，网络资源包括中小学教材库、泛在学习资源平台等。同时，该校搭建了"LC 微课"论坛作为师范生实践、锻炼的基地，并将"师范生读书网"作为信息传播平台，进一步扩大了师范生阅读推广的效果和影响力。[1]另一方面，一些师范类高校通过阅读教学实践，让师范生在青少年阅读推广活动中身临其境地感受阅读的快乐。上海师范大学从 2011 年起组织"大带小"绘本阅读推广团队，在上海地区受到许多家长、教师的欢迎。西南大学图书馆与该校特殊教育系合作，在该系同学们的帮助下，于 2015 年顺利举办了特殊儿童进图书馆的活动，让特殊儿童同样有机会感受图书馆及书香的魅力。

**2. 师范类院校阅读推广所面临的问题**

尽管师范类院校具有深厚的人文基础，可为书香传递提供优良的氛围和资源，

---

① 张彦洁. 立足师范特色致力阅读推广——以河北师范大学图书馆为例 [ J ] . 图书馆理论与实践，2016（9）：14–16.

然而该类院校在生源、专业、课程、办学理念等方面都有别于综合性大学及其他类型院校，其阅读推广工作也存在局限性。目前，师范类院校的阅读推广工作主要面临以下三大困境：

（1）缺乏有效的阅读指导

"师范联盟阅读调查"显示，近四成受访的本科生不知该读哪些书，约有26%的硕士生和约14%的博士生同样存在这个问题。同时，超七成学生希望学校图书馆能够在选书上给予推荐和指导，而"得到馆员的专业指导"也成为他们最希望图书馆改善的方面之一。①由此可见，师范类院校在推广阅读的过程中较少涉及有关阅读指导的内容，不少高校仅开展了"新生入馆培训"，却没有持续地为学生准备相关的辅导计划或课程。

大学生正处于求知探索阶段，自身的阅读素养和阅读能力尚未完善，需要在阅读上提供有效、适宜的指引，从而提高他们的阅读效率，培养正确的世界观和阅读习惯。尤其针对师范专业学生，由于他们担负着教育下一代的使命，学校及图书馆更应该在学生的阅读指导方面下功夫。

（2）缺乏有针对性的阅读推广策略

师范类院校存在比较明显的性别比例问题，甚至有些文科专业是清一色的"女团"。男生和女生在阅读方面是有差别的，这可从"师范图书馆联盟阅读调查"中窥见一二。例如，男性大学生比女性大学生对阅读计划有较强的执行力以及更高的阅读满意度；女性大学生比男性大学生更喜欢阅读文学名著、武侠言情和艺术设计类书刊，也更倾向于选择纸本和手机进行阅读。②除了性别比例外，学历差异也是影响阅读情况的主要因素之一。本科生、硕士生、博士生三者在阅读期望、阅读内容、阅读体量、阅读偏好等方面都有不同程度的差别。师范类院校若缺乏有针对性的阅读推广策略，不仅难以满足不同类型学生的阅读需求，而且难以实现阅读资源配置的最优化。

---

①② 全国师范院校图书馆联盟.高等师范类院校大学生阅读调查报告（2016）[R]. 2016-09-26.

（3）缺乏适当的理工科阅读资源推广

师范类院校以教育、文学、艺术为主要专业，侧重基础学科，这一特征同样表现在它们的阅读推广工作中。北京师范大学图书馆的"京师推荐书目选展"栏目，推介了百余本经典图书，约九成读物为文史类，其余为经济类、管理类等读物，仅有《时间简史》《数学分析新讲》《费恩曼物理学讲义》等屈指可数的理工科书籍。文科生普遍缺乏基本的自然科学知识、理工科思维以及动手操作能力，这是我国"文理"分科教育下突显的首要弊病。尼克在《哲学评书》一书中认为，目前文理分科的关键是文科生缺乏基本的理性思维的训练，而不是理科生缺乏所谓虚幻的文艺情怀。① 师范类院校对理工科资源推动的力度不足，削减了学生接

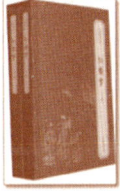

北京师范大学图书馆的"京师推荐书目选展"活动海报

① 尼克.哲学评书[M].杭州：浙江大学出版社，2014.

触、认识、学习自然科学知识的机会。如何把"理工"元素切实地融入阅读推广中，已成为师范类院校迫切需要解决的问题。

## 三、对师范类院校阅读推广活动的建议

《师范生教育能力训练》认为，师范生阅读能力是师范生运用自己的知识、经验顺利而有效地完成阅读活动的能力，是师范生学习、生活乃至今后工作必不可少的基本能力之一。[①]鉴于师范类院校的专业设置和专业要求，阅读推广理应也必须是此类院校的重点工作，师范类院校也理应成为全国高校阅读推广的排头兵和带领者。

### 1. 实施"分众""分时""分类"的阅读推广模式

近年来，"分"的概念在阅读推广中的应用越来越多，无论是"分众""分时"还是"分类"，都是一种基于"读者为中心"的个性化、精准化的服务模式。这三种阅读推广模式，分别针对不同的读者群体、活动时间、读物主题，提供差异化阅读服务。师范类院校可以根据性别、专业、级别关键词等对学生进行"分众"，考察他们的阅读需求、阅读偏好以及阅读困惑，并有针对性地推广阅读内容。例如为本科生设置阅读指导课，为研究生定期推送专业文献和电子资源。另一方面，学校可以充分利用时令或节日举办阅读推广活动。"分时"阅读推广的优势在于有鲜明的主题和内涵，开展具有连续性和固有性的阅读活动，既能让学生享受"四时读书乐"，也有利于打造学校阅读品牌。例如湖南师范大学推出"世界读书日""毕业季""迎新季""文化季"等节点性阅读推广项目，使"书香"全年弥漫校园。图书馆可以从图书的主题出发，面向不同学生群体设计分类读物展架或专题推荐书目。

### 2. 挖掘个人或团体的"阅读先锋"

随着"全民阅读"观念的普及，"阅读推广人"的概念也应运而生，"通过

---

① 刘苍劲. 师范生教育能力训练［M］. 成都：成都科技大学出版社，1993：10.

多种渠道、形式和载体向公众传播阅读理念、开展阅读指导、提升市民阅读兴趣和阅读能力"的个人或组织[①]，代表着引领、推动阅读的力量。鉴于师范类院校学生缺乏足够的阅读指导，建议学校不妨引入"阅读推广人"模式，评选"阅读先锋""阅读之星""阅读班级"等校园"阅读推广人"，还可以是在阅读或阅读推广上有出色表现或贡献的学生、老师、班级或学生社团，都以分享阅读的经验和体验为主要目的，承担推广阅读、传递阅读观念的角色，带领全校师生一起构建"书香校园"。例如乐山师范学院就有"十佳阅读之星""十佳书香班级"的评选，同时开展了"读书达人秀""寻找校园最美读书人"活动，旨在宣传报道他们的阅读事迹，发挥带头示范作用。

湖南师范大学毕业季"图书馆时光·阅读档案"
活动海报

---

① 徐雁，李海燕.全民阅读知识导航［M］.南京：南京大学出版社，2016：06.

乐山师范学院第六届"读书达人秀"总决赛活动现场

### 3. 均衡阅读推广中"人文色彩"和"科学色彩"的比重

师范类院校和理工类院校，在阅读推广上都存在"文理"失衡的问题。《哲学评书》指出，相当一部分美国的大学在头两年实行的是通才教育。"我不能想象一个有博士学位的人怎么可以不了解构成人类文明的基本知识：几何、逻辑、简单的代数和一门语言。"①尼克的话尖锐地指出我国分科教育的弊端。因此，我国高校开展阅读推广工作时，也要实现"通才式"教育。师范类院校可以为文科专业学生开设有关自然科学的阅读课程或阅读计划，推送具有"理工"色彩的书目清单。比如广西师范大学自 2016 年起定期推出新书推荐服务，平均每期推荐 20 本图书，其中不乏理工科读物，如《科学在中国：1550—1900》《时间序列的理论和方法》《马丁代尔药物大典》《Python 编程：从入门到实践》等。

此外，还可以利用"配对模式"来推广阅读。"配对模式"适用于阅读推广活动，例如"师生共读""亲子共读"等。《新京报》书报周刊从 2017 年 3 月起设立了《阅读评审团》栏目，其中一期邀请文理生共读科普书《引力波》，并写

---

① 尼克.哲学评书［M］.杭州：浙江大学出版社，2014.

下书评。①师范类院校借鉴此形式，组织文史专业的学生和理工科专业的学生进行配对式的共读、共写，为他们提供一个互相学习、彼此交流阅读心得的平台，促进文科生科学思维的培养和理科生人文素养的提升。另外，"配对模式"也可以在老师、学生、图书馆员三者间实施，通过多元化的共读活动，达到阅读指导的效果。

浙江师范大学原校长、我国著名的儿童文学理论家蒋风先生回顾自己与浙师大图书馆的情缘时提到，图书馆是他每周必到的地方，他把许多时间都消磨在这幢安静的大楼内。蒋先生把图书馆比喻为富矿，而他几本出版于 20 世纪 80 年代的著作，正是从那里一点一滴挖掘出来的。②师范类院校在推广阅读的过程中，应利用校园人文气息浓厚、学生阅读意识良好等优势，多方向、多渠道地解决推广中存在的问题，发挥图书馆作为领航者的中坚力量，真正成为受师生们喜爱的阅读"富矿"。

---

① 新京报书评周刊.现如今，真诚的书评越来越难见到了.http：//dy.163.com/v2/article/detail/D3H0L1NI051284DV.html.

② 蒋风.在图文信息中心前的遐想.2016-03-29.http：//tsgjj.zjnu.edu.cn/2016/0329/c2770a29358/page.htm.

## 第四节　医学类院校的阅读推广

### 一、医学类院校的基本特点

1991 年《中国医学生誓词》提出"健康所系，性命相托"，成为医学生的心之所向、身之所往的目标。医学应当是一门秉持科学精神与人文精神的学科，医学类院校也应当是培育兼具专业技能和人文素养的医者的摇篮。据统计，我国内地共有 100 余所专业性的医学类院校（包括民办大学和独立学院），其中比较著名的有北京中医药大学、南京中医药大学、广州中医药大学等。此外，一些综合性高校也设有医学院或医学专业，如北京大学。

我国医学类院校具有明显的学科特色：

（1）学制长。目前我国医学教育存在多种学制，但普遍实施"长学制"教育，包括在校修业和在外实习，部分专业（如临床医学）要经过长达 8 年时间的研修才能毕业。自我国教育部于 2014 年发布关于整改临床医学教育学制的通知，不少医学类院校自 2015 年起实行"5+3"一体化学制模式，即"5 年本科学习 +3 年住院医师规范化培训"。培养周期长成为医学类院校最突出的特征之一。

（2）以医学专业为主，管理学、理工学为辅的专业设置。一般来说，医学专业共分为 11 个科类，占医学类院校专业量的六七成，且以临床医学和基础医学为核心专业。管理学和理工学是医学类院校开设率最高的两个非医学类专业，如公共事业管理、生物医学工程、生物技术等，教育学、艺术学、哲学等人文学科以及经济学则是开设率较低的专业。

（3）专业课程占比大。我国医学类院校以学科为中心设计课程，课程体系由公共基础课程、专业基础课程、专业课程和选修课程组成，其中公共基础课程一般为体育、英语、思想政治等，选修课占总课程比例较小。临床医学专业还包括临床实习、见习等实践性阶段。

在这样的学制、专业体系和课程设置下，医学类院校的学生特别是医学生，面临着课业负担重、专业技能考核多、择业延后、就业难等多方挑战。尽管如此，这并不意味着医学类院校不需要推广阅读，不需要培养学生的阅读兴趣和能力，不需要提升他们的人文素质。相反，人文精神和道德素养是一名"医者"必备的，也是最基本的从医要求。2001 年，美国中华医学院基金会国际医学教育专门委员会制定了《全球医学教育最基本要求》（Global Minimum Essential Requirements），界定了 7 个宏观的教学结果和能力领域：职业价值、态度、行为和伦理；医学科学基础知识；沟通技能；临床技能；群体健康和卫生系统；信息管理；批判性思维和研究——这些范畴无一不跟阅读息息相关。[1]

近十年，对我国部分医学类高校学生或医学专业生关于阅读情况的调查显示，医学生的阅读倾向呈现以下五个特点：第一，除专业或技能书籍外，最爱读文学类图书，但多为流行小说而非经典名著；第二，阅读目的以工具性和娱乐性为主；第三，阅读时间短，阅读量不高；第四，有阅读的意识，但阅读的积极性不高；第五，学业繁忙成为阻碍阅读的关键因素。大连医科大学郭众等人曾对 300 名医学生进行"医学生人文关怀能力调查"。结果显示，非娱乐性质人文书籍阅读偏好的医学生在人文素养问卷的耐心维度上高于娱乐性质人文书籍阅读偏好的医学生，且医学生的人际关系满意度与人文素养存在正相关关系。[2]良好的人文素养对于成为一个优秀的医者来说是必不可少的，同时起到积极的提升作用。

近些年，我国医学类院校加快推进人文素质培养工作，部分院校成立了医学人文学系（中心），大部分院校也逐渐加设与人文知识紧密相关的课程，但仍主要以"选修"作为开课形式，且总量不大、课时不多、内容单一。随着"全民阅

---

[1] 蔡骏翔，罗萍.全球医学教育最基本要求的解读与思考 [J].中华医学教育探索杂志，2007（4）：296-297.

[2] 郭众，王贺丽，张静，等.阅读偏好对医学生人文素养的影响 [J].高校医学教学研究，2016，6（2）：59-63.

读"号角的吹响，医学类院校也试图努力打造"书香校园"，但行动的力度、广度和深度不足，既缺乏有影响力的特色阅读品牌，又缺乏长期性的人文阅读氛围。"医学是科学，更是人学，兼具自然科学与人文科学的特征。"中国工程院院士王辰认为，医生特别需要读经典的文学作品，而历史、哲学、宗教等人文学科能引导他们对医学有更深刻的理解。[①]医学类院校应该加大对人文素养教育的投入，重点关注和推广阅读，让冰冷的柳叶刀上留有书香的温情。

## 二、医学类院校的阅读推广现状与面临的问题

医学类院校与理工类院校在阅读推广工作上有不少相似的地方，比如阅读推广的形式不多，内容偏专业性、实用性等。总体看，目前我国医学类院校的阅读推广工作大多是"浅层式"工作，即零散、不成体系的推广模式，也缺乏长效机制和专业的阅读推广队伍。

### 1. 医学类院校阅读推广现状

（1）基于传统的阅读推广形式

大部分医学类院校在推广阅读时，采用讲座培训、书展、竞赛、征文、书目推荐、图书漂流等传统形式开展阅读活动。即使以"读书节（日）""读书月"等节庆的方式宣传阅读，其系列活动也离不开这几种形式。例如遵义医学院图书馆在 2017 年的"4·23 世界读书日"期间举办了"维普"推广活动、新书展阅、图书馆知识竞赛、阅读讲座和电影欣赏五项子活动；2018 年的"读书日"，依然以新书展览和大赛的形式开设活动。当然，也有一部分院校采用比较新颖的阅读推广形式，例如大连医科大学（中山学院）图书馆为学生创建了个性化的阅读交流空间——"悦读书社"，共设有阅读讨论区、阅读留言区、作品展示区三个功能区，定时举办书签、中国结、软陶制作等创意性活动。

---

① 王辰.和谐之要：医患人文素养比值大于等于 1.中华医学会呼吸病分会年会（CTS 2016）人文专场专题报告.http：//meeting.dxy.cn/article/505189.

（2）基于线上虚拟平台和应用程序

互联网与通信技术的快速发展，推动和迫使各行各业进行业务的革新和转型，阅读推广也不例外。线上虚拟系统或平台由于拥有便捷性、跨时空性和移动性等优势，经常成为公共图书馆、高校图书馆等各类型图书馆推广阅读的"新型工具"。医学类院校除了运用 QQ、微博、微信等线上新媒体宣传、推介阅读资讯，也开发了 App 等应用程序，把阅读活动嵌入虚拟环境中，以扩大活动的覆盖面和便利度，顺应电子阅读增长的趋势。

例如承德医学院图书馆推出"基于互联网数字图书馆"服务的"书香承德医学院"App，为全校师生提供一个藏有 10 万册数字图书和 3 万集有声图书的"终身书房"。其中，数字图书内容包括经典名著、名家小说、教育读物等各类大众类图书，有声读物则包括经典评书相声、文学作品录制等。另外，图书馆在 2018年读书月期间，为学生定期推送电子资源讲座，并通过手机 App 提供超星移动图书馆、学习通、微书房等线上阅读推广服务。

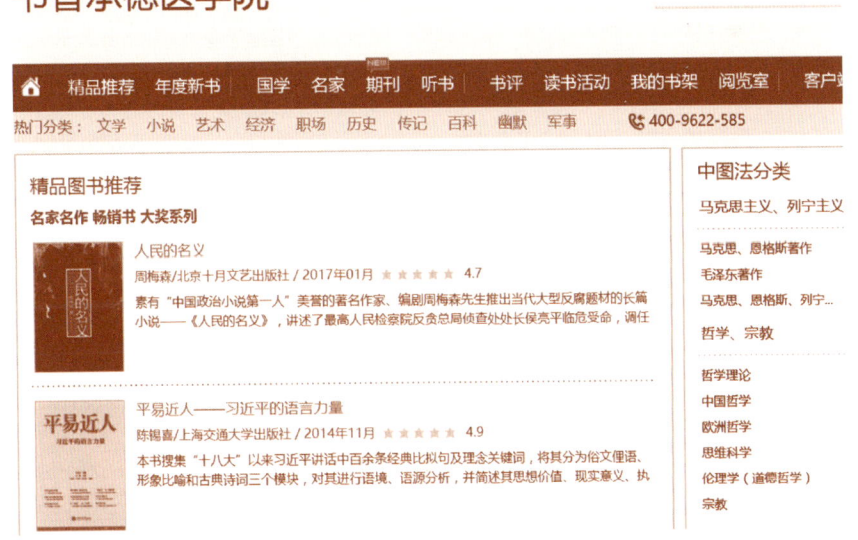

"书香承德医学院"开放式数字图书馆网页

（3）基于医学特色

医学类院校的专业特色明显，师生的阅读倾向自然也带有医学元素。因此，学校在推广阅读时同样会融入医学特色，以最大限度地满足他们的阅读需求。一方面，图书馆开办的讲座、培训的主题具有医学特色，也推出医学专题的推荐书目；另一方面，阅读活动涉及心理、沟通、医疗等内容。例如泰山医学院图书馆创新性地引入"阅读疗法"，相继设立阅读治疗阅览室、阅读治疗研究小组、"书疗小屋"博客、"大学生阅读疗法协会"等相关组织，通过阅读、音乐、讲座、心理咨询等方式提高学生的心理素质，提升他们的阅读素养。承德医学院图书馆在"读书月"为师生开展"好书推荐"系列专题推送，主题包括国医节、护士节、大学生心理健康等。

**2. 医学类院校阅读推广面临的问题**

（1）阅读推广的时效性强

我国的阅读推广容易产生仅在某一时段密集性开展活动的情况，导致推广效应不持续，难以形成长期的阅读氛围。这种现象在医学类院校的阅读推广中尤为突出，几乎所有医学类院校都会借"4·23世界读书日"的契机开展阅读推广活动，甚至设置了专门的"读书日""读书月""读书节"。可过了节庆时段，大多数院校图书馆开始回归常规服务，阅读推广活动呈下降趋势。短时间内大体量的阅读活动，在促进师生阅读、提升他们的阅读水平和兴趣上的收效并不乐观。白岩松参加《强风吹拂：理想国阅读健行会》活动时说道："阅读是人生中永不停歇的慢跑。"[1]而高校的阅读推广也应该是一场永不停歇的行动。

（2）活动的形式和内容不够新颖

医学类院校的阅读推广活动形式陈旧，不是讲座就是竞赛，较少出现令人耳目一新的推广形式——这也是我国阅读推广工作的一个通病。尽管一些医学类高校（如泰山医学院）将自身的医学特色和医学文化融入阅读推广的内容中，可这

---

① 中国新闻网.白岩松：阅读是人生中永不停歇的慢跑[EB/OL].[2015-01-10]. http：//www.chinanews.com/cul/2015/01-10/6955873.shtml.

样的院校毕竟不多。高校阅读推广如果缺乏创新的形式和多元化的内容，就很难激发师生对阅读的热爱，降低他们的阅读体验。

《当代社会思潮与大学生心理动向》认为，只有功能性阅读，没有理想性的阅读，阅读风格浮躁化，将导致社会上充斥一批批只会开药方、不能开良药的医匠[①]。台湾出版家高希均先生在《阅读救自己》中提出了"新读书主义"，即不再为应付考试和就业而读书，要减少读书的"强迫性"，增加读书的"宽广度"，多读那些"非专业"的、在当下看来似乎没有"实用价值的"闲书[②]。高校要不断革新阅读推广的活动形式和内容，充分调动师生的阅读兴趣，吸引他们从被动、功利式的阅读转变为主动、开放式的阅读。

（3）阅读推广的专业性弱，重视度不高

医学类院校具有强烈的专业特色，却唯独在阅读推广工作上缺少专业性。这个问题主要表现在：缺少专门的阅读推广部门或栏目；缺少专业的阅读推广队伍；缺少阅读推广的制度性保障。

纵观我国医学类院校，即便是图书馆也很少设置有关阅读推广的栏目，大多是以"新书推荐""好书推荐"等形式出现，阅读指导、读书会、阅读推广协会更寥寥无几。河北医科大学图书馆虽然设有"阅读推广"项目，但里面仅介绍了"读书节"的内容。没有专门阅读推广部门，自然也难有专门的阅读推广队伍，不少医科类院校的图书馆馆员并非"科班"出身，缺乏足够的图书馆专业知识和专业技能。另外，高校图书馆比公共图书馆更注重成为学术和科研的"引导者"和"服务者"，医学类院校更注重培育学生的动手、实践能力。这类院校本身并不重视阅读推广工作，更谈不上设置强有力的制度保障它的运行。

---

① 刘捷.当代社会思潮与大学生心理动向［M］.福州：福建人民出版社，2015.

② 高希均.阅读救自己［M］.北京：人民出版社，2011.

## 三、对医学类院校阅读推广活动的建议

考虑到医学生的培育特点、课务情况以及人文精神状态，医学类院校在推广阅读时，应首先从培养阅读兴趣开始，倡议采用"避重就轻"策略，即避免在某时段实施大量、冗杂的阅读推广工作，而是以轻松、有趣、极具特色的形式和内容分散开展阅读活动和计划。

### 1. "轻阅读"：用人文指导医学

20 世纪末，美国高校医学院已经成功地把"文学与医学"从一门课程发展成一个学科或专业，奠定了文学在医学教育中的稳固地位。在医学生紧密的教学计划中加入文学课的教学意义在于通过文学作品的阅读培养学生的想象力、批判性思维、分析力以及移情能力；通过阅读病人叙事，增加对病人的理解；文学和文学的技巧引发学生思考医学中的道德问题。

人文阅读课程对医学学习是不可或缺的，应该在医学课程中有一席之地。为了平衡专业课程与人文课程的关系，笔者建议引入"轻阅读"概念，即轻松的阅读，轻快的阅读，轻灵的阅读[①]。北京大学医学人文研究院郭莉萍认为，适用于医学生阅读的文学作品应以短篇小说、故事、随笔、戏剧剧本、诗歌为主，也可以节选经典的长篇小说，而最受医学生欢迎的莫过于"医学作家"的作品，如威廉·卡洛斯·威廉斯（William Carlos Williams，1883—1963 年）的《使用暴力》（*The Use of Force*）、《巨石脸》（*A Face of Stone*），安东尼·巴普洛维奇·契诃夫（Антон Павлович Чехов，1860—1904 年）的《第六病室》等。

---

① 刘俊敏.节奏［M］.北京：中国电力出版社，2015.

威廉·卡洛斯·威廉斯　　　　　契诃夫《第六病室》
《医生的故事》

　　我国医学类院校可借鉴美国医学院"文学与医学"课程的模式，开设相关的人文阅读必修课，通过带领学生阅读某本或某几本有关医学的短篇文学作品，以医生、病人、病人家属等为主要对象，以治疗方法、医德、医患关系、社会舆论等为话题进行讨论，甚至开展延展写作、情景模仿，将阅读文学故事的趣味和学习医学知识相互结合。我国教育部高等学校医药公共基础课程教学指导委员会人文素质和社会科学课程教学指导分委员会曾于 2011 年编写了《医学生人文素质教育推荐阅读书目》。该书目分为哲学、语言、伦理类，历史、文化、人类学、美学类，方法论类，疾病与病人类四大类，共有 101 本的中外读物，可作为人文阅读课程的参考用书①。

　　此外，北京大学医学人文研究院教授王一方也曾以"医学与人性"为主旨，为医学大学生及研究生开出一张基于医学中人道主义普世关怀与人文主义情愫内植的书单②：

---

①② 王一方.一张书单的由来［M］//张大庆.中国医学人文评论：第二卷.北京：北京大学医学出版社，2008：85-86.

表 2-1  王一方教授开列的书单

| 序号 | 作者 | 篇名 / 书名 |
|---|---|---|
| 1 | 蒙田 | 《探究哲学就是学习死亡》《论想象力》《塞亚岛的风俗》《论身体力行》《论残忍》《雷蒙·塞邦赞》《论父子相像》 |
| 2 | 莫里哀 | 《屈打成医》《飞翔的医生》《多情的医生》《浦尔叟雅克先生》 |
| 3 | 陀思妥耶夫斯基 | 《死屋手记》 |
| 4 | 契诃夫 | 《第六病室》 |
| 5 | 托马斯·曼 | 《魔山》 |
| 6 | 索尔仁尼琴 | 《癌症楼》 |
| 7 | 帕斯杰尔纳克 | 《日瓦格医生》 |
| 8 | 加缪 | 《鼠疫》 |
| 9 | 海明威 | 《太阳照常升起》 |
| 10 | 托马斯·刘易斯 | 《最年轻的科学》《细胞生命的礼赞》《水母与蜗牛》 |
| 11 | 米奇·阿尔伯特 | 《相约星期二》 |
| 12 | 山崎章郎 | 《最后的尊严》 |
| 13 | 艾里克斯·宾恩 | 《雅致的精神病院》 |
| 14 | 苏珊·桑塔格 | 《疾病的隐喻》 |
| 15 | 余凤高 | 《呻吟中的思考》《解剖刀下的风景》《病魔退却的历程》 |
| 16 | 史铁生 | 《病隙碎笔》 |
| 17 | 周国平 | 《妞妞：一个父亲的札记》 |
| 18 | 毕淑敏 | 《昆仑殇》 |

### 2. "轻参与"：全年度开展"立体阅读"

"轻参与"是"轻阅读"概念的延伸，"轻"指负担少、舒缓、自由的意思，把它运用在高校的阅读推广中就是提倡为师生提供一种可以随时随地参与多元阅读活动的机会，体会阅读的乐趣和魅力。医学类院校实现阅读推广的"轻参与"至少有 3 个努力方向：第一，活动频率由集中式、一次性地开展，转为分散式、长期性地开展；第二，活动形式由以传统形式为主，转为创新形式为主、传统形式为辅；第三，活动内容由以学科、技能为主，转为全面、多元、富有趣味的方向。

重庆医科大学自 2007 年起每逢春季和秋季的开学初，会为学生举办为期十周的图书馆信息素养教育讲座，另有电影配音大赛、世界读书日系列活动、英语戏剧节、科技活动周、国际文化节、花灯文化节等人文类品牌项目贯穿期间。这些项目分布在学期的不同时段，既有学术知识又有人文艺术，包括讲座、音乐会、唱歌、诵读、绘画、展览、摄影、舞蹈、表演、游戏、竞赛、手工制作等形式，可谓是精彩纷呈。重医大图书馆还构建了微博、微信、移动图书馆等新媒体平台，用于推介、宣传校内外活动。

实际上，重庆医科大学的"立体阅读"模式通过不同层次的媒体构建视、听、说、动、思、画、演、创、玩等立体式阅读体验。成都图书馆馆长胡建强认为，"立体式阅读"一方面是根据不同读者的特点和阅读需求，推出读书、看报、讲座、展览、数字阅读等服务；另一方面，通过基层图书馆以及 24 小时自助图书馆等终端，最大限度地满足人们阅读的普遍性、均等性和便捷性需要。[①]虽然这是针对公共图书馆而言，但"立体阅读"模式同样适用于高校的阅读推广，尤其是医学类院校，可以通过在全年度开展"立体阅读"，让师生在阅读上有更多的选择，有更多不一样的体验。

---

① 张良娟 . 两位图书馆长"所见略同"——"立体式阅读"助推全民阅读［N］. 四川日报，2015-01-27（05）.

### 3. "轻合作"：与医院、公共图书馆、高校图书馆建立伙伴关系

鉴于医学类院校的阅读推广缺乏专业性，建议与医院、公共图书馆和其他高校图书馆建立"轻合作"关系，即一种重质的、互助互利的绿色伙伴关系。

大部分医学类院校都与当地的医院建立合作关系，甚至设置附属医院，两者在资源、人才、技术上相互支持。医学类院校不妨借此机会，在合作的医院里设立小书架或小书柜，摆放各类型的图书和刊物，并定期更换、上新，以供医学生、医务人员、病人等群体随时免费阅读。可以邀请公共图书馆的专业馆员对校图书馆馆员进行培训、指导，或者组织馆员参观那些在阅读推广工作上有良好成效的图书馆，通过业务的交流和沟通，提升彼此的专业技能和专业素质。还可以建立共同的阅读推广联盟，共享物力、人力、空间、活动等资源，进一步扩大阅读推广的覆盖面和影响度，为整个医学高校圈搭建一个其乐融融的书香平台。

医学类院校可以与医院共同开展"阅读疗愈"工作，针对当下学生的心理情况编研"书方"（即阅读疗法推荐书目，见本书第四章第五节），既有助于化解学生的负面情绪，又能起到推广阅读的作用。《书香满园：校园阅读推广》指出，高等院校教育在传道、授业、解惑的同时，对大学生进行一定程度的心理干预亦成为"书香校园"建设的题中应有之义[1]。

医生出身的著名俄国文学家契诃夫曾打趣地将医学比喻为他的"合法妻子"，将文学比喻为他的"情人"。可见，医学和文学并非不能相容，相反，文学对医学生的成长扮演着重要且不可代替的角色。医学类院校推广阅读，首先要从态度上正视人文阅读，肯定非专业的阅读对培育学生起到关键性作用。同时，要充分了解和分析阻碍学生阅读的主要因素，并以激发阅读兴趣为抓手，尽可能地传递阅读的乐与趣。

---

① 钱军，蔡思明，张思瑶.书香满园：校园阅读推广［M］.深圳：海天出版社，2017.

　　教育部公布的 2017 年全国高等学校名单中，高职院校共 1388 所，占高等学校总数的 47.6%[①]。高职院校在校生有 2680.21 万人（2017 年数据）[②]，阅读推广的对象数量众多，类型广泛，且和本科院校的学生拥有不同的特色，需要因材施教、因地制宜地进行阅读推广。因为大量的阅读推广著作、论文都更多地关注各类本科院校，所以高职院校阅读推广工作值得深入推进，能在较短时间内取得良好的效果。

　　朱榕和谈大军等人曾分别对"国家首批高职示范性院校"[③]和 2016 年评出的前 100 名高职院校[④]的阅读推广实践进行多案例分析，认为高职院校的阅读推广已经从单一的图书馆组织转向多部门联合的模式，并且总结出高职院校常选择的阅读推广方式，如讲座、征文、朗诵、培训、竞赛、真人图书馆等。随着办学实力的逐步加强，到了 2018 年，虽然有一部分专科院校升级为本科高校，但专科学校的数量仍有所上涨。那么高职院校的阅读推广情况是不是有所发展和进步呢？笔者根据中国科学评价研究中心（RCCSE）、武汉大学中国教育质量评价中心（ECCEQ）和中国科教评价网联合发布的 2018 年中国高职高专院校竞争力排

---

① 教育部. 教育部公布 2017 年全国高等学校名单 高职院校 1388 所 [EB/OL].
[2018–08–10].http://www.sohu.com/a/148870599_200190.

② 澎湃新闻网. 教育部：全国职业院校设近千个专业，在校生人数超 2600 万 [EB/OL].[2018–08–10].http：//news.ifeng.com/a/20170830/51808282_0.shtml.

③ 朱榕. 泛在知识环境下高职图书馆阅读推广实践研究——基于"国家首批示范性高职院校"图书馆的多案例分析 [J].图书馆学研究，2014（24）：75–79，84.

④ 谈大军，安玉婷，邱秀鑫. 我国高职院校阅读推广活动的调查与分析——以排名前100 所院校为例 [J].图书馆理论与实践，2017（04）：15–19.

行榜①，选取各省、自治区、直辖市（港澳台地区除外）排名靠前的47所学校进行近一年的网络调查和统计（如表2-2），得出以下一些情况。

表2-2　进行网络调查和统计的高职院校清单

| 序号 | 省份 | 学校名称 |
|------|------|----------|
| 1 | 安徽 | 安徽职业技术学院 |
| 2 | 安徽 | 芜湖职业技术学院 |
| 3 | 北京 | 北京财贸职业学院 |
| 4 | 北京 | 北京电子科技职业学院 |
| 5 | 福建 | 福建船政交通职业学院 |
| 6 | 福建 | 福建林业职业技术学院 |
| 7 | 甘肃 | 兰州资源环境职业技术学院 |
| 8 | 甘肃 | 兰州石化职业技术学院 |
| 9 | 广东 | 深圳职业技术学院 |
| 10 | 广东 | 广州番禺职业技术学院 |
| 11 | 广西 | 柳州职业技术学院 |
| 12 | 广西 | 南宁职业技术学院 |
| 13 | 贵州 | 铜仁职业技术学院 |
| 14 | 海南 | 海南经贸职业技术学院 |
| 15 | 河北 | 承德石油高等专科学校 |
| 16 | 河北 | 邢台职业技术学院 |
| 17 | 河南 | 河南工业职业技术学院 |
| 18 | 河南 | 黄河水利职业技术学院 |

---

① 叶丹. 2018年全国高职院校排名600强最新专科学校排行榜［EB/OL］.［2018-08-10］. http://www.gaosan.com/gaokao/90764.html

（续表）

| 序号 | 省份 | 学校名称 |
|---|---|---|
| 19 | 黑龙江 | 黑龙江建筑职业技术学院 |
| 20 | 湖北 | 武汉职业技术学院 |
| 21 | 湖北 | 湖北职业技术学院 |
| 22 | 湖南 | 湖南铁道职业技术学院 |
| 23 | 湖南 | 长沙民政职业技术学院 |
| 24 | 吉林 | 长春职业技术学院 |
| 25 | 江苏 | 南京工业职业技术学院 |
| 26 | 江苏 | 无锡职业技术学院 |
| 27 | 江西 | 江西现代职业技术学院 |
| 28 | 江西 | 江西财经职业学院 |
| 29 | 辽宁 | 辽宁省交通高等专科学校 |
| 30 | 辽宁 | 大连职业技术学院 |
| 31 | 内蒙古 | 内蒙古机电职业技术学院 |
| 32 | 青海 | 青海交通职业技术学院 |
| 33 | 山东 | 淄博职业学院 |
| 34 | 山东 | 山东商业职业技术学院 |
| 35 | 山西 | 山西省财政税务专科学校 |
| 36 | 陕西 | 陕西工业职业技术学院 |
| 37 | 陕西 | 杨凌职业技术学院 |
| 38 | 上海 | 上海工艺美术职业学院 |
| 39 | 四川 | 四川工程职业技术学院 |
| 40 | 四川 | 四川建筑职业技术学院 |
| 41 | 天津 | 天津职业大学 |
| 42 | 新疆 | 新疆农业职业技术学院 |

（续表）

| 序号 | 省份 | 学校名称 |
|------|------|----------|
| 43 | 云南 | 昆明冶金高等专科学校 |
| 44 | 浙江 | 宁波职业技术学院 |
| 45 | 浙江 | 金华职业技术学院 |
| 46 | 重庆 | 重庆电子工程职业学院 |
| 47 | 重庆 | 重庆工业职业技术学院 |

## 一、高职院校阅读推广的主要形式和特点

目前已调查的高职院校中，绝大多数学校都举办了阅读推广活动，并且形式较为丰富，比较常用的前十种阅读推广方式分别是推荐书目、举办"读书节""读书月"或"世界读书日系列活动"、专题讲座、移动阅读推广或是信息素养的培训、知识竞赛、主题征文、阅读之星评选、读书沙龙、"你选书，我买单"、建立读书组织或专门的读书社团。在宣传方面，高职院校也普遍善于应用多媒体（如微博、微信、微视频等）方式拉近和读者之间的距离。在活动的内容和组织方面，呈现出以下几个特点：

### 1. 阅读推广已成为共识，且寻求多部门合作

有些院校已经进行了较长时间的阅读推广实践和探索，若干学校的"读书节"或"读书月"都已经办了七八届，甚至十届以上，如芜湖职业技术学院、四川建筑职业技术学院、武汉职业技术学院的"读书节"都超过十届。有的院校在阅读推广方面虽然在先前有所欠缺，如几乎很少能从学校网站和图书馆网站上得到活动的相关信息，或是每隔几年举办一次"读书月"活动，只是零星和象征性地进行推广，但从 2017 年至 2018 年的情况看，都有了新的起步，在国家"全民阅读"的大环境下体现出学校对阅读的重视。以往人们容易认为高职院校的办学目的与本科院校相比，往往更趋向于职业的培养，而现如今高职院校在进行课程教学和技术培养的同时，也开始注重提高学生们的人文素养。本次调查的学校名次

覆盖范围在前 110 名内，一定程度上能够代表我国内地现今办学水平较高的高职院校（榜单中院校总数在 600 所左右）的阅读推广情况，这些排名靠前的院校绝大部分都进行了阅读推广方面的实践，通过阅读推广激励学生读好书、引导课程学习和人生选择，已经成为高职院校提高办学质量的共同选择。

在活动的策划与组织方面，高职院校采取以图书馆为主体，多部门联合的方式。有的院校图书馆在举办"读书节"期间，专门从馆内各部门抽调骨干力量，组成阅读推广工作小组，为图书馆内各部门能够更好地合作打通了路径。同时，图书馆联合团委、教务处和学工处等部门组织活动的案例也屡见不鲜，如无锡科技职业学院每年举办的"校园悦读节"就得到了校团委、校工会等部门的大力支持，并常常邀请校外知名人士参与其中。2014 年，该校获得了中国阅读学研究会颁发的"华夏书香校园"奖项，成为国内首个获得该荣誉的高职院校。有的院校更是进行了"阅读推广人"培养的探索，如福建船政交通职业学院参加"第二届全国高校图书馆阅读推广案例大赛暨研讨会"提交的案例——《我愿是那燎原的星火——图书馆阅读推广人培育计划》获得了最佳团队单项奖。

**2. 注重经典阅读，创新活动方式，引导学生亲近书本**

一个人若是在青年时代，尤其是大学期间阅读了尽量多的经典书籍，对其今后的学习过程、职业发展和人生选择都会有非常重要的意义。读好书，走好路的意义大抵如此。高职院校在阅读推广中也注重经典阅读的培养，如将"读书节"定为与经典阅读相关的主题，或是在活动中启发学生对经典的感悟，或是用已有的活动形式凸显经典阅读的主题。

大连职业技术学院 2018 年 4 月"世界读书日"期间举办的系列活动主题为"品国学经典　扬中华文化"，并且在活动设置方面多角度体现了传统中华文化的内涵，如经典的图书展示、书法表演、传统手工制作体验、传统文化知识挑战赛等。昆明冶金高等专科学校的"经典同行"晒书单活动利用书目推介的方式，鼓励学生将对自己影响深刻的五本书以"书名＋作者＋推荐理由"的方式分享出来。铜仁职业技术学院举办"读书交流会"比赛，学生们需要通过预赛和决赛两轮的分享和比拼，结合演讲和 PPT 展示的方式表达自己对书籍阅读的感悟，以此达到交流和推广的目的。决赛的书单多为经典书籍，如《平凡的世界》《钢铁是怎样炼成的》等。还有众多高职院校以诵读、征文等方式促进学生进行经典阅读，如江西财经职业学院的"颂国学·品经典"朗读大赛、湖北职业技术学院的"我爱读经典"主题征文、南宁职业技术学院的诗词在线飞花令和汉字成语大赛等。

针对大学生普遍缺乏深度阅读和对图书馆、对书本的不亲近的情况，主办机构常常举办"书中寻宝"性质的比赛来唤起学生们的参与热情，这也是高职院校阅读推广中比较常见的形式。学生们往往以组成小组的形式，根据获得的问题，结合自己的探索达成"寻宝"的目的，最后以"成就"的多少和时间的快慢决出名次，既蕴含趣味和竞技性，也在不知不觉中普及图书馆功用和阅读方面的知识。

**3. 善于建立学生为主体的读书组织或社团，参与阅读推广**

深圳职业技术学院等10所高职院校建立了专门的读书组织或社团参与阅读推广，占总数的近四分之一。这些读书组织和社团大多由图书馆直接管辖，有明确的章程并定期换届，呈现出欣欣向荣的景象。学生组织或社团除了参与策划、组织和实施图书馆或学校主办的阅读推广活动外，还以自身为主体，举办以读书会、读书沙龙、真人图书馆为特色的读书活动，不仅仅分担了图书馆在组织活动方面的功能，更加贴近了学生的需求，拉近了图书馆与读者之间的距离。

柳州职业技术学院图书馆下辖的琅韵读书会于2016年5月成立，秉承"搭建读书平台，传承读书文化"的理念，旨在打造一个供学生读书交流的平台，引导学生树立正确的读书观。读书会以开展读书沙龙、读书讲座为主[①]。读书会在图书馆网站上有专门的栏目，图书馆相当数量的学生活动都是由琅韵读书会承办的，如"放下手机，读一本书"——"阅读马拉松"活动、"书香飘远，影藏心间"主题演讲比赛、"读书日"知识大赛赛前培训等。天津职业大学图书馆下辖的悦读社，以"读者至上，服务至上"为宗旨，有图书馆电子资源宣传月、"正

---

① 柳州职业技术学院.琅韵读书会简介［EB/OL］.［2018-08-11］.http：//tsg.lzzy.net/lydsh/content_14152.

值的毕业季"捐书活动、社刊（原创征文）、情诗大赛以及图书馆展牌等成型的活动。

## 二、高职院校阅读推广的问题与建议

### 1. 阅读推广形式单一，处于探索状态

目前，高职院校进行阅读推广比较常用的方式集中在书目的推荐和举办"读书节""读书月""世界读书日系列活动"上。其他专题讲座、移动阅读推广和信息素养培训、主题征文、读书沙龙等形式其实大多都归属于"读书节"之下，形成时间上的集中性和推广活动的同质性。譬如书目推荐这一项，大部分的高职院校都是利用系统的推送或是根据借阅量的多少进行推介，而并没有根据节点情况、本校的学生特色和阅读情况规划和设计自己的书目。院校在阅读推广的过程中可尝试编印一些馆报、馆刊进行长期推广，如无锡科技职业学院吴文化书院编印的刊物《吴风书韵》结合学校的地方文化，将阅读推广融入常态化的工作当中，并发展了一批学生作者，读写相互促进；兰州石化职业技术学院图书馆也有馆报，定期刊出文章和图书馆举办的活动，并推荐书籍。

再如经典阅读的推广方面，虽然大多数高职院校逐步意识到经典阅读的重要性，将活动与经典阅读多角度联系，如知识竞赛、书评征集等，但常常形式大于内容，举办比赛和演讲的确能够在一定程度上推广读物，但不应忽略前期的准备和后期的整理、推送。特别是经典读物本身的深度和写作背景决定了推荐活动通常需要导读，高职院校在这方面的阅读推广工作普遍有所缺失。

### 2. 联系校史校情，挖掘本校特色

阅读推广形式单一和同质化，说到底就是没有体现出个性特色来。高职院校虽数量众多，但是专业类型、校史校情、所处地区都千差万别，由于并未对这些人文资源进行有效挖掘，只是为了办活动而办活动，为了推广而推广，才让推广形式看起来非常单调。有些院校意识到这一点，其探索或可作为其他学校的指引和借鉴。

如福建船政交通职业学院举办的第八届"品味书香船政　传承工匠精神"读书月中，有一项分活动是"图书馆邀您讲校史"——校史馆讲解员大赛。经过培训和选拔，选手们通过自我介绍、校史馆场景必选题、校史馆场景自选题 3 个环节进行现场展示，评委从参赛选手个人形象、礼仪、讲解、语言、船政文化理解等方面进行考核[①]，既锻炼了学生们的表达能力，也从普及校史，激发学生对母校的情怀方面做出了良好的尝试。

再如柳州职业技术学院举办主题为"校园生活、家乡人文、柳州人文"的 PPT 创作比赛，在提高学生计算机软件使用和制作水平的基础上，要求选手对自己的家乡或者柳州辅以丰富的人文典故进行介绍，取得了较好的效果[②]。

**3. 阅读推广形成常态化，扩大学习和交流的范围**

阅读推广并非一项立竿见影的举措，要潜移默化地影响着学生，因此切不可急功近利，觉得活动参与人数多、热闹就坚持举办，或者因为短期内无法看到效果就放弃、停办。在举办活动、引导阅读的同时，也要注意对阅读推广方式进行评价，看是否适合本校实际情况。同时，应做好文档资料（包括策划、报道、图片等）的整理和存档，为今后的工作提供指引和借鉴。还应扩大学习和交流的范围，不仅与同类别的院校交流，也可同本科学校进行学习和交流，以充实和更新自身的推广储备，把握最新的方向，启发新的构思。

---

① 福建船政交通职业学院. 我院举行校史馆讲解员大赛［EB/OL］.［2018-08-11］. https：//www.sohu.com/a/210560184_735506.

② 王家相，邓奕军."校园生活、家乡人文、柳州人文"PPT 创作比赛开赛［EB/OL］. ［2018-08-11］.https：//www.lzzy.net/xwzx/xww/zhxw/content_31370.

# 第三章

# 优良读物资源与校园阅读推广

中外文学经典读物

古今学术经典名著

传记、游记与日记

艺术、考古读物

"阅读疗愈"读物与大学生心理保健

虽然不同类型院校有不同的阅读推广方略，但它们的共同之处都是利用各种读物资源向读者推广阅读。古今中外的优良读物是校园阅读推广的主要对象，也是院校图书馆读者服务工作的重心。因此，图书馆员应该正确识别不同读物资源的特征，根据读者的需求提供服务。正如印度的著名图书馆学家阮冈纳赞在《图书馆学五定律》(*The Five Laws of Library Science*）中提出的，"每个读者有其书"及"每本书有其读者"。

　　在校学生是阅读推广的重要目标群体，"书香校园"是构建"书香社会"的重要基础。著名教育家、全民阅读形象代言人朱永新[1]先生指出："全民阅读，从书香家庭到书香社区，从书香学校到书香机关，从书香企业到书香乡村，它应该是全方位的，涉及所有人群的。构建书香社会最重要的两个基石，一个是家庭，一个是校园""一个人一生阅读的种子，可能是在青少年这个时期才能真正地扎根"。中国阅读学研究会名誉会长、南京大学徐雁教授在 2017 年"华夏阅读论坛暨全民阅读'三位一体'推广方略研讨会"上提出了以"书香艺馨"为基调的"学习型家庭"、以"才华学识"为基调的书香校园、以"读书做人，知行合一"为基调的图书馆阅读推广全民阅读"三位一体"系统工程。[2]

　　本章主要从中外文学及学术经典名著，传记、游记与日记，艺术、考古读物，"阅读疗愈"读物与大学生心理保健五个方面的优良读物资源入手，阐述校园阅读推广的经验和方法，为校园构建读物资源与阅读推广的桥梁。

---

① 朱永新 . 有书香才有"精神故乡"——我心目中的"书香社会"[ M ] // 张永州 . 华夏书香校园论集 . 南京：南京师范大学出版社，2016：10—11.

② 蒋小峰 . 2017 年"华夏阅读论坛暨全民阅读'三位一体'推广方略研讨会"综述 [ J ]. 图书馆论坛，2017（11）：20—22.

　　朱自清在《经典常谈》序言中提出，"在中等以上的教育里，经典训练应该是一个必要的项目。经典训练的价值不在实用，而在文化。……再说做一个有相当教育的国民，至少对于本国的经典，也有接触的义务"①。经典读物阅读推广，是社会组织或个人为促进人们阅读经典图书而开展的相关活动②，其和"经典训练"同样提倡人们阅读和亲近经典。如今图书信息浩如烟海，读者又该如何迅速地从书林学海里寻求到自己需要的信息？显然，阅读经典读物是一个最便捷有效的方法。这些经典读物中，文学经典读物以通俗、生动、可读性强占据极其重要的地位。

## 一、"经典"文学读物

### 1. 经典的含义

　　何谓经典？首先要弄清楚"经"和"典"的含义。"经"，东汉许慎在《说文解字》中称为："织也从糸坙声。"③清代文字训诂学家、经学家段玉裁注："织之从丝谓之经。必先有经而后有纬。是故三纲五常六艺谓之天地之常经。"④经字的概念源于线丝，与纺织技术有关。"经"本义是织物中的纵线，与"纬"相对。之后，被引申指书籍。战国时期百家争鸣，各大学派都将其著作称为"经"，如

---

① 朱自清 . 经典常谈 [ M ] . 上海：复旦大学出版社，2004.
② 李西宁，张岩 . 图书馆经典阅读推广 [ M ] . 北京：朝华出版社，2015：4.
③ 许慎 . 说文解字（附检字）[ M ] . 北京：中华书局，1963：271.
④ 段玉裁 . 说文解字注 [ M ] . 上海：上海古籍出版社，1988：644.

道家的《道德经》，墨家学派的《墨经》等。正如南朝文学评论家刘勰在《文心雕龙·宗经》里面所说的，"经也者，恒久之至道，不刊之鸿教也"①。

而"典"在《尚书·周书·多士》中就有"惟殷先人有册有典，殷革夏命"②的记载。北京师范大学历史学院张越教授在探究"典"的形成时，概括它的内容，包括祭典、法典、训典、礼典等义。作者指出，"将先王的文化典籍尊之为典，是中国上古时期的传统"③。从"典"的多种含义看，它还有国家治理和个人行为准则之义。

至于"经""典"两词的合用，在文献的溯源上见《魏志》："自今以后，群臣皆当玩习古义，修明经典。"这里的"经典"一词包含了"经""典"合义，《辞海》中将其释义为"重要的、有指导作用的权威著作"④。所谓"经典著作"即指在一定的时代和一定的社会历史条件下最重要、最富有指导作用的著作。写出"经典著作"的作家，人们便称他是"经典作家"。⑤那么，经典包括了哪些内容呢？早前在 2001 年，在哈佛燕京学社资助、中山大学哲学系主办的"什么是经典"学术研讨会上，多位学者主要从定义、成因、诠释学方面探讨经典。⑥

与"经典"相关联的英文有"classic""canon"等。阿根廷诗人、小说家、散文家兼翻译家豪尔赫·路易斯·博尔赫斯曾说："确知我们当今所理解的'经典'一词的含义，也不必追究此词源自拉丁文的 classis 一词，即'船队'之意，

---

① 周振甫.文心雕龙今译：附词语简释［M］.北京：中华书局，1986：26.

② 曾运乾.尚书正读［M］.北京：中华书局，1964：217.

③ 张越.从"典"至"经"——先秦"经典"释义［J］.赤峰学院学报（汉文哲学社会科学版），2014（03）：197-198.

④ 夏征农，陈至立.辞海（缩印本）［M］.上海：上海辞书出版社，2010.

⑤ 加林.何谓"经典作家"和"名著".青年文化信箱［M］.沈阳：辽宁人民出版社，1985：35.

⑥ 余树苹."什么是经典？"——对一次主题讨论的述评［J］.现代哲学，2002（1）：121-125.

后来又有了'顺序'的意思。"①"船队""顺序"是"classic"的初始含义，除此之外，"classic"还有古典的、典雅的、伟大著作等义。"canon"一词则源起自希腊文，在 19 世纪以前，大都指特定的宗教圣典。学者罗格·伦丁认为："仅仅在 19 世纪，用以取代古代圣经典范的文学经典（canon）的观念才出现。特别是在 19 世纪后半叶，出现了大量的批评文章，讨论一个没有了圣典的后基督世界中'经典'（canon）的问题。他们赞同把诗、戏剧和小说看作是一种'世俗圣典'的形式。当正统的信仰和行为看来已经丧失它们的权威并成为许多人心智的蒙障时，一些人认为一个文学的经典（canon）可以替代已声名扫地的'宗教圣典'。"如此一来，"canon"在文学领域的应用与"classic"的内涵界限已不明显。

北京大学教授王余光认为，"我们常说的经典，是指那些具有重要影响的、经久不衰的著作，其内容或被大众普遍接受，或在某专业领域具有典范性与权威性"。它具有"影响性、时间性、广泛性"三个特点。②

意大利作家伊塔洛·卡尔维诺对经典作品给出 14 条定义，比如第一条"经典作品是那些你经常听人家说'我正在重读……'而不是'我正在读……'的书"。第四条"一部经典作品是一本每次重读都好像初读那样带来发现的书"。第十条"一部经典作品是这样一个名称，它用于形容任何一本表现整个宇宙的书，一本与古代护身符不相上下的书"。③

荷兰学者弗克马认为经典有三层含义："精选出来的一些著名作品，很有价值，用于教育，而且起到了为文学批评提供参考系的作用"；"经典包括那些在讨论其他作家作品的文学批评中经常被提及的作家作品""只有知名的作家才可以因比较或解释而被提及"；"经典是指一个文化拥有的我们可以从中进行选择的全

---

① 豪尔赫·路易斯·博尔赫斯.作家们的作家［M］.昆明：云南人民出版社，1996：20.

② 王余光.阅读，与经典同行［M］.深圳：海天出版社，2013：16-42.

③ 卡尔维诺.为什么读经典［M］.黄灿然，李桂蜜，译.南京：译林出版社，2006：1-9.

部精神宝藏"。①

由此来看，中文"经典"一词与"classic""canon"两词的含义界限已不明显。谭军武对 classic 与 canon 两词各自的历史演变和意义关联作了"考古"观察，还对中西"经典"的指称关系进行了阐述。他发现，"'经典'一词在所指意义上，已经具有了包容 classic 与 canon 两词内涵的对应性。就汉语'经典'对作品地位、影响、效果、功能、属性及其特定价值的界定来说，实则跟英语 classic 与 canon 两词所指称的内容有广泛深刻的相交"②。

### 2. 文学经典的含义

文学经典，是指具有极高的美学价值，并在漫长的历史中经受考验而获得公认地位的伟大文本。1993 年，荷兰学者佛克马（Douwe Fokkema）在北京大学所作的一场题为《文化研究和文化参与》的学术报告。此后，我国掀起了对文学经典讨论的学术热潮，何为文学经典成为学界关注的焦点。③

中国文艺学学者童庆炳曾提出文学经典构建的"六要素"，即文学作品的艺术价值，文学作品可阐释的空间，特定时期读者的期待视野，发现人，意识形态和文化权力变动，文学理论和批评的观念。④

经典作家所写的文学作品未必都是经典作品，文学经典的确立离不开特定历史背景。人们谈到文学经典，首先想到的往往是中国古典文学"四大名著"（《水浒传》《三国演义》《西游记》《红楼梦》）等古典文学作品。实际上，近现代及当代文学也有经典作品。因此，图书馆在开展阅读推广活动时，应该注意到时代特性。

---

① Fokkema, Douwe Wessel, Ibsch, Elrud. 文学研究与文化参与 [ M ] . 俞国强，译 . 北京：北京大学出版社，1996：36–51.

② 谭军武 . 论"经典"——对一个文学概念的问题式考察 [ D ] . 南京：南京大学，2014：39.

③ 郭大勇 . 文学经典的建构与论争 [ J ] . 求索，2011（05）：194–196.

④ 童庆炳 . 文学经典建构的内部要素 [ J ] . 天津社会科学，2005（3）：81–81.

## 二、文学经典与阅读推广

著名儿童文学家陈伯吹在为《青少年读书向导·文学卷》所写的序言中说："人在一生中，好奇心最强烈，求知欲最旺盛的日子，莫过于青少年时期……而在万卷书中，为青少年所喜爱的，读起来更感到亲切有味的，肯定是那些富有形象，具有情节，饶有趣味，蕴有深意的文学书籍""青少年人，在师长与父辈言教、身教的熏陶之外，书籍是不显形、不出声的好老师，它将随时随地伴随着人的一生，给予指引，特别是那些感染力强，影响力大，思想知识丰，阅读兴趣浓的文学书籍"。[①]道尽读文学经典与名著的好处。

### 1. 中外文学经典

中国文学史的分期，绝大多数沿用朝代分期法，也有打破按朝代分期的例子，如北京大学袁行霈教授主编的《中国文学史》，便是依据"三古七段"说（即将中国文学史分为上古期、中古期、近古期，"三古"之内又可以细分为七段）。在选择图书的时候，要兼顾图书的经典性和时代性。

在各种各样推荐书目中，文学经典都占据绝对优势。受时代需求、特定人群、主观意志等因素的影响，推荐书目并不都具有普遍性。北京大学王余光教授收集了 80 种中外推荐书目，运用计量的方法，对这些书目进行统计，并以各书被推荐次数的多少排序，列出新目录。[②]其中，中国经典归类如下：

第一，四书五经。

第二，前四史与《资治通鉴》。

第三，先秦诸了，《老子》《庄子》《荀子》《韩非子》《孙子兵法》被收录次数最多。

第四，其他子部书，《论衡》《坛经》《颜氏家训》《明夷待访录》被收录次数最多。

---

① 陈伯吹. 青少年读书向导·文学卷·序 [ M ].昆明：晨光出版社，1998：1.

② 李西宁，张岩. 图书馆经典阅读推广 [ M ].北京：朝华出版社，2015：29–36.

第五，唐、宋诗文。

第六，其他诗文，《楚辞》《文选》《陶渊明集》《世说新语》被收录次数最多。

第七，古典小说，以《红楼梦》《三国演义》《水浒传》《西游记》为主。

第八，其他，《说文解字》《左传》被收录次数最多。

还有，北京大学郑丽芬基于王余光教授所著《中国读者理想藏书》中的80种书目，另外遴选了2000年以后的中外各类推荐书目80种，将总计160种读物中的外国经典进行了统计和排序。综合体裁和类别主要有以下几类：

第一，戏剧类，如莎士比亚戏剧集、歌德的《浮士德》、易卜生的《玩偶之家》等古典戏剧。

第二，诗歌类，主要有长篇叙事诗、抒情诗、劳动歌谣等，如《荷马史诗》《神曲》《草叶集》等。

第三，小说类，主要是美国、英国、俄国和西班牙小说，其中《堂吉诃德》《战争与和平》《红与黑》《哈克贝利·费恩历险记》《悲惨世界》《百年孤独》《追忆似水年华》等被推荐次数最高。

第四，人文社会科学类，包括哲学、政治、法律、思想等领域的经典，如《柏拉图对话录》《社会契约论》《梦的解析》《资本论》等。

第五，自然科学类，如《物种起源》《相对论》《自然哲学的数学原理》等。[1]

**2. 文学经典的阅读推广价值**

（1）通过提升文学素养，提高人文素养

文学素养是指一个人或组织在文学创作、交流、传播等行为及语言、思想上的水平。阅读文学经典是提高文学素养的主要途径。文学素养需要长时间的积累，使人受益终身。但以"应试"为导向的部分中小学语文教学枯燥无味，造成了学生对作文的畏惧，扼杀了学生对语文学习的兴趣。这些学生进入大学校园后，表

---

[1] 郑丽芬.百年推荐书目中的外国经典与高校图书馆经典阅读推广[J].高校图书馆工作，2015（02）：19-23.

现出文学素养不高，人文素养欠缺等短板。除了专业技能外，人文素养同样以人为对象、以人为中心的精神能实现社会的可持续发展。

清华大学对 2018 级新生首次开设《写作与沟通》必修课程，而且计划到 2020 年，该课程将覆盖所有本科生，并为研究生提供课程和指导。"该课程定位为非文学写作，偏向于逻辑性写作或说理写作，以期通过高挑战度的小班训练，提升学生的写作表达能力，提高沟通交流能力，培养逻辑思维和批判性思维的能力。"

（2）陶冶美好心灵，教人向善、向上、向美

文学对一个人成人、成长、成才有巨大影响。著名文艺理论家钱谷融先生在《论"文学是人学"》一文中说："谈文学最后必然要归结到作家对人的看法、作品对人的影响上。……文学的任务是影响人、教育人；作家对人的看法、作家的美学理想和人道主义精神，就是作家的世界观中对创作起决定作用的部分；就是我们评价文学作品的好坏的一个最基本、最必要的标准。"[1]

南京大学徐雁教授在《温补人类心神的"十全大补丸"——文学好书、经典名著与阅读推广》一文中也提出：

> "文学好书"是全民阅读推广的人文基础……"文学好书"所宣扬的普遍至要的仁义礼智、宽容博爱、慈善同情，乃至人间稀缺的仗义行侠、拯困救厄、快意恩仇，有可能疗救尘世间不幸遭受创伤的脆弱情感，乃至解放名缰利锁下的凡俗心灵，进而引导和提升人的精神到一个能够自我心灵抚慰平复向真、善、美的家园……尤其是其中的小说、传记类佳作，乃是温补人类心神的"十全大补丸"，而启蒙人道主义的仁怀，培养终身读书乐学的人文习惯，都以"文学阅读"为最理想适宜的起点。[2]

文学经典对人的影响是深层次的，能帮助人们树立正确的世界观、人生观和

---

① 钱谷融.《论"文学是人学"》一文的自我批判提纲 [J].文艺研究，1980（03）：7-13.

② 徐雁.阅读的人文与人文的阅读 [M].北京：科学出版社，2014：154-160.

价值观。在校园里推广经典阅读，有助于学生在浮躁功利的社会中，抵御外界的物质诱惑，保持一颗平常心。

（3）弘扬传统文化，增加人文底蕴

文学经典是优秀传统文化的思想结晶、人类文明的重要载体，更是民族生生不息的强大精神支柱。学生在阅读文学经典时，可以更深刻地理解感受民族文化的独特魅力，有利于培养爱国主义精神，从而增强民族自尊心、自豪感。

美国媒体文化研究者、批判家尼尔·波兹曼（Neil Postman）于 1985 年出版了《娱乐至死》，主要叙述了电视声像逐渐取代书写的选择过程。目前，多数学生对于"泡沫文化"的了解远多于"经典文化"。南帆指出："经典文化是创造，泡沫文化是制造。泡沫文化定位为快乐的休闲，于是，所有的深刻——无论是深刻的故事、人物还是深刻的思想——都将成为画蛇添足的赘物。"[1]因此，在"娱乐至死"的当代社会中，应特别重视倡导阅读文学经典，以弘扬传统文化，提升人文素养。

## 三、推广文学经典的方法

### 1. 编选文学经典推荐书目或导读书目

经典阅读书目是图书馆普遍采用的最直接的推荐方式，学校教授可根据每个学校的实际情况进行编纂。北京大学、清华大学、复旦大学、南京大学等国内高校都制定了不同的推荐书目，并在学校图书馆的官方网站上开辟了专栏，对学生阅读体系的构建起到了巨大的作用。例如 1997 年，清华大学教务处与人文社会科学学院合力推出《清华大学学生应读书目（人文部分）》，涉及中国文化名著、世界文化名著、中国文学名著、世界文学名著各 20 种图书。

可以围绕经典书目开展书评征文比赛、文学经典读书会、读书沙龙、导读讲座、经典诵读等活动，吸引广大学生积极参与文学经典阅读活动。学校应该帮助

---

① 南帆.面具之后［M］.北京：生活·读书·新知三联书店，2010：161.

大学生制订合理的阅读计划、选择适合的经典阅读。

## 2. 校图书馆设立文学经典阅览室

学校还可以设立经典阅览室，将中外名著集中展示，并举办系列化、品牌化的活动。这些活动包括读书活动、读书沙龙、征文比赛、诵读活动、文化讲座等。如同济大学图书馆的"闻学堂"及台湾中兴大学的"兴阅坊"。

《高校图书馆设立经典阅览室与经典教育》一文为高校图书馆经典阅览室的设计提供了参考，包括经典书目的选择、人员配置与空间设计、服务内容三个部分。在经典书目的选择上，作者推荐了《影响中国历史的三十本书》《中国读书大辞典》《中国读者理想藏书》《中外推荐书目一百种》《中国家庭理想藏书》。在空间布局上，经典阅览室以200—300平方米的封闭或相对封闭的空间为宜，可根据学校图书馆规模相对调整。空间的设计提倡典雅温馨、充满人文气息。①

## 3. 教务计划开设文学经典导读课程

广西师范大学出版社于2013年6月统计分析3000条读者留言后，发布了"死活读不下去排行榜"，分别是《红楼梦》《百年孤独》《三国演义》《追忆似水年华》《瓦尔登湖》《水浒传》《不能承受的生命之轻》《西游记》《钢铁是怎样炼成的》《尤利西斯》。这些著作固然有一定的阅读难度，但是大学是接受经典的最佳时期，学生在此阶段读经典，会对他们今后的人格培养和人生道路有积极的影响。

因此，把文学经典加入课程，引导学生大量阅读并体会其中的精华，对于培养学生的文学素养有极为重要的意义。如首都师范大学图书馆为本科生开设了"中国古代文学经典导读""中国现当代文学经典导读""中国古代小说名著导读"《论语》导读"等诸多经典通识教育课程。教师可以利用"汉语阅读学"的理论方法进行指导推介，代表性著作有《阅读技法系统》《文体阅读法》《阅读学新论》《快读指导举隅》等。

---

① 王余光，王媛.高校图书馆设立经典阅览室与经典教育[J].大学图书情报学刊，2014（06）：5–10.

"一个人的学习，往往遵循童谣作品（儿歌、童话、寓言、故事）、文学作品（诗歌、散文、小说、戏剧）、哲学作品（学术论著）的先后顺序来学习。"①由此可见，学术作品与童谣作品、文学作品不同，它有一定的阅读难度，读者往往需要有较高的认知和理解水平。要重视用学术经典名著导读提升学生的学术素养。

## 一、学术经典的含义

史学家司马迁在《史记》的《老子韩非列传》和《张仪列传》中，将"学术"释义为"学习治国之术"。除此之外，"学术"一词还有"治国之术""教化""学问、学识""观点""学风"等含义。

刘梦溪在《中国现代学术要略》的开篇中指出，梁启超1919年所写的《学与术》一文，是迄今看到的对"学术"一词所作的最明晰的梳理。"学"与"术"连用，"学"的内涵在于能够提示研究对象的因果联系，在累积知识基础上形成理性认知，在学理上有所发明；"术"则是这种理性认知的具体运用。②

学术经典是指在各个学科领域内的经典作品。学术专著是指作者根据某一学科领域内的研究成果撰写的理论著作。它是学者科研成果的重要载体，对于传播学术思想、交流科研经验都具有重要的作用。明晰学术经典的内涵，还要注意区分学术著作和学术图书。南京大学教授叶继元在《学术著作的内涵、外延及其对学术评价的意义》一文中指出了两者的异同。

---

① 林忠港. 如何引导中学生研读学术论著［J］. 高中语文教与学，2018（01）：23-25.

② 刘梦溪. 中国现代学术要略［M］. 北京：生活·读书·新知三联书店，2008.

　　学术著作从属于学术图书，即学术著作的内涵大于学术图书，而外延则小于学术图书。学术图书是指内容涉及某学科或专业领域的出版物，其出版形式是篇幅较大，其外延包括学术著作、学术论文汇编／论文集、会议记录、大学及以上程度的教材／教科书和参考书、某学科百科全书等工具书，甚至还包括理论性与宣传性、学术性与随笔性相融合（学术随笔）的半学术性出版物。……所谓学术著作是指以问题或专题为中心，具有系统、全面、深入论述，且有原创或新意内容的学术图书。外延包括专著（含经过修改后达到专著要求的博士论文或研究报告）、专著丛书、学术评传等。①

## 二、学术经典与阅读推广

### 1. 古今学术经典

　　商务印书馆、人民出版社、中华书局、中国社会科学出版社等都是国内著名的学术类图书出版社。要整体了解古今学术经典，可以先从将多种著作汇编于一体的丛书入手。关于世界学术经典比较有代表性的是"汉译世界学术名著丛书""世界学术经典丛书""牛津通识读本"等，关于中国学术经典的有"中华现代学术名著丛书""中国现代学术经典""海外中国研究丛书""世纪人文系列丛书"等。

　　《20世纪中国学术大典》是一部百科全书式的学术工具书，以条目的形式反映百年来中国学人的学术成果。条目分学科研究、专题研究、学术事件、学术人物、学术名著名篇、学术机构团体、学术刊物七类，并按学科分卷，共41卷，2400万字，卷帙浩繁。20世纪中国人文学科、社会科学、自然科学和工程技术的辉煌成就尽在其中。

---

① 叶继元.学术著作的内涵、外延及其对学术评价的意义［J］.云梦学刊，2015（04）：12–13.

"汉译世界学术名著丛书"

商务印书馆是国内最为知名的社科学术丛书诞生地。胡乔木赞许"汉译世界学术名著丛书"："对我国学术文化有基本建设意义的重大工程"，因而成为一个时代的标志。丛书分为橙色、绿色、蓝色、黄色和赭石色五类，对应收录哲学、政治、法律、社会学、经济、历史、地理、语言学等学科的学术经典著作。高等教育出版社 2016 年推出了"世界学术经典丛书"，选取过去 2000 多年里最为经典的一系列学术专著，涉及博物学、数学、物理、化学、信息论、地理学等学科，包括阿基米德、牛顿、拉瓦锡、道尔顿、高斯、达尔文、麦克斯韦等科学巨匠的杰作。

2009 年，商务印书馆同时出版"中华现代学术名著丛书"，这是国内首套系统梳理中华学术百年发展脉络的大型丛书。收录上自晚清下至 20 世纪 80 年代末中国及海外华人学者的原创性学术名著（包括外文著作），以人文社会科学为主体兼及其他，

"中华现代学术名著丛书"

涵盖文学、历史、哲学、政治、经济、法律、社会学等众多学科。刘梦溪主编的"中国现代学术经典"丛书，由河北教育出版社出版，该丛书选录清末民初以来中国现代学者的著作，含梁启超、王国维、陈寅恪等 44 家共 35 卷著作。

**2. 学术经典的阅读推广价值**

（1）增长专业知识，夯实学术基础

阅读学术经典有利于增长学科专业知识，夯实学术基础。学术著作的系统性、逻辑性、理论性较强，需要读者具备一定的阅读能力。在教学过程中，教师一般会列出参考书目，这些书目大都能增强学生的阅读能力，提高理论修养。

（2）培养学术人才，延续学术传统

与国外高校相比，我国高校的学术环境存在较大的差距。培养学术人才、形成学术氛围、延续学术传统都需要学校大力推广学术经典。韩愈在《师说》中云："古之学者必有师。师者，所以传道授业解惑也。"学者做学问，必然有其师。那么其"师"不仅指传授学生知识的人，还可指学术经典书籍。钱穆也说："如诸位进入学校读书，此亦是从师受业，但究属有限。我此所讲之学问，则不尽于此。因此我之所谓从师，亦非必当面觌对之师。诸位从事学问，要能自得师，要能上师古人。当知读书即就如从师。"[1]推广阅读学术经典，就是"由前人之智慧来指导自己之功力"，从而把一代代学人的思考和感悟发扬、传承下来。

（3）传播学术思想，推动社会发展

推广学术经典，也有助于传播和交流学术思想、成果及经验。学术交流是科学研究工作的组成部分，也是人类知识生产力的一种传播方式。在学术交流的过程中，研究者可以了解学术前沿和热点，并掌握和启迪新知。梁启超曾说："学术思想之在一国，犹人之有精神也；而政事、法律、风俗及历史上种种之现象，则其形质也。故欲觇其国文野强弱之程度如何，必于学术思想焉求之。"可见，学术进步与国家发展紧密相连。华夏文明得以延续五千年，也正与先秦诸子之学、两汉经学、魏晋玄学等思想不断延续发展的学术精神息息相关。

---

[1] 钱穆.中国学术通义［M］.北京：九州出版社，2012.

## 三、学术经典的阅读推广方法

### 1. 编制各学科经典书目

如何推广学术经典名著提高学生的专业知识和素养，这是校园阅读推广的重要内容。不同类型院校应根据实际情况编纂各学科的经典书目，用以辅助课程教学，也为学生专业知识学习提供一个良好范本。这些书目甚至可以细分到不同学科、不同年级供学生使用。南京工业大学于 2014 年启动本科生经典名著研读计划，经典名著研读推荐书目分为三个板块："大学之门""思想之魂"和"学术之旅"。其中，"学术之旅"系列推荐书目又分为入门类经典推荐书目、深造类经典推荐书目，涵盖了化学类、计算机类、数学类、经济学类等学科在内的 36 个基本学科，为学生的知识整合与创新能力培养打下坚实的基础。

各学科经典书目应在图书馆、学院官方网站上有专栏介绍，学生可以在网上便捷下载相关学术读物。例如，由复旦大学图书馆负责，各高等院校图书馆共同努力，将各校教学信息以及经过各校教师精选的教学参考书数字化后形成高校教学参考信息管理与服务系统，学生可以在该系统上使用教学参考书。

### 2. 打造学术品牌活动

目前，各类院校多以讲座、论坛、报告会等形式开展学术活动，既无法彰显学校特色，也不能吸引更多学生参与其中。因此，学校可与学生社团和各学院共同开展学术品牌活动。每个学院根据其学科特点，开展不同的学术活动。

清华大学的"人文学术文化套餐"活动、厦门大学的"名师下午茶"、江西财经大学的学生学术节等都是经典学术品牌活动，有利于促进学生进行学术研究和学术交流。其中，江西财经大学学生学术节围绕学术学习不断创新活动形式与内容，至 2017 年已坚持举办了 29 届。学校各学院也会在学术节里相应开展不同的活动，如信息管理学院有中文演讲赛、电子软件应用大赛、主题研讨会、IT创业模拟大赛、信息系统分析与设计大赛、学术辩论赛六项品牌活动[1]。

---

① 陶志超. 以学术品牌活动为抓手 探索学风建设新途径——以江西财经大学信息管理学院学生学术节为例 [J]. 南方论刊，2011（11）：73–74.

### 3. 注重本科授课，调动教师、导读馆员的积极性

学生阅读学术经典离不开教师的指导，因此在阅读推广活动中要充分发挥教师的积极性。教师应该积极探索学术经典相关课程的研究，提升学生的参与度。大学教授一般具有教学经验、教学方法方面的优势，为本科生授课时能把高深的学术问题深入浅出地娓娓道来。"在国外研究型大学的教学模式中，每个教授每学年要上三四门不同内容的课。在加州大学伯克利分校，几乎所有得过诺贝尔奖的教授都给一年级学生上课。"[①]教授给本科生授课，几乎是国外高校的传统。

此外，教师还应鼓励学生积极参加国际、国内的学术会议、研讨会，了解学术前沿、热点和发展情况，从而更好地理解学术经典。如首都师范大学图书馆自2008 年 5 月起组织开展"我爱经典"读书活动，先后成立多个主题的学习经典读书小组，充分调动各院系教师、导读馆员参与，共同开展中外经典著作的阅读、讨论及交流，不断加深对经典著作的理解与认识。

---

① 尹冬梅，王宏舟 . 报道大学［M］. 上海：复旦大学出版社，2009：154.

## 第三节 传记、游记与日记

经典读物有很多，应根据不同类型的群体细化推广。传记，主要记述人物的生平事迹。传记一般由他人记述，亦有自述生平经历和感怀"自传"。游记，指记录游览经历的文章或图书。日记，指对每天或某一时空所遇到的和所做的事情的记录。其中多有令人开卷有益、掩书成思的好书。

### 一、传记、游记与日记概述

传记包括一般的传记、自传、评传、人物小传、人物特写、回忆录、年谱、小说化的传记等。从传记的形式看，可分为自传、他传和回忆录。自传有多种形式，又可以分为标准自传、小传及资料性自传（如书信、日记、笔记）、文学性自传等。2006 年北京工业大学出版社出版《30 部必读的名人传记经典》，该书从国学、西学、中国文学、外国文学、诗

歌、名人传记、谋略、修身处世、心理励志、科普、管理、经济、投资、电影、美术、音乐 16 个领域中共选取了数十位最具影响力的名人的故事。

游记可以分为记叙型、抒情型、写景型和说理型。如《岳阳楼记》《醉翁亭记》《小石潭记》《徐霞客游记》《马可·波罗游记》等。2006 年光明日报出版社出版《人一生要读的 50 篇游记》，可供赏读。

日记可以写人、可以状物、可以写景，也可以记述个人生活与社会活动等。中华书局出版"中国近代人物日记丛书"，收录了《翁同龢日记》《郑孝胥日记》《王文韶日记》《许宝蘅日记》等 34 种。坚持写日记有利于提高文字表达能力，培养坚韧不拔、持之以恒的毅力。1929 年年初的一日，浦江清在日记中自陈日记的作用："练习有恒的笔墨，一也；作日后追忆过去生活之张本，二也；记银钱出入、信札往来，备一月或一年内查考，三也；记零星的感想及所见所闻有趣味的事，备日后谈话或作文的材料，四也。"①

## 二、传记、游记与日记的阅读推广价值

### 1. 树立人生典范，获得人生启迪

阅读传记、游记与日记，不仅可以丰富历史文化知识，而且对于认识自我、社会都有很大的裨益。在阅读中，吸取别人成功的经验和失败的教训，获取更多的人生启迪，自己面临人生难题时，能够从这些伟大的人生中找到战胜困难与挫折的勇气和方法。读一本名人的传记，就可以学习一个人的人生经验和智慧。比如美国政治家、物理学家本杰明·富兰克林的《富兰克林自传》，是美国传记文学的开山之作，是美国迄今为止最重要、读者最多的著作之一。这本书影响了几代美国人。

### 2. 丰富人文知识，拓展历史视野

南京大学教授杨正润在《传记文学史纲》中说："歌德把自己的传记取名《诗与真》，鲁迅称中国最伟大的古典传记《史记》是'史家之绝唱，无韵之离骚'，钱锺书要求传记作品'史蕴诗心'，这些不同时代或不同国度的博学大师，对传记的看法却是如此一致，他们道出了传记的真谛——传记是历史的和真实的，又是文学的和诗的。"②传记、游记和日记都承载着历史文化记忆。例如意大利威尼

---

① 浦江清.清华园日记·西行日记［M］.北京：生活·读书·新知三联书店，1987.

② 杨正润.传记文学史纲［M］.南京：江苏教育出版社，1994.

斯旅行家、商人马可·波罗所写的《马可·波罗游记》就记录了他在中国的旅途见闻，包含了丰富的历史地理知识，促进了东西方文化的交流。

### 3. 保存人类史实，推动史学研究

传记、游记和日记是人生的记录，无数人的传记汇聚起来就是一部民族的历史、国家的历史、人类的历史，展示了当时的政治经济、思想文化、风俗人情等各方面的历史画卷，为人类社会保存了极为丰富的史实。如在浩瀚历史长河中的帝王传记，"作为历史的重要角色之一，帝王的是非功过在一定程度上攸关民族和国家的治乱兴替、兴衰荣辱，因而各国各民族的历史著述家时常把帝王作为自己的写作对象"[①]。

## 三、传记、游记与日记的阅读推广方法

### 1. 利用名人效应，激发阅读兴趣

择选的"三记"读物在体裁上，也要尽量避免单调，最好能够囊括所有传记体裁，如正传、全传、列传、内传、外传、家传、回忆录、书信等。[②]学校在倡导人文经典阅读时，可以定期地组织针对传记、游记与日记阅读的专场活动。比如传记主题读书会、主题讲座等。除了常规的阅读推广方式之外，还可以参照国内外图书馆和书店的经验，结合伟人的诞辰纪念日开展活动。

比如2011年上海交通大学召开的"核心价值与大学精神——纪念钱学森诞辰100周年座谈会"，上海交通大学出版社正式推出新书《钱学森和他的母校上海交通大学》，并举行了隆重的新书首发仪式。2015年12月，清华大学召开"纪念冯友兰先生诞辰120周年暨冯友兰学术思想研讨会"，共同研讨冯友兰哲学思想。

---

① 朱君杙. 加洛林时代史学成就研究 [M]. 沈阳：辽宁人民出版社，2015：107.

② 甘其勋. 运用文章科技引领学生阅读 [J]. 山东图书馆季刊，2008（04）：103–105.

**2. 联系校史校情，培养学生爱校之情**

校史作为校园文化的重要组成部分，内容包括办学理念、学校沿革、规章制度、校园建设、历史人物等。国家教育咨询委员会委员、国家教育考试指导委员会委员李延保曾指出，一所学校就是一部历史，积淀着各个时期的校园文化生活，记载和延续着学校的学术传统和文化精神；从某种意义上说，学校的发展可视为这种历史文化的传承和开拓。[①] 在传记推广中，尤为重视历史上杰出的校友和著名学者，联合校史馆、档案馆开展相关活动。

例如，"2017 年清华大学读书文化月"上，清华大学北馆推出"家在清华"校史专题书架，有精选校史、校友忆作、清华子弟文集等 322 种图书，介绍清华学风、传统、建筑、体育、名人与学子风采。[②]

"学在清华·真人图书馆"系列活动海报

---

① 朱之平，张淑锵. 大学文化的传承与展示：一个校史研究的视角 [ J ] . 浙江大学学报（人文社会科学版），2011（04）：196–199.

② 2017 年清华大学读书文化月营造书香四溢的校园氛围 [ EB/OL ] . http：//news. tsinghua.edu.cn/publish/thunews/9654/2017/20170525152459747206144/201 70525152459747206144_.html.

"真人图书馆"是通过读者"借"一个活生生的人，与之交谈获得更多的见识的活动。与传记读物不一样，它是一种面对面沟通交流的方式。在活动中，人们能够直接与他人分享人生经验，学校可以安排学院的老师或者校外的知名专家学者参与活动，与学生畅谈交流。这也是对传统书籍的另一种推广形式，让学生了解传记书本背后的故事，突破读者与纸质书籍单向交流的局限性。

**3. 结合读物和生活，提升学生阅读体验**

对于游记的阅读，徐雁教授认为，"暑假来临，不少家长准备带着孩子出门旅游，在出游之前，学生们不妨'备课'，找一找跟旅游目的地有关的书籍文章读一读，有了这样的知识储备之后再实地游玩，旅游的收获就会非常大"[①]。"读万卷书，行万里路。"学生在游览当地景观的同时，学校也鼓励他们阅读相关文学作品，并把自己的所感所想与书中作者的描述相比较。

---

① 徐雁. 徐雁谈阅读：学校教育之外，父母做到这一点就够了 [ EB/OL ] .http : //www. sohu.com/a/245795335_609340.

　　艺术在古代专指六艺以及术数方技等各种技能。如今，被认为是对社会生活进行形象概括而创作的行为。考古泛指对一切古物的研究。阅读艺术、考古读物能够促进人的全面发展，培养健全人格，提高综合文化水平。因此，校园阅读推广应该尤为重视这些读物。

## 一、艺术、考古读物概述

### 1. 艺术读物

　　《中国大百科全书》美术卷指出："艺术"是一切艺术门类总称。它是用不同的形象化手段来反映自然和表达社会意识的一门大学科，广义上包罗文学、音乐等，也包括建筑和园林等。[①]《中国图书馆分类法》将艺术类图书分为：艺术理论，世界各国艺术概况，专题艺术与现代边缘艺术，绘画，书法、篆刻，雕塑，摄影艺术，工艺美术，建筑艺术，音乐，舞蹈，戏剧、曲艺、杂技艺术，电影、电视艺术。[②]八大艺术包括文学、绘画、音乐、舞蹈、雕塑、建筑、戏剧与电影。艺术的范围相当广泛，所以艺术类读物也非常多。

　　2017 年度"中国好书"入围的艺术类图书有五种，分别是《小人书大人物：中国连环画大家群英谱》（湖南美术出版社 2017 年版）、《古砖花供——六舟与19 世纪的学术和艺术》（浙江人民美术出版社 2017 年版）、《全球景观中的中国

---

① 《中国大百科全书》总委员会 . 中国大百科全书：美术卷［M］. 北京：中国大百科全书出版社，2009.

② 国家图书馆《中国图书馆分类法》编辑委员会 . 中国图书馆分类法［M］. 北京：国家图书馆出版社，2010.

古代艺术》（生活·读书·新知三联书店 2017 年版）、《印象派的敌人》（清华大学出版社 2017 年版）、《中国画学精读与析要》（上海人民美术出版社 2017 年版）。关于艺术史的书，可阅读《剑桥艺术史》（译林出版社 2009 年版），及被称为"最好的中国艺术史入门书"的《中国艺术史》（上海人民出版社 2014 年版），等等。

### 2. 考古读物

《文汇报》一篇题为《考古图书：持续刺激公众想象力》的文章认为，陆续出版的考古读物大致可分为三个阶段，一是以"伟大的考古纪实报告"系列出版物为代表，虽然对这些"考古报告"褒贬不一，但其传奇性、神秘性较为成功地启发了公众对考古、探险、文明寻踪类读物的热情；《发现之旅》（上海书店版）的引进出版标志着考古图书已出现较高层次的读物，虽然仍是面向公众的普及读物，但作品已皆以信史为依据；而装帧、印刷、写作质量都属上乘的《剑桥插图考古史》和《时间的检验》两种大型考古图书的出版，标志着此类图书已经进入第三个阶段。

考古专著常常束之高阁，无人问津，因此在校园阅读亟须推广考古类科普读物。王仁湘曾这样说："可读的书太少，可读的好书更少。书读的人太少，书读得懂的人更少。"[1]

《科普创作概论》一书将科普著作分为五种基本类型：

> 一、创作者把自己亲身研究、考察、体验所得的第一手科学素材，经过选择、提炼、加工，撰写成可向大众传播的科普作品；二、创作者

---

[1] 王巍. 考古学人访谈录 [M]. 上海：上海古籍出版社，2014：154.

把深入现场参观、采访所得的科学素材，经过选择、提炼、加工，撰写成可向大众传播的科普作品；三、创作者把从许多科学文献中获得的科学素材，经过自己的消化吸收，提炼加工，从新的角度用自己的构思和独到的表现形式，撰写成可向大众传播的科普作品；四、创作者把某篇学术著作、情报资料等科技文献用新的结构和通俗的语言改写成可向大众传播的科普作品；五、翻译者把一种文字的科普作品翻译成另一种文字的科普作品，并在遣词造句上达到"信达雅"水平的。[1]

"考古学专刊"丛书创办于1952年，由中国社会科学院考古研究所编著，为全国性考古学论著系列丛书。根据内容性质的不同，共分甲、乙、丙、丁四种：甲种为研究性著作；乙种为资料性著作；丙种为通论性著作；丁种为田野考古报告。

考古类的优秀科普图书还有文物专家、考古学家孙机的《中国古代物质文化》，考古学家许宏的《最早的中国》《何以中国——公元前2000年的中原图景》，中国社会科学院考古研究所编著的《二十世纪中国考古大发现》等。期刊有《考古》《文物》《考古学报》。工具书有《中国考古学大辞典》，由中国社会科学院考古研究所所长王巍主编，是我国第一部考古学大辞典。读者可以通过这部大辞典了解近百年来中国考古学的发展，以及该学科目前达到的状况和认识水平。北京大学通识书单中，孙庆伟教授推荐了《考古学与古史重建书目》，具体见下表。

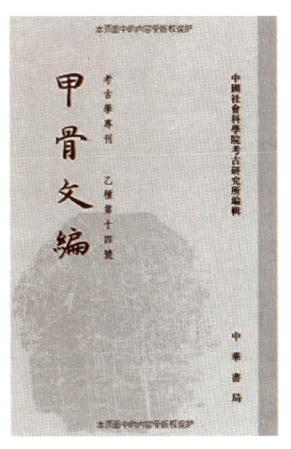

---

① 章道义.科普创作概论［M］.北京大学出版社，1983：7.

表 3-1　考古学与古史重建书目

| 书名 | 作者 | 出版社 | 出版时间（年） |
|---|---|---|---|
| 《中国史叙论》 | 梁启超 | 中华书局 | 1988 |
| 《新史学》 | 梁启超 | 中华书局 | 1988 |
| 《史家与史学》 | 王家范 | 广西师范大学出版社 | 2007 |
| 《傅斯年全集·第三卷》 | 傅斯年 | 湖南教育出版社 | 2000 |
| 《傅斯年全集·第二卷》 | 傅斯年 | 湖南教育出版社 | 2000 |
| 《李济文集》 | 李济 | 上海人民出版社 | 2003 |
| 《新学术之路：中央研究院历史语言研究所七十周年纪念文集》 | 杜正胜 | 中央研究院历史语言研究所 | 1998 |
| 《中国古史的传说时代》 | 徐旭生 | 广西师范大学出版社 | 2003 |
| 《中国文明起源新探》 | 苏秉琦 | 生活·读书·新知三联书店 | 1998 |
| 《史记·五帝本纪》《史记·夏本纪》《史记·殷本纪》《史记·周本纪》《史记·鲁周公世家》《史记·秦本纪》 | 司马迁 | 中华书局 | 2010 |
| 《大戴礼记·五帝德》《大戴礼记·帝系》 | 戴德 | 三秦出版社 | 2005 |
| 《中国上古史研究讲义》 | 顾颉刚 | 中华书局 | 2002 |
| 《顾颉刚古史论文集》 | 顾颉刚 | 中华书局 | 2011 |
| 《中国远古时代》 | 苏秉琦 | 上海人民出版社 | 2010 |
| 《追寻五帝：揭幕中国历史纪元的开篇》 | 郭大顺 | 辽宁人民出版社 | 2010 |
| 《楚辞·天问》 | 屈原 | 中华书局 | 2015 |
| 《古本竹书纪年·夏纪》 | — | 辽宁教育出版社 | 1997 |

（续表）

| 书名 | 作者 | 出版社 | 出版时间（年） |
|------|------|--------|----------------|
| 《二里头》 | 中国社会科学院考古研究所 | 文物出版社 | 2014 |
| 《夏商周考古学论文集》 | 邹衡 | 文物出版社 | 1980 |
| 《追迹三代》 | 孙庆伟 | 上海古籍出版社 | 2015 |
| 《商代史论纲》 | 宋镇豪 | 中国社会科学出版社 | 2011 |
| 《夏商周考古学》西周文化部分 | 井中伟、王立新 | 科学出版社 | 2013 |
| 《战国时代的东西差别》 | 梁云 | 文物出版社 | 2008 |
| 《秦文化》 | 王学理、梁云 | 文物出版社 | 2001 |
| 《秦文化：从封国到帝国的考古学观察》 | 滕铭予 | 学苑出版社 | 2003 |
| 《夏商周断代工程：1996—2000年阶段成果报告·简本》 | 夏商周断代工程专家组 | 世界知识出版社 | 2000 |

　　文物出版社成立于 1957 年，是我国出版文物考古类图书的专业出版社，所出图书在国内外多次获奖。田野考古发掘报告和研究著作是该社的出版重点对象，出版有《西安半坡》《殷墟妇好墓》《信阳楚墓》《长沙马王堆一号汉墓》《满城汉墓发掘报告》《南唐二陵》《新中国考古收获》《新中国考古发现与研究》等优秀读物。该社的《书法丛刊》和《文物》期刊在业界影响深远。

## 二、艺术、考古读物的阅读推广价值

### 1. 阅读艺术读物，有利于提高审美情趣

　　当代著名画家、油画家、美术教育家吴冠中曾说："今天中国的文盲不多了，但是，美盲却很多。"随着科技的发展，又有了现代文盲的说法。它指不懂电脑、不懂英语、不懂金融等知识的现代人。如今，美盲指对美缺乏感受和理解能力的人。经济的发展和教育的普及，容易减少人们之间的知识差距，而审美感同样需

要从小培养。

正如爱因斯坦所说的："用专业知识教育人是不够的。通过专业教育，他可以成为一种有用的机器，但是不能成为一个和谐发展的人。要使学生对价值有所理解并且产生热烈的感情，那是最基本的。他必须获得对美和道德上的鲜明的辨别力。"

仅学好专业知识是不够的，还需要加强艺术读物的阅读。审美，对于一个人的全面发展乃至一个社会的和谐发展都有深远的影响。阅读此类书能够培养人们鉴别与欣赏美的能力，提升个人修养，培养高尚情操。虽然国家大力推行素质教育，但仍有部分家长和教师不重视培养孩子的艺术修养。大多数成年人由于承受着较大的工作压力和生活压力，对于艺术类读物关注的时间和精力也较少。生活水平的提高，并不意味着审美水平也相应提高。

**2. 阅读考古读物，有助于深入了解历史文化内涵**

考古学是历史科学的一个重要组成部分。考古读物正是这历史的文字见证。阅读考古读物，有利于人们了解过去的历史和文化，从而开阔思维，扩大视野。更要从过去的历史经验中吸取教训，用以指导当下，避免重蹈覆辙。梁启超在《中国史叙论》和《新史学》两文中，强调了史学的社会作用，认为"史学者学问之最博大而最切要者也，国民之明镜也，爱国心之源泉也"。显然，小到一个人，大到一个国家、一个民族都应该珍惜自己的历史，重视自己的文化遗产。因此，在校园推广考古读物，可以使学生加强民族认同感，也可以使学生增强民族凝聚力。

可以证明文献的真伪。历史学家研究历史，主要通过遗留下的文献，考古学与遗留文献的结合，可以解决很多难辨真伪的历史问题。有的考古发现可与文献相对照，弥补文献的不足或者从根本上弥补文献的缺失。

## 三、艺术、考古读物的阅读推广方法

艺术、考古读物的阅读门槛不一样，推广的方法也不同。对普通读者来说，注重推广阅读科普性读物而非研究性读物。在经典阅读推广中，不能忽视艺术和考古读物，可以定期举办艺术、考古类主题活动，包括放映表现传统艺术、考古文化的优秀电影，在图书推荐专区布置艺术、考古类新书推荐栏目，举办相关沙龙、讲座、读书活动等。在校园里，推广考古读物可以充分利用校史馆、院史馆、档案馆、美术馆的馆藏，开展相应的活动。

还可以从了解学校的历史文化开始，安排新生参观校史馆接受教育，增强学生的归属感和认同感，在开展校园通识课程的同时，注重艺术、考古类图书的阅读。例如南京艺术学院为迎接百年校庆，在图书馆举办了"艺术＆阅读"系列活动。有"心海书痕"好书推荐、"百年回眸"网络检索大赛、"南艺教师著作推荐"、电子阅览室免费周、图书漂流等，围绕艺术与阅读聘请专家、学者为学生开设"一品讲堂"学术讲座，每年八场，学生每听一场讲座并有心得材料提交者可以得 0.5 学分（最高不超过 2 学分）。①

---

① 陈亮，连朝曦.艺术院校图书馆的阅读推广探讨——以南京艺术学院图书馆为例［J］.大学图书馆学报，2014（02）：59–63.

# 第五节　"阅读疗愈"读物与大学生心理保健

## 一、"阅读疗愈"的概念

### 1. "阅读疗法"与"阅读疗愈"

"阅读疗法"（bibliotherapy）一词源自希腊语"biblion"和"therapy"的合成，本义是以书籍为媒介，将它作为保健、养生以及辅助治疗疾病的手段，通过对书籍内容的接受、理解和领悟，调理精神状态、恢复身心健康的一种方法。

《图书情报百科全书》（*Encyclopedia of Library and Information Science*）对阅读疗法的定义是"阅读疗法就是在疾病治疗中利用图书和相关资料。它是一个与阅读有关的选择性的活动，这种阅读作为一种治疗方式是在医生指导下，有引导、有目的、有控制地治疗情感和其他方面的问题"。真正把对症导读作为一种辅助医疗手段进行科学研究和临床应用，始于19世纪末20世纪初的西方，但其名称并不统一，有的称为"阅读疗法"，也有的称为"图书疗法""书目疗法""文献疗法"等。1916年美国人克罗瑟斯首次创造了"bibliotherapy"一词，真正将阅读疗法作为一种辅助疗法纳入医疗卫生体系。1984年英国学者建立了阅读疗法分会，并使用"阅读疗法"（reading therapy）的概念，目的是让读者通过阅读进行心理调整，辅助治疗心理疾病。其代表性的成果有《阅读疗法：帮助儿童的临床应用》（*Bibliotherapy—A Clinical Approach for Helping Children*）一书。

"阅读疗法"这一概念被引入中国，源于南京大学信息管理系教授沈固朝在1994年发表的《图书，也能治病》，以及之后发表的《图书治疗——拓展我国图书馆服务和图书馆学研究新领域》两文。

随着研究的不断深入，阅读疗法的定义多种多样，不同学者有不同看法。谭修雯认为阅读疗法是利用外在的阅读资料，影响个人内在心理与行为的一种心理治疗方法。①王万青从临床、发展及预防角度考虑，认为阅读疗法是咨询员利用图书激发个人产生新的认知态度与行为，主要解决心理困扰问题的一种治疗方式。②陈书梅认为阅读疗法需要图书资讯相关人士针对读者个人需求，提供适合的阅读素材，通过与材料的互动达到放松心情与解决情绪困扰的目的，进而促进个人心理健康。③王波完善了阅读疗法的定义，认为阅读疗法是以文献为媒介，将阅读作为保健、养生以及辅助治疗疾病的手段，使自己或他人通过对文献内容的学习、讨论和领悟，养护或恢复身心健康的一种方法。④

"阅读疗愈"则是沿着"阅读疗法"这个概念，从学理上进一步细化演绎出来的。"疗愈"一词，据说是当代日语中派生出来的一个新词语，早在1999年就登上过"日本流行语排行榜"，随后传入我国，但尚未出现"疗愈系列电影片""疗愈系列音乐作品"，乃至"疗愈系列作品"之说。所谓"疗愈"，其基本含义是人生因承担着种种源自内心、家庭和社会的压力，不免有诸多精神窘迫和心理问题，当观看、聆听或阅读了具有"疗愈效用"的电影、音乐或文学作品后感到有所释放、舒缓乃至坦然了，就好似被医药对症治愈了一般。相较于阅读疗法，阅读疗愈更重"愈"，强调的是结果和功能。⑤

多年来，在文学与医学、阅读学与心理学的边缘学科和新知领域，王波、宫梅玲、陈书梅、徐雁、万宇、王一方等学人都从各自的知识兴趣和专业背景出发，对阅读疗法和阅读疗愈进行了有趣而有效的探讨。

**2."阅读疗愈"的心理作用机制和功效**

（1）"阅读疗愈"的心理作用机制

目前"阅读疗愈"的心理作用机制普遍被认为是：读者在阅读的过程中，通

---

① 谭修雯.书目治疗法之探讨[J].图书与资讯学刊，1994（9）：15，23.

② 王万青.读书治疗[M].北京：世界图书出版公司，2003：5.

③ 陈书梅.阅读与情绪疗愈——浅谈书目疗法[J].全国新书资讯月刊，2008（12）：5.

④ 王波.阅读疗法[M].北京：海洋出版社，2007.

⑤ 徐雁.文学阅读与文学疗愈[J].福建师大福清分校学报，2011（4）：16–24.

过自身积极主动地学习和感受，内心完成"认同"—"净化"—"领悟"的一系列过程，进而使身体和心理达到平衡状态，增强身体的免疫力和抵抗力，最终达到预防和治疗疾病的目的。

"认同"是个体对某一目标的一致性感知，体现了个体将该目标的特征加入自我概念中的程度，也即个体对其的认可程度和接受程度，它源自个体对自我身份的建构。在阅读过程中，认同就是读者通过阅读，感受到图书中人物、人物观念与作者心理的内在体验和感受相一致的情况，从而使个体产生支持和赞同的一种认知过程。

"净化"原是指清除不好的或不需要的杂质，使物品达到纯净的程度。体现在阅读中，净化的过程就是读者通过经典作品所蕴含哲理和思想的影响，去除掉自身不合社会规范的观念和行为方式。它是阅读的中级阶段，也是阅读产生作用的前提阶段。

"领悟"是指读者在阅读书籍的过程中，与书中思想产生共鸣，进而达到净化后的超越阶段。读者从图书中人物的经历中学习、模仿、调整、规范自己的行为，并且将其内化为自身的一部分，使自己成为理想的人。它是阅读的高级阶段，也是阅读后产生的质的飞跃。

（2）"阅读疗愈"的功效

"阅读疗愈"有便利性和目的性，一方面阅读者在任何情况下都可以进行阅读，使阅读成为生活中触手可及的事情；另一方面加强读者的阅读目的，增强理解力和感悟力，成为自身心理健康教育的指导者。西方学者研究发现，阅读疗愈可以使读者意识到他们不是第一个遇到困惑的人、解决他们困惑的方法不仅仅只有一种，帮助读者找到个体卷入某一特定情境的基本原因、发现优秀个体的价值，同时向读者提供可借鉴的解决问题的方法，最终鼓励他们能够客观、现实地面对遇到的困难。因此，"阅读疗愈"是丰富问题解决方法，提升自我解决问题的能力，维护人的身心健康发展的重要途径。

## 二、"阅读疗愈"对大学生心理的适用性

《韦氏新国际英语词典》第3版对"阅读疗法"有两条释义：用有选择的读物辅助医学和精神病学的治疗；通过有指导的阅读，帮助解决个人问题。我们可以将"阅读疗愈"更加通俗地理解为：一种利用文献的力量，达到了解、领悟与自我成长目的的活动。

每一个时代都会产生"有力量的文学"，这种"力量"既作用于时代，也作用于个体。"阅读疗愈"的原理涵盖了发生学原理、心理学原理、生理学原理、心理生理学原理等多元化的内容，是一个吸引多学科长期共同探索的研究领域。但从根本上说，语言的表达与接收既是人类精神的出发点，也是精神的归宿与家园，阅读疗愈、文学疗愈的思想即是建立在这一基础上：读书可以使居无定所的思想稳定下来，使迷惘和困惑的灵魂找到家园，帮助读者修正世界观，使其重新认识自己、认识世界，从而解开心中的郁结与不安。[①]

当今社会正处于急剧变革和转型期，原本平静的大学校园也受到社会观念和时代思潮的碰撞冲击。由于大学生心智尚未十分成熟，又刚刚从目标明确、管理严格的中学阶段转入相对自由宽松的大学阶段，极易产生焦虑、迷惘、百无聊赖的心理。研究显示，当代大学生普遍依赖性强，抗挫折和打击的能力较弱，在心理上普遍存在一定的问题，集中表现在不能适应环境、沟通交流有障碍、无法抵抗压力等问题上。国外学者总结了"阅读疗愈"能够实现的六项目标[②]：

（1）使读者意识到他们并不是第一个遇到困惑的人；

（2）使读者发现解决他们困惑的方法不止一个；

（3）帮助读者发现人们卷入某一特定情境的基本原因是什么；

---

① 陈路遥.焦虑与舒平：基于缓解大学生焦虑情绪的一份"阅疗书方"[J].高校图书馆工作，2014（2）：90–93.

② 焦雪，尹桂平.基于"阅读疗法"的阅读推广工作探讨与实践[J].吉林医药学院学报，2018（4）：270–271.

（4）帮助读者发现他人经验的价值；

（5）向读者提供解决问题的方法；

（6）鼓励读者现实地面对他们的遭遇。

通过"阅读疗愈"，让大学生在看书的过程中放松自己，减轻压力，排解自身的心理情绪，从而提高心理素质，塑造健全的人格。[①]"阅读疗愈"对大学生负面心理的纾解具有一定的适用性：

（1）有助于完善大学生的人格。大学生在参与阅读疗愈的活动中，可以为自己找到精神的寄托，让他们在群体当中找到归属感，正确地认识自己的负面情绪，更好地理解周边人的各种行为。

（2）有助于提高大学生解决问题的能力。多数大学生遇到心理问题，很多情况下不知道如何解决，找人交流又怕被人说三道四。书籍是无声的老师，它可以在隐秘的情况下治疗读者的心理问题。学生在阅读过程中会引发共鸣，慢慢地找到精神依靠。

（3）有助于提高大学生自我认知意识。大学生在成长过程中难免会遇到各种问题与困惑，这些都是成长过程中的必经之路。开展各种阅读疗愈活动可以让大学生及时认识到自身的问题，并积极寻找解决方法，创建健康的生活。

（4）有助于提高大学生的领悟能力。领悟能力是大学生学习、生活必备的一种能力，具有较强领悟能力的人可以很快地吸收别人的经验和书本的知识，并转化为自身的经验，为己所用。经常阅读书籍的人会形成思考的习惯，会设身处地地吸取经验。

（5）有助于大学生正确地直面困难。在竞争日益激烈的社会中，压力无处不在，现代的大学生应对困难、挫折是一种考验。在参加阅读疗愈活动的过程中运用感情移入法，在体验别人遭遇的同时，也使大学生不再回避自己的困难或者抱有不平衡的心态。高校图书馆兼具"第二课堂"的重要职责，拥有丰富的馆藏资

---

① 吴应华."阅读疗法"——大学生心理健康教育的良方[J].高校图书馆工作，2003（4）：71-72，84.

源、舒适的阅读环境、优质的人文服务以及先进的信息采集系统。

积极引入和实践"阅读疗愈"的理念既符合大学生排解自身心理困惑的需求，也体现了高校图书馆服务创新、拓展职能的内在要求。

## 三、阅读疗愈书目建设举隅

### 1. 以宫梅玲为代表的高校阅疗书目实证研究

（1）"阅读疗法"研究回顾

国内研究阅读疗法，始于南京大学信息管理系教授沈固朝，他早在 1994 年就在《世界图书》杂志第 3 期上发表了《图书，也能治病》一文，将阅读疗法引入国内，之后又在《中国心理卫生杂志》1996 年第 6 期上发表《西方对图书治疗的作用及其机制的探讨》，在《图书情报工作》1998 年第 4 期上发表《图书治疗——拓展我国图书馆服务和图书馆学研究新领域》，这几篇文章在阅读疗法研究方面起到了重要的启蒙作用。另外，南京大学信息管理系的华薇娜教授、南京师范大学文学院的万宇教授等也都是这方面研究的先行者和探索者。

在实证研究方面，有突出研究成果的主要是温州医学院图书馆的赵丰丰和泰山医学院图书馆的宫梅玲。赵丰丰 1999 年发表《对医务人员"阅读疗法"调查及分析》，2000 年在《中华医学图书馆杂志》第 6 期发表《医学图书馆应成为阅读疗法的先行者》，又在《大学图书馆学报》第 1 期发表《对"阅读疗法"的调查及建议》，这些都是国内较早对阅读疗法进行实证研究的成果。泰山医学院图书馆的成果更丰富，以宫梅玲为负责人的课题研究小组从 1999 年便开始了阅读疗法研究和大学生心理问题阅读治疗服务工作，先后承担了山东省教育厅的两个相关课题，发表阅读疗法实践研究论文近 20 篇。

2007 年，北京大学图书馆的王波整理了他在阅读疗法方面的研究成果，出版了《阅读疗法》一书。作为国内比较完整的阅读疗法著作，这本书涉及阅读疗法的各个方面，从概念原理到分类，再到各国阅读疗法的情况、阅读疗法研究和实务的进展情况，其中实务部分以很大篇幅介绍阅读疗法书目。

此外，中国图书馆学会阅读推广委员会在阅读疗法相关论著的出版、阅读疗法实务的指导、阅读疗法师的培养等方面也发挥咨询、协调、引导、推动等作用。该委员会是一个专家组织，国内研究阅读疗法的学者也多是其成员，它设有15个专业委员会，其中"推荐书目""大学生阅读""阅读与心理健康"几个专业委员会都与阅读疗法研究有相关之处。2006年"全国科普日"的"健康博览会"上，该委员会组织专家向社会推介了阅读疗法。2010年5月21日至24日，国内首个阅读疗法研讨会"阅读疗法的理论与实践：2010华夏阅读论坛江阴研讨会"在江阴市澄江镇举办，该研讨会由中国阅读学研究会主办，汇集了国内阅读疗法研究的主要学者，是国内阅读疗法研究史上的一件大事。

（2）宫梅玲及其团队的阅读疗愈书目建设研究

"选择恰当的图书 + 心理指导 + 保健、治疗的目标 = 阅读疗愈"，阅疗书目的编制在阅读疗愈中处于基础而又十分重要的地位。国内高校图书馆的阅读疗愈书目建设的研究案例还不是很多。因为，阅疗书目的研究大多属于实证研究，而实证研究在国内的学术研究中又比较薄弱。虽然如此，温州医学院图书馆的赵丰丰、泰山医学院图书馆宫梅玲负责的课题组以及王波的《阅读疗法书目》都对阅疗书目建设做了难能可贵的实证研究探索。[1]

编制阅疗书目，首先要建立一个合理的分类体系，以怎样的方式进行分类则需要经过大量的理论和实证研究。2000年，赵丰丰做了一次有益的尝试，她调查的对象是医务人员，调查的项目是"哪些疾病可采用阅疗或作为辅助疗愈"和"哪些图书可用于阅疗"，这两个问题其实就是阅疗书目编制要解决的关键问题。

以宫梅玲为首的泰山医学院图书馆课题组在阅疗书目实证研究方面也有一些成果。大学生心理疾患的严重性和恶性事件的发生，使宫梅玲萌发了利用图书馆丰富的馆藏资源对大学生进行心理健康教育的想法，通过开展"医学生心理困扰解决方式的调查"得知：大学生解决心理困扰的方式以向知心朋友倾诉法和读书

---

① 吴笑兰.我国高校图书馆"阅读疗法书目"建设 [J].图书情报研究，2010（4）：29–35.

排解法为主。1999 年发表在《湖南医科大学学报》第 3 期上的《医学生心理困扰求助方式的调查》一文显示，对医学生的心理困扰因素和求助方式进行了问卷调查。问卷设计者自行设定了 8 项心理困扰因素，但其调查结果只能表明这几项的相对比重，无法建立比较完善的阅疗适用症状系统。2001 年，基于"医学生心理困扰解决方式的调查"结果，宫梅玲分析了大学生喜欢阅读疗愈的原因，总结出阅读疗愈的三大优点：一是经济、简便、及时；二是保密性强，不泄露隐私，无精神压力和顾虑；三是可以弥补心理医生的不足。并进一步论述了阅读书刊在解决大学生心理困扰中所起的作用。

2002 年，宫梅玲开展了"有助于解决大学生心理问题的书刊类别调查"，结果表明：几乎任何书刊对解决大学生的心理问题都能起到某种作用，而心理咨询、人生哲理、小说、休闲读物等书刊作用较大，并且分析了这 4 类书刊能帮助解决的主要心理问题。同年，发表在《中国学校卫生》第 23 卷第 5 期上的《有助于解决大学生心理问题书刊类别的调查》一文，总结了大学生的 14 种心理困扰：交际困难、就业压力、恋爱苦恼、心烦焦虑、缺乏自信、厌学、性困惑、当众讲话紧张、人生目标不明确、忧郁悲伤、身患疾病、孤独、怕不及格、遭受挫折，并列出 10 类被经常用于求助的书刊类型：心理咨询类、人生哲理类、小说、休闲读物类、传记文学类、科普读物类、医学知识类、军事体育类、神话传说类、戏剧类。

还对有特殊心理需求的学生提供专题文献服务，将期刊中连载的心理知识内容（如《交际与口才》中的"交际中的一百个怎么办"、《爱情婚姻家庭》中的"医学教授谈性知识"系列等）以及散见在各种报刊中（如何对待失恋、怎样克服自卑、如何战胜焦虑、如何对待择业等）的资料发放给读者。

2003 年，泰山医学院图书馆对书刊类别进行了细微调整：小说并入休闲读物类，另加入诗歌类。还列出了大学生在遇到心理问题时最喜欢读的期刊，如《心理医生》《心理辅导》《心理世界》《大众心理学》《心理与健康》《演讲与口才》《读者》《青年文摘》《做人与处世》《人之初》《故事会》《家庭》《知音》《微型小说选刊》等；图书如《卡耐基交际大全》《解除苦恼大全》《怎样解除焦虑与烦恼》

《走出情绪低谷》《如何排除你的烦恼》《自卑挑战》《奇妙的自我心理暗示》《你的过去现在与将来：人生心理指导大全》《浪漫爱情的心理奥秘》《名人传记》《罗兰小语》《名人名言》；"世界的智慧丛书"《钢铁是怎样炼成的》《海伦凯勒的故事》《少年维特之烦恼》《傅雷家书》《老人与海》等。①

2004 年，泰山医学院图书馆进行了专题文章的探索，阅疗书目不再限于书刊。他们将心理期刊中的优秀文章整理成专题目录，内容包括交际篇、恋爱篇、就业篇、学习篇、性教育篇等。2007 年，开始探索音乐疗愈法，阅疗的范围进一步拓展到了音乐，并且整理出了 12 个对症"音乐处方"。另外，在网络开设博客"书疗小屋"（http://blog.sina.com.cn/gmltsyxy58），经常更新各种阅疗书目，范围从书刊、音乐扩展到了电影，还推荐大量的心理指导短文和与阅读疗愈有关的学术信息。

分析阅读疗愈适用症以及提出对应的适用书目是宫梅玲课题组一以贯之的两个研究点。通过多年研究，泰山医学院图书馆已基本总结出一个类目系统，即"14 种心理问题 +10 种书刊类别（穿插音乐与电影目录）"②。该系统稍加完善就可以用作建设"图书馆阅疗自助服务网络平台"的基本框架。

宫氏团队还采取多种方式，辅助"阅读疗愈书目"的推广与实施③：

对大学生网络成瘾的综合干预。为了帮助网络成瘾的学生戒掉网瘾，宫梅玲开辟了一个拥有书刊、电脑、音响等多种现代化娱乐手段的治疗室，分别于 2005 年 9 月和 2007 年 9 月招收了两批自愿戒除网瘾的学生，采取以阅读疗愈为主，音乐疗愈、同伴支持法为辅的综合干预法。3 个月后，使用美国的金伯利·杨教授设计的测"网瘾"方法，测试证明学生完全戒除了网瘾，效果显著。

开办"书疗小屋"，探索网络阅疗。2006 年 10 月，宫梅玲在新浪网开了"书

① 宫梅玲，丛中.大学生心理问题阅读疗法研究［J］.中国图书馆学报，2004（2）：97–98.

② 宫梅玲.泰山医学院的阅读疗法研究与实践［J］.图书与情报，2009（2）：8–13.

③ 王学云.宫梅玲及其团队对阅读疗法的研究与实践［J］.图书馆论坛，2012（1）：137–140，64.

疗小屋——大学生健心房"博客。围绕阅读治疗主题，设立了排忧解难、恋爱指导、就业指导、为人处世等栏目，并经常更新阅疗书方，其文献范围还从书刊、音乐扩展到电影，还链接国内一些知名的心理专家、教育学家、文学家、励志榜样等成功人士的博客、网站。通过在线留言和评论空间，实现交互式的阅读治疗。

成立大学生阅读疗愈研究协会。2007年12月，泰山医学院成立了大学生阅读疗愈研究协会，协会隶属于大学生心理健康教育中心，由院党委副书记任顾问，图书馆馆长、学工处副处长、阅疗小组成员为指导老师，以自愿实践和推广阅读疗愈的大学生为会员。协会经常开展丰富多彩的活动，如读书心得会、心声倾诉会、书友推荐会、周日励志电影、心理电影赏析、书评、影评等。

创建阅读疗愈研究基地。2008年12月，图书馆与大学生心理健康教育中心联手申报的"阅读疗愈研究基地的创建和运作模式的探究"课题，获山东省教育厅立项，创建了阅读疗愈研究基地，旨在为高校图书馆推广普及阅读疗愈、开展阅读治疗服务提供立体化的运作模式和大学生常见心理问题对症配伍书方。

汇报总结阅读疗愈工作。2010年5月，宫梅玲应邀参加"2010华夏阅读论坛江阴研讨会"并作题为《阅读疗法在高校中的探索》的主旨报告。她的报告从"阅读疗愈"的概念问题入手，延伸到"阅读疗愈"的推广及预防、保健、治疗等功能，重点围绕大学生各个时段心理易发的焦点问题提供有针对性的阅读指导，并列举了大量的具体案例，增强了参考性。

总之，将"阅读疗愈"不断用于读者服务实践，不断地探索更科学的方式，这样的实践和进取精神让泰山医学院图书馆取得了很人的成绩，他们在阅疗书目方面的研究进展基本可以作为国内研究的标杆。

2011年4月起，中国图书馆学会阅读推广委员会阅读与心理健康分委员会结合阅读疗法理论和泰山医学院图书馆10年阅读疗法实践所积累的验方，率先开列比较成熟的《面向大学生的常见心理困扰对症书目》。该书目由宫梅玲写出初稿，由《阅读疗法》一书的作者王波补充、修订，由张怀涛、段耀奎补充、完善，然后发布于有2063名图书馆员注册的"书社会"网络社区征询意见，继而由阅读与心理健康分委员会全体委员传阅、修订，审议通过，最后报送中国图书馆学会阅读推广委员会批准，面向全社会公布。①

表 3-2　面向大学生的常见心理困扰对症书目之综合性预防书目

| 书名 | 作者 / 编者 |
|---|---|
| 《菜根谭》 | 洪应明 |
| 《苏东坡传》 | 林语堂 |
| 《美好的人生》 | ［美］戴尔·卡耐基 |
| 《快乐的人生》 | ［美］戴尔·卡耐基 |
| 《哲学的慰藉》 | ［英］阿兰·德波顿 |
| 《最后的演讲》 | ［美］兰迪·鲍许、杰弗里·让斯罗 |
| 《相约星期二》 | ［美］米奇·阿尔博姆 |
| 《幸福之路》 | ［英］伯特兰·罗素 |
| 《心灵鸡汤》 | ［美］杰克·坎菲尔、马克·维克多·汉森 |
| 《一杯安慰》 | ［美］考琳·塞尔 |
| 《生命的重建》 | ［美］露易斯·海 |
| 《自己拯救自己》 | ［英］塞缪尔·斯迈尔斯 |
| 《幸福的方法》 | ［美］泰勒·本-沙哈尔 |
| 《伯恩斯新情绪疗法》 | ［美］戴维·伯恩斯 |
| 《读书疗法——女性生活各阶段的读书指南》 | ［美］南希·派斯克、贝弗利·韦斯特 |
| 《心灵密码》 | 毕淑敏 |
| 《阅读疗法》 | 王波 |
| 《芒果街上的小屋》 | ［美］桑德拉·希斯内罗丝 |
| 《小王子》 | ［法］圣·埃克苏佩里 |
| 《地下铁》 | 几米 |
| 《大家都有病》 | 朱德庸 |

---

① 中国图书馆学会阅读推广委员会阅读与心理健康分委员会.面向大学生的常见心理困扰对症书目［EB/OL］.http：//www.lib-read.org/doc/worksshow.jsp？id=1446.

表3-3　面向大学生的常见心理困扰对症书目之心理困扰对症书目

| 书名 | 作者/编者 | 作用 |
|---|---|---|
| [一] 减轻求学焦虑的书 | | |
| 《遇见未知的自己》 | 张德芬 | 了解自己，开发潜能 |
| 《奇妙的自我心理暗示》 | [日]多湖辉 | 增强自信心 |
| 《拖延心理学：向与生俱来的行为顽症宣战》 | [美]简·博克、莱诺拉·袁 | 战胜拖延的毛病 |
| 《47楼万岁》 | 孔庆东 | 创造美好的大学生活 |
| [二] 超越困境、激励志向的书 | | |
| 《汪洋中的一条船》 | 郑丰喜 | 激励残障同学 |
| 《极限人生》 | 朱彦夫 | 激励残障同学 |
| 《我与地坛》 | 史铁生 | 激励残障同学 |
| 《我把青春献给你》 | 冯小刚 | 激励缺乏自信的同学 |
| 《钢铁是怎样炼成的》 | [苏]奥斯特洛夫斯基 | 激励残障同学 |
| 《假如给我三天光明》 | [美]海伦·凯勒 | 激励残障同学 |
| 《约翰·克里斯朵夫》 | [美]罗曼·罗兰 | 激励残障同学 |
| 《人生不设限》 | [澳]力克·胡哲 | 激励残障同学 |
| 《士兵突击》 | 兰晓龙 | 激励资质一般的同学 |
| 《阿甘正传》 | [美]温斯顿·葛鲁姆 | 激励资质一般的同学 |
| 《老人与海》 | [美]欧内斯特·海明威 | 激励身处逆境的同学 |
| 《鲁宾逊漂流记》 | [英]丹尼尔·笛福 | 激励身处逆境的同学 |
| 《花逝》 | [日]渡边淳一 | 激励女同学 |
| [三] 克服交际困难的书 | | |
| 《人性的优点》 | [美]戴尔·卡耐基 | 认识人性 |
| 《人性的弱点》 | [美]戴尔·卡耐基 | 认识人性 |
| 《自卑与超越》 | [奥]阿尔弗雷德·阿德勒 | 超越自卑 |
| [四] 学会享受寂寞的书 | | |
| 《让寂寞来，让寂寞走》 | 吴九箴 | 认识寂寞 |

（续表）

| 书名 | 作者/编者 | 作用 |
|---|---|---|
| 《孤独者的心灵漫步》 | 张艾君 | 摆脱孤独 |
| 《善待失意活出诗意》 | 于海英 | 走出失意 |
| 《瓦尔登湖》 | ［美］梭罗 | 享受寂寞 |
| 《星空》 | 几米 | 在寂寞中认识自我 |
| [五] 令人流泪减压、平静心态的书 | | |
| 《平凡的世界》 | 路遥 | 为生活感动 |
| 《活着》 | 余华 | 为命运感动 |
| 《东京塔》 | ［日］利利·弗兰克 | 为母亲感动 |
| 《现在很想见你》 | ［日］市川拓司 | 为妻子感动 |
| [六] 减轻抑郁症的书 | | |
| 《我的十年抑郁奋斗史》 | 冷馨儿 | 学习抗抑郁经验 |
| 《我的抑郁症》 | ［美］斯瓦多 | 学习抗抑郁经验 |
| 《与快乐牵手——让抑郁的心阳光起来》 | 秋薇 | 缓解抑郁症 |
| 《抗抑郁处方——当抑郁症遇上韦小宝》 | 许添盛、王季庆 | 从小说人物身上找良方 |
| 《伯恩斯新情绪疗法》 | ［美］戴维·伯恩斯 | 认识抑郁，自我疗治 |
| 《超越自卑》 | ［奥］A.阿德勒 | 克服自卑的恐惧 |
| [七] 减轻恋爱痛苦的书 | | |
| 《爱的艺术》 | ［美］艾·弗洛姆 | 认识爱，学习爱 |
| 《像邦妮一样爱你》 | 柏邦妮 | 认识恋爱 |
| 《放下。爱》 | 素黑 | 认识恋爱 |
| 《恋爱中的女人》 | ［英］D.H.劳伦斯 | 认识恋爱 |
| 《傲慢与偏见》（或《理智与情感》） | ［英］简·奥斯汀 | 端正恋爱态度 |
| 《恋人絮语——一个解构主义的文本》 | ［法］罗兰·巴特 | 感悟恋爱 |
| 《你们我们他们》 | 几米 | 感悟恋爱 |

（续表）

| 书名 | 作者/编者 | 作用 |
|------|-----------|------|
| 《水仙已乘鲤鱼去》 | 张悦然 | 让等待爱情者共鸣、释怀 |
| 《简·爱》 | ［英］勃朗特 | 让等待爱情者共鸣、释怀 |
| 《千江有水千江月》 | 萧丽红 | 让朦胧爱者共鸣、释怀 |
| 《一个陌生女人的来信》 | ［奥］茨威格 | 让单恋者共鸣、释怀 |
| 《神雕侠侣》 | 金庸 | 让苦恋者共鸣、释怀 |
| 《飘》 | ［美］米歇尔 | 让苦恋者共鸣、释怀 |
| 《了不起的盖茨比》 | ［美］弗·斯科特·菲茨杰拉德 | 让苦恋者共鸣、释怀 |
| 《霍乱时期的爱情》 | ［哥］加西亚·马尔克斯 | 让苦恋者共鸣、释怀 |
| 《情人》 | ［法］玛格丽特·杜拉斯 | 让苦恋者共鸣、释怀 |
| 《失恋33天》 | 鲍鲸鲸 | 让失恋者共鸣、释怀 |
| 《窗外》 | 琼瑶 | 警惕师生恋 |
| 《蝴蝶梦》 | ［英］达夫妮·杜穆里埃 | 爱情有风险，入戏须谨慎 |
| 《荆棘鸟》 | ［澳］考琳·麦卡洛 | 爱情有风险，入戏须谨慎 |
| 《手札情缘》 | ［美］尼古拉斯·斯帕克斯 | 相信真爱 |
| ［八］克服求职恐惧、减轻就业压力、树立创业信心的书 | | |
| 《人人都能成功》 | ［美］拿破仑·希尔 | 树立信心，开发潜能 |
| 《奋斗》 | 石康 | 感性地认识创业的艰辛 |
| 《杜拉拉升职记》 | 李可 | 感性地认识职场的环境 |
| 《谁动了我的奶酪》 | ［美］斯宾塞·约翰逊 | 学会适应变化 |
| 《创业圣经》 | ［日］大前研一 | 学习创业 |
| 《女性创业》 | ［美］坎迪达·布拉什 | 学习创业 |
| 《创业者的赚钱系统》 | ［美］D.C.科多瓦、卡罗尔·戴萨特 | 学习创业 |
| 《一分钟管理人》 | ［美］肯·布兰佳、斯宾塞·约翰逊 | 学习管理 |
| 《创业管理》 | 李时椿 | 学习管理 |
| 《永不言败》 | 俞敏洪 | 志在成功 |
| 《基业长青》 | ［美］詹姆斯·柯林斯、杰里·波勒斯 | 志在成功 |

### 2. 以台湾大学和新竹教育大学为主的阅疗书目实践

对阅读疗愈科学系统地研究，西方国家大约领先了我们一个世纪。自 1848 年，J.M. 高尔特医生撰写并宣读第一篇阅读疗法相关论文至今，国外在阅读疗法的基础理论、治疗应用、局限性等各方面都已经取得丰硕的成果。国内从 20 世纪才开始引入阅读疗法，从翻译文献到本土化研究，困难重重，质疑不断。学者们一方面积极推广，一方面埋头实干，终于积跬步而致千里。台湾大学陈书梅教授的《从沉郁到淡定：大学生情绪疗愈绘本解题书目》[1]和黄晓鹂、王景文、李树民合著的《阅读疗法实证研究》[2]，在同一年出版，是学者们同心协力推动阅读疗法的必然结果。

2008 年 5 月 5 日，台湾青云科技大学图书馆主办了一场"图书馆书目疗法服务研讨会"，这次研讨会汇集了台湾研究书目疗法的主要人士，包括台湾大学图书资讯学系陈书梅教授、新竹教育大学图书馆的代表以及高雄市图书馆的代表，他们在这次研讨会上分享了各自的研究成果和实践经验，对台湾的书目疗法研究进行了交流、总结和展望。

在阅疗书目方面，台湾大学医学院图书馆在 2006 年 12 月举办了一次"精神健康增能活动月"书展。活动中有一个心理健康书籍的展示，相关书目主要由台大医院精神部曾美智医师选定，共有 40 种。配合书展的进行，这个书目置于台大医院图书馆"馆藏资源"中的"师长推荐图书"类下。这个"师长推荐图书"书目经常更新，大部分与医学相关。[3]

新竹教育大学图书馆自 2008 年开始施行发展性书目疗法服务。该馆利用原有的艺文沙龙区及休闲阅览室，设置了"心灵驿站"阅读疗愈区，放置具有情绪疗愈效用的相关图书及多媒体资源，同时将书目置于新竹教育大学图书馆网站上

① 陈书梅. 从沉郁到淡定：大学生情绪疗愈绘本解题书目 [ M ]. 台北：台湾大学出版中心，2014.

② 黄晓鹂，王景文，李树民. 阅读疗法实证研究 [ M ]. 北京：光明日报出版社，2014.

③ 赵丹偲，韦婉. 台湾地区阅读疗法研究的分析与思考 [ J ]. 河北科技图苑，2016（5）：27-29.

的"心灵驿站"博客中，供读者参考。

博客中的推荐图书均为馆藏图书，读者可以在图书馆找到该书。该馆的馆藏查询系统将"心灵驿站图书"作为特藏标出，说明该大学图书馆已经将这一类图书登入了馆藏数据库系统，将阅读疗法用书与传统馆藏的编目系统联系起来，这是一种令人欣喜的进步。

该馆"心灵驿站"阅读疗愈区的部分书籍封面注明特藏号、特殊标记、馆藏地，并请心理咨询系的学生撰写简介及功用。该馆的技术服务部门采购编目组主要负责技术层面的工作，内容包括如何选书、采购、编目建档、撰写书目解题摘要及建置 blog（博客）等。

陈书梅教授拥有美国宾州克莱恩大学图书馆学硕士、美国威斯康星大学教育心理学硕士及图书馆学暨咨询科学哲学博士的学术背景，主要研究领域包括图书管理心理、阅读心理、书目疗法、服务沟通等，曾帮助汶川地震灾区儿童缓解心理压力，编著出版了《儿童情绪疗愈绘本解题书目》一书[①]。

随着社会竞争、就业压力等问题的日益严峻，大学生心理问题逐渐凸显，陈书梅教授将阅读疗愈对象转移到大学生群体。有了编写《儿童情绪疗愈绘本解题书目》的经验和框架，完成《大学生情绪疗愈绘本解题书目》本是水到渠成之事，然而陈书梅教授及其助理、团队自 2010 年开始筹划，先后进行选书、调研、访谈、资料整理与分析等工作，历时 3 年多方完成。

《大学生情绪疗愈绘本解题书目》包括序文和说明、绘本解题书目、附录、参考文献 4 个部分。作者明确指出："本书之目的乃是以发展性书目疗法为法则，期能借由提供相关之书目，帮助大学生以阅读缓解一般性的情绪困扰问题。"作者结合相关研究，选择台湾地区大学生常见的六大类问题：a）自我认同，如自我价值的困惑、自我定位混乱、外在差异造成的负面情绪等；b）生命成长与生涯发展，如面对未来的彷徨感、对于生涯发展的困惑感；c）负面情绪调适，如寂寞、不安、无力感、郁闷、困乏、沮丧、愤怒；d）人际关系，如结交新朋友、

---

① 陈书梅.儿童情绪疗愈绘本解题书目［M］.台北：台湾大学出版中心，2009.

人际互动、群体生活的摩擦、与亲友分离；e）爱情关系，如渴望爱情、暧昧期、交往阶段、分手；f）失落与死亡，如遭逢变故、亲友去世。

针对以上六大类问题，作者以绘本为素材引导大学生进行发展性阅读疗愈。一方面，发展性阅读疗愈属于非医学的自然疗法，发挥个体具有自我修复与重生的本能与智慧，即挫折复原力（resilience）。另一方面，优良的绘本画面优美、情节轻松有趣，大学生在阅读时不会认为其内容简单或流于肤浅，反而能体味深远的寓意，能结合自身经历激发想象、纾解情绪。因此，通过阅读适当的绘本素材，能够使大学生得以放松心态、舒缓压力，进行自我调适，并从阅读的过程中获得解决问题的方法，克服生活中遭遇的困境。①

台湾的高校图书馆阅疗书目建设注重实用性，会配合一系列的活动促进读者接受理解，相关宣传活动也在推广阅读疗法上起了很大作用。②新竹教育大学图书馆制作了吸引人的海报；相关讯息公告在图书馆网页上，并借由 E-mail、馆讯及学校刊物等进行介绍；举办相关命名活动等。注重实用和效果，在书目中加入特藏号、馆藏地、阅疗主题词，与专业医师合作推出阅疗书目等都是有益的尝试，值得我们学习和借鉴。

---

① 陈路遥 . 两岸阅读疗法新里程——《大学生情绪疗愈绘本解题书目》与《阅读疗法实证研究》评介 [ J ] . 高校图书馆工作，2015（5）：87–89.
② 赵丹僖，韦婉 . 台湾地区阅读疗法研究的分析与思考 [ J ] . 河北科技图苑，2016（5）：27–29.

# 第四章

# 基于"校本"理念的校园阅读推广

校史图书、校友传记及校图书馆史志类读物——以
北京大学、清华大学图书馆阅读推广为例

同校同文，共读经典——以湖南省"一校一书"为例

读书读城，知行合一——以高校游学型阅读推广活
动为例

**校史图书、校友传记及校图书馆史志类读物**
**——以北京大学、清华大学图书馆阅读推广**
**为例**

2007 年春，任彦申在《从清华园到未名湖》的自序中说："北大和清华，是中国两所实力最强、声望最高、影响力最大的大学，也是两所特色鲜明，极具精神魅力的大学……北大、清华的历史说明，一所著名学府对民族复兴、国家发展有着多么大的影响。"①

高水平、有新意的校园阅读推广能够使学生多读书、读好书、善读书、乐读书，提升学生阅读素养，深化阅读服务效果。校史图书、校友传记及校图书馆史志类读物作为学校文化的重要组成部分，在校园阅读推广中理应占据重要的一席之地。2018 年 5 月 12 日，由中国图书馆学会学术研究委员会主办，中国图书馆学会学术研究委员会图书馆史研究专业委员会、河南师范大学图书馆承办的"第三届图书馆史学术研讨会"在河南新乡举行。会上举办了"第一届中国图书馆史志优秀图书"颁奖仪式，国家图书馆出版社出版的《中国图书馆史》（韩永进主编，国家图书馆出版社 2017 年版）荣获本次评选的特等奖，《思源籍府　书香致远：上海交通大学图书馆馆史》（陈进著，上海交通大学出版社 2013 年版）、《清华大学图书馆百年图史》（韦庆媛、邓景康著，清华大学出版社 2013 年版）、《河南师范大学图书馆史稿》（苏全有、王仁磊主编，中州古籍出版社 2011 年版）等高校图书馆史著作荣获一等奖。读史可以明智、知古方能鉴今，通过阅读推广高校优秀的校友事迹，足以唤起学生对于学校的热爱，激励自己不断成长。本书以北京大学与清华大学为例，总结校史图书、校友传记类读物对于校园阅读的重要性。

---

① 任彦申.从清华园到未名湖 [ M ].南京：江苏人民出版社，2007.

## 一、北京大学图书馆阅读推广与"分校读物推广"

北京大学图书馆一直致力于阅读推广，通过讲座、展览等多种形式的活动，倡导、吸引年轻人多读书；特别是 2011 年年底成立跨部门的校园阅读宣传推广小组后，每年在"世界读书日"前后，都会策划一系列有创意的主题活动，已成为北大校园文化的一个特色品牌。①

### 1. 关注"校本"，聚焦校史、校友，打造特色阅读品牌

北京大学图书馆在 2014 年 11 月 13 日至 12 月 31 日举办"化蛹成蝶——馆藏北大优博论文成书展"。教育部《面向 21 世纪教育振兴行动计划》每年评选 100 篇全国优秀博士论文，此次书展将 1999—2013 年来自北京大学的 98 篇挑选出来，然后按照篇名和作者对照馆藏，发现有 18 篇人文社会科学领域的优秀博士论文已经成为出版社出版的优秀学术著作，继而将这 18 本著作的封面和原论文封面对照展示，附以作者信息、内容简介，以及从书的序言和豆瓣上摘录的同行专家和读者的精彩点评。

这次展览起到了两个方面的作用：一是不但帮助北京大学社会科学部弄清楚本校获得全国优秀博士论文的总体数量和学科分布，而且弄清楚了哪些优秀博士论文已经正式出版及其学科分布，因而此次展览得到了社会科学部的支持。二是帮助在校学生进一步了解本校、本院系的优秀校友，也是此后的研究生撰写学位论文应该借鉴和参考的指引。这次展览的内容离本科生的学习生活比较远，加上优秀博士论文通常研究的是填补空白的冷僻领域，格调显得阳春白雪，所以并没有引起大量本科生的热情关注，和以往主推新书、以休闲内容为主的阅读推广活动的效果反差较大。但是北京大学图书馆认为，高校图书馆必须兼顾各类学生的需求，兼顾各项职能的落实，有必要将畅销新书、休闲类书籍的阅读推广和严肃的学术类书籍、教学类书籍的阅读推广相容或交替进行，阅读推广不能只看读者

---

① 北京大学图书馆开展世界读书日系列活动［J］.大学图书馆学报，2012（4）：100.

参与人数和社会反响程度，还要看是否与高校图书馆的任务和宗旨相符合。①

北京大学图书馆还注重多方位开展面向历史乃至校史的阅读推广活动，比如推出纪念新文化运动 100 周年图片和文献实物展览；与北京大学新青年网络文化工作室和北京大学出版社合作，开展以"新青年·享阅读"为主题的学术著作领读活动，每月一期，从各个院系遴选和邀请名师领读，已有社会学系的邱泽奇教授领读《信息简史》、历史系的张帆教授领读《资治通鉴》、经济学院的平新乔教授领读《思考，快与慢》、政府管理学院的燕继荣教授领读《社会资本与国家治理》等。

北京大学图书馆建有一个特藏库"北大博文"，虽然严格意义上讲这个特藏库不能称之为阅读推广，但该特藏库比其他高校的"书目推荐"发挥着更为有效的阅读推广功能。图书馆工作人员在服务中发现，与北大校史、人物、师生的教学科研以及校园生活相关的特藏内容，是最受北大师生乃至校外用户欢迎的。循着这个思路，他们对目前散见于网络的北大师生在个人或团体博客及其他媒体上发表的与北大有关的内容做了初步的调查，发现这些内容与正式出版的同类内容比较，形式更加灵活和随意。尤其是一些师生对北大学习和生活的点评和回忆，情深意切，读来不无裨益。因此希望借建设"北大博文"数据库，有效地保存和组织与北大有关的非正式网络资源并进一步丰富和活跃校园网络文化。②

由此可见，"北大博文"的建设思路也同样适用于新媒体阅读推广的思路，高校图书馆将与本校有关的非正式网络资源进行整合开发与推广，体现别具一格的特色，利用网络新媒体推广这些网络原生资源也能够传播校园的历史文化，提升校园的人文气息，营造阅读的环境氛围。

### 2. 关注不同群体，创新活动形式，"量身定做"主题活动

千篇一律、毫无特色的阅读推广活动很难激发读者的兴趣。要想使活动真正

---

① 王波.阅读推广、图书馆阅读推广的定义——兼论如何认识和学习图书馆时尚阅读推广案例[J].图书馆论坛，2015（10）：1–7.

② 苑世芬.高校图书馆新媒体阅读推广策略研究[J].现代情报，2013（1）：74–77，81.

具备吸引力，就需要根据读者的不同需求进行有针对性的阅读指导。具体来说，就是要事先调查读者的阅读兴趣，了解他们的阅读习惯，充分考虑活动选题与读者需求是否匹配，力争赶上甚至引领读者的阅读趣味。

一方面，大学生的阅读倾向和规律因其知识积累程度而有明显差距，图书馆应面向不同阶段的群体开展有针对性的阅读指导。比如刚进校园的新生，他们对大学生活充满好奇和期待的同时，可能也会有离家的不适应感。北大图书馆在举办秋季迎新推荐书目展时，充分考虑新生的阅读需求，围绕"认识北大、热爱北大""适应北大、享受北大""游目书林、学海骋怀""走近大师、提升素养""延伸阅读、知识无涯"等主题，精选了一批适合新生阅读的书，收到了很不错的反响。而对于毕业生，既要照顾到他们的离愁别绪，也要体现对于未来的憧憬，所以图书馆选择部分杰出校友推荐的书目作为送给毕业生的温馨"礼物"。另外，大学生在平时的学习、生活中或多或少会遇到一些心理问题，为此针对不同的负面情绪精选了一批治愈系图书，举办"读书读出好心情"推荐书目展，该活动主题让人耳目一新，立刻引起读者们的强烈兴趣，收到了很好的推广效果。

另一方面，大学生一般较为关注社会上、校园里的新闻头条、热点事件，因此馆员可对上述信息保持较高的敏感度，遇到合适的选题即可选择某个切入点推出相应的阅读推广活动。北大图书馆在莫言先生获得诺贝尔文学奖之后，马上在当期的读者报上刊登了诺贝尔文学奖获奖作品的推荐专辑；在泰戈尔荣获诺贝尔文学奖 100 周年之际，图书馆与北京大学东方文学研究中心、北京大学印度研究中心、北京大学研究生会联合举办"泰戈尔荣获诺贝尔文学奖 100 周年纪念日图文展"，展出有关泰戈尔的馆藏图书与影视作品等。

以往的阅读推广多通过展板介绍图书的基本信息和主要内容，一成不变的形式很容易让读者产生"审美疲劳"。因此应不断尝试新颖的活动方式，通过阅读摄影展、经典电影选映、讲座视频点播等多样化的形式，丰富读者的观展体验。2014 年，北大图书馆举办了"书读花间人博雅——北京大学图书馆 2013 年好书榜精选书目／阅读摄影展"，在推荐 30 本好书的同时对应展出 30 幅模仿西洋读书图的摄影作品。这些摄影作品的拍摄者和模特都是北大在校学生，以"阅读的少女"为主题，通过优雅宁静的读书场景传递"书读花间人博雅，腹有诗书气自华"的寓意。该活动富有创意地将好书推荐与优雅的阅读摄影作品相结合，以读者喜闻乐见的图片模仿秀形式进行展现，一经推出就吸引了众多读者的目光，活动的人气和受关注度大大提升。

每次开展活动时，北京大学都会综合利用传统媒介与社交网络进行全方位、立体化的宣传造势。不但设计精美的纸质宣传品，通过张贴海报、放置展板、分发宣传折页和纪念书签等方式，为活动积攒人气，还贴近读者的信息获取习惯，积极扩展网络宣传渠道：在北大新闻网、未名BBS、图书馆主页以及图书馆官方微博、微信、人人网等平台上发布活动预告，通过微博等线上平台实时报道活动进展、与参与者互动，图文并茂地呈现活动成果。通过线下线上的立体化宣传，增强阅读推广活动的受关注度。

**3. 注重系统持续，寻求多元保障，建立长效阅读机制**

通过推广阅读促进读者阅读习惯的养成、阅读文化的建设，是一个长期的过程，非一两次读书活动就能做到，所以阅读推广不应是应景、应时的节日型、运动型活动，必须建立长效机制，在人员、经费、资源等方面做整体规划和安排，以保证活动的可持续发展。[①]

每年的世界读书日前夕，北大图书馆都会开展形式多样、内容丰富的系列活动，为期约两个月。2012年4月至5月间，举行了主题为"读书读出好心情"的推荐图书展览、主题图书讲座、网上图书展览、图书漂流、"学科咨询日"等一系列活动。2013年4月至6月间，以"人间四月读书天"为主题，推出年度"未名读者之星"颁奖典礼、"阅读与精神生活"讲座作为读书日活动的重头戏，并在此期间穿插"好书中的好书"推荐书目展、经典电影展映、图书漂流等活动，不间断地获取北大师生的关注与参与。2014年4月至5月间，以"书读花间人博雅"为主题，策划组织了北大读书讲座、年度未名读者之星评奖、推荐书目／阅读摄影展、"书籍之美"视频节目展映、换书大集／图书漂流、"别让手机控了

---

① 王波.图书馆阅读推广亟待研究的若干问题[J].图书与情报，2011(5):34.

你"等活动。经过几年的发展，北大图书馆的"世界读书日"系列活动已成为北大校园文化的一个特色品牌，拥有较高的知名度和人气。

除了每年一次的"世界读书日"活动，北大图书馆也会举办各种常规性的阅读展览、读书讲座等，持续传递多读书、读好书的阅读理念。值得一提的是，北京大学校史及校友题材的图书应当成为校图书馆推进"分校阅读推广"的重要资源。如侯仁之《燕园史话》、宗璞《我爱燕园》、肖东发主编的"三风"等校园史地风物单行本外，还包括季羡林《怀旧集》、金克木《百年投影》等读物。

北大图书馆在策划实施阅读推广活动时，还积极寻求馆外其他团体或机构的合作支持。几乎每场"北大读书讲座"都可以看到学生社团（如北大国学社、耕读社）的身影；与腾讯文化合作举办了周国平、周氏兄弟的讲座"当代艺术和感觉主义——艺术与哲学的跨界对话"；叶永烈先生的讲座"《十万个为什么》背后的故事"，也是 IEEE（电子和电子工程师协会）中国学生分会"触盖摸科技文化周"的闭幕式活动之一。图书馆与校内其他部门（如团委、研究生院）、学生社团及社会力量的合作，提升了阅读推广活动的参与面与影响力，也为活动的多样化和可持续开展注入更多活力。

## 二、清华大学图书馆阅读推广与分校读物推广

清华大学图书馆长期把阅读推广作为建设的重要方略，充分发挥图书馆资源优势、服务优势和空间优势，经过不懈努力和持续创新建设，形成了多种主体并存的阅读推广活动基地。全媒体、全视域、多维度并具有中国特色、清华风格的阅读推广系列包括专题书架展览（如新生书架、毕业生书架）、"清华读书讲座"、"这里是清华"校庆专题书架、"在这里，我们横扫清华图书馆——寻访、阅读老馆珍贵图书系列活动"、"真人图书馆——读有故事的人，阅会行走的书"活动等一系列阅读推广活动。

### 1. 长期建设，打造校本，形成清华特色推广体系

清华大学副校长薛其坤院士、国家科学技术发明一等奖获得者戴琼海教授、

中南大学校长张尧学院士等多名专家学者都曾作为"真人图书",被清华学生"借阅过"他们的多彩人生。"真人图书馆"的活动,可以让参与者了解书中没有写到的细节故事,面对面的交流也更能充分交流思想、分享观点。

清华大学图书馆阅读推广项目"在这里,我们横扫清华图书馆——寻访、阅读老馆珍贵图书系列活动",在 2017 年 11 月召开的第二届全国高校图书馆阅读推广案例大赛决赛暨研讨会上荣获一等奖。该活动当时是清华大学图书馆开展 5 年的阅读推广活动项目。图书馆对老馆大库藏书进行地毯式搜索,从 27 万馆藏中找到 1 万多册签章本珍贵图书,并建设"签章本图书数据库",举办馆藏签章珍本展览等多种活动。利用老馆开放日、剧演和报告会等形式,引导读者关注善本、阅读经典,发挥清华图书馆启迪学术、弘扬文化的育人作用。

在积极创新校园阅读推广活动的同时,清华大学图书馆还组织编写了"清华大学百年校庆系列丛书"等校本图书。该丛书由清华大学出版社 2012 年出版,由《百年清华 世纪荣光》《清风华影》《自强不息 厚德载物》《春风化雨》《熙春园·清华园考》5 本书组成。

《百年清华 世纪荣光》收集汇总了清华大学建校 100 周年的部分资料,主要包括时任中共中央总书记胡锦涛在庆祝清华大学建校 100 周年大会上的重要讲话及其他讲话发言内容,校庆期间中央领导到清华大学视察指导工作的有关情况,国内重要媒体对清华历史、清华精神和清华为民族振兴与国家富强所做出的突出贡献的部分报道等内容。

《清风华影》收录了清华大学已故知名校友 40 人的照片,共计 900 余幅,每人配以 2000 字左右的小传,展现了他们的清华情与人生路。

《自强不息 厚德载物》的序篇"清华百年之路",简要地叙述了清华的缘起和发展的历程、学校的概貌和历史文化特色。第一、第二篇,叙述了清华的名师和杰出校友的事迹;第三至第七篇,分别描述了清华的校风、学风、校篯以及精神文化内涵。

《春风化雨》共收集校友文章 100 篇，作者毕业年度从 1911 年到 2000 年跨度 90 年，绝大部分文章选自复刊后的《清华校友通讯》。

《熙春园·清华园考》是一部熙春园及清华园 300 年的园林沿革史，是北京古代园林研究和清华校史研究的新成果。

此外，《清华名师谈治学育人》《挺起胸来——清华大学百年体育回顾》《峥嵘岁月——解放战争时期清华校友足迹》《清华大学史》《清华大学纪年》《清华大学百年图史》《清华藏珍》《清华铭文镜》《清华园碑碣匾额拓片集》《世纪清华》《老清华的社会科学》《学术人生》《清华校友老照片》《清华院士风采》《传承与超越》《千名校友访谈录集萃》等图书，涵盖国史、校史、校友等多方面内容，是对清华学子进行"分校读物推广"的不二之选。

**2. 不忘经典，重视传承，打造本校专属荐读书目**

对古今中外经典读物价值观的坚守，应成为大学图书馆进行阅读推广的重要工作。《大学图书馆阅读推广》的第九讲和第十讲提供了两个经典阅读的案例，

《清华大学荐读书目》（清华大学出版社2017年版）

分别来自西南交通大学图书馆、华中师范大学图书馆。[①]而中国人民大学 2013 年开展"读史读经典"项目，推荐《乡土中国》《中国历代政治得失》等好书给新生阅读。根据调查回馈，绝大多数学生表示增强了经典阅读兴趣。[②]

清华大学图书馆也通过编制《清华大学荐读书目》、打造"清华读书讲座"、推出通识教育专架等举措推动大学生对经典的关注与阅读。1997年清华大学推出《清华大学学生应读书目（人文部分）》，推荐了中国文化和中国文学名著、世界

① 王新才.大学图书馆阅读推广［M］.北京：朝华出版社，2017.

② 王媛.大学图书馆阅读推广中的坚守与创新［J］.图书馆建设，2017（12）：8-10.

文化和世界文学名著各 20 种。2015 年，清华大学图书馆与清华大学文化素质教育基地、教务处合作，对 1997 年版《清华大学学生应读书目（人文部分）》进行全面修订，形成新版《清华大学荐读书目》[①]，并于 2017 年 10 月由清华大学出版社正式出版。新版书目涵盖 120 本经典图书，并配以导读文字。清华大学图书馆还组织一系列配套宣传与导读活动，推动校园经典阅读。

对于高校来说，实施"通识教育"的重要途径之一是倡导学生阅读经典文本。为配合清华大学"通识教育"的改革，图书馆与校园文化素质教育基地合作，自 2014 年 9 月开始推出清华大学通识教育实验区新雅书院通识课程参考书架。此外，从 2015 年 12 月开始，清华大学发起面向全校师生的优秀阅读书目征集活动，首届活动选出的 10 本好书，包括《百年孤独》《乡土中国》《西方哲学史》《理想国》《围城》《红楼梦》《人间词话》《平凡的世界》《追风筝的人》《三体》，组成"水木书榜·清华学生最爱的 10 本书"。[②]

### 3. 引进技术，创新方式，打造新型校园阅读推广

清华大学图书馆也积极应用新技术为阅读服务，以新的阅读载体、阅读方式、传播媒介促进阅读；在版权允许的前提下，将复本不足的热门书制作成电子书，满足学生需求；通过微信、微博等社交网络推荐好书。2015 年，清华大学图书馆与学校电视台合作，启动《水木开卷》新书视频推介项目，视频在图书馆、校内媒体、互联网上播放，受到了大学生的欢迎，其所推荐的图书均呈现出高借出率、高预约率的特点。

清华大学图书馆有一个优秀的技术人员班底，长期从事新技术的应用和开发工作，并取得了良好的效果。早在 2003 年，清华大学就开始在图书馆部署无线互联网接入服务。2009—2010 年全馆改造后，无线局域网采用新技术，传输速度和覆盖面大大提升。2011 年，清华大学图书馆引进移动图书馆（基于 WAP，

---

① 胡显章.清华大学荐读书目［M］.北京：清华大学出版社，2017.

② 李沫昕.水木书榜 I 榜单揭晓［EB/OL］.http：//www.sohu.com/a/136198515_652175.

2012 年升级为 App）。2012 年 9 月 22 日，清华大学图书馆开通了微博服务，虽然它不是全国高校图书馆的首创，却是粉丝数量最多（42463）和微博数量最多（6109）的。在其微博中不仅有参考咨询和实时咨询功能，更有许多多媒体资源供读者使用，在国内高校中居于领先地位。2013 年 6 月 6 日，清华大学图书馆开通微信公共平台，实现基于 OTT 技术的业务自动查询和服务。此外，在馆内部署了 RFID 系统、室内定位系统，并在继承系统中实现了统一检索、机器人自助服务等。[①]清华大学图书馆虽然每次都不是国内首家引进新技术的高校图书馆，却总能第一时间引进，并发展成为国内新技术应用效果最好的高校图书馆。目前，全方位引进新技术在清华大学收到了良好的效果，清华大学的三个主要图书馆各司其职，每天都能吸引大量师生到馆阅读，资源使用率很高。高校图书馆要想做好阅读推广工作，必须重视读者服务、技术支持、资源建设与阅读推广工作并驾齐驱，提升校图书馆的服务效能。

值得指出的是，清华大学出版社始终将校史和校友作为图书编辑、出版的重点选题。如徐葆耕先生负责组稿的"清华文丛"系列，其中《吴宓与陈寅恪》《文学与人生》《古史新证》《李济与清华》等，均是"分校阅读推广"的独特资源。此外，该社于 2001 年出版的《不尽书缘：忆清华大学图书馆》，于 2011 年出版的《邺架巍巍：忆清华大学图书馆》，以及于 2013 年出版的《清华大学图书馆百年图史》，都应是每年新生入学季进行阅读推广的好素材。

总之，校园阅读推广要从入学新生抓起，这是全民阅读推广多年实践的重要共识之一。以校史及校友著作作为"分校阅读推广"的重要读物十分可行。如黄延复《清华传统精神》一书中有《老清华的"全人格教育"》《清华四哲》《梁启超论学与治学》等篇目，均是不可多得的佳作和美文。

---

① 姜爱蓉，黄美君，窦天芳.数字资源整合与信息门户建设——清华大学图书馆的探索与实践［J］.现代图书情报技术，2006（11）：2-6.

## 第二节 同校同文，共读经典
### ——以湖南省"一校一书"为例

　　1998 年，美国西雅图的华盛顿图书中心主任南希·珀尔在西雅图公共图书馆举办了名为"如果整个西雅图都读同一本书"的活动，希望通过以阅读同一本书的形式提倡社区居民阅读，并借由读书讨论活动促进社区居民的认识和相互理解。这样的理念很快获得了普遍认同，进而发展为风行全美乃至全世界的"一城一书"（One Book，One City）活动。

　　"一城一书"后来又延伸出"一城多书""一书多城""一书一推特"等多种活动形式，也启发了美国高校间"共同阅读计划"的出现，即大学为本校学生指定阅读的图书，同时围绕这本书展开一系列的活动。

　　2000 年，美国许多高校就开始推出"新生共同阅读计划"，其主要对象是大一学生，要求这些即将入学的新生在暑假期间阅读，并在进校后参与读书会、新生集会、写论文、电影放映、作者见面会等系列活动。"新生共同阅读计划"有利于新生迅速适应大学里学习和学术研究的氛围，培养新生的共同体意识，并促使新生在多元化思想及交叉学科知识的碰撞下产生新的观点。①除新生活动外，也有针对全校师生的共同阅读计划②，以之传递学校价值观、培养共同体意识等。

---

① 吕雪梅.美国高校"新生共同阅读计划"及其启示［J］.图书馆建设，2014（12）：66-70.

② 赖晓静.美国高校"共同阅读计划"书籍的选择策略分析及启示［J］.山东图书馆学刊，2015（03）：85-88.

香港理工大学在 2011 年推出了"理大 READ@PolyU 全校阅读计划"，每年免费向新生派发一本指定的英文书，高年级同学则可以通过加入 Early Birds 读书讨论小组（8—12 人）免费获得当年的指定图书。该活动案例在 2015 年获得了首届全国高校图书馆阅读推广案例大赛特别奖。

内地影响范围最广的"同读活动"，则是湖南省的"一校一书——经典、精读、经世"活动。该活动由湖南省教育厅负责指导、协调，湖南省高等学校图书情报工作委员会负责策划、组织，从 2013 年起每年举办一届，覆盖了湖南省 40 所普通本科院校，已经成为具有持续影响力的区域性高校图书馆阅读推广品牌。该活动充分借鉴了美国"一城一书"项目和新加坡国家图书馆管理局的"读吧！新加坡"（Read！ Singapore）项目的成功经验，以"经典"为阅读对象，以"精读"为阅读方式，以"经世"为阅读目标，以"一校一书"为主要特点，通过线上书目、线下阅读，线下活动、线上参与，跨媒体推荐、全媒体推广等多种方式，面向全省各普通高校学生开展。活动分四个阶段进行[①]：

首先，好书推荐与精读图书产生阶段。每年 4 月，湖南省高校图工委给各高校下发"一校一书"阅读推广活动的相关通知，由图工委组织专家推荐书目或各高校根据人才培养需要自主确定书目（30 本左右），各高校采用读者投票、馆长推荐、教授推荐等方式遴选出 1 本年度精读图书，并制定本校的阅读推广活动方案。

其次，精读与互动阶段。每年 5 月至 9 月，各高校围绕精读图书酌情开展专题活动，如仪式类、讲座类、竞赛类、参与类、展览类、活动类、组织类等多种形式的读书活动。鼓励有条件的学校进行阅读学分的试点。

再次，读书心得网上评选阶段。为了鼓励读者精细阅读指定图书，各高校图书馆全部开展读书心得等有奖征文活动，并将优秀读书心得上传至湖南省"一校一书"阅读推广网。9 月下旬，各高校将评选出的优秀读书心得按 3 万学生以上

---

① 刘时容. 基于协同阅读推广体系的双向思考——以湖南省高校"一校一书"阅读活动为例［J］. 高校图书馆工作，2016（03）：88-91，96.

30 篇 / 校、2—3 万学生 20 篇 / 校、2 万学生以下 15 篇 / 校的比例送交高校图工委，参与全省网上交流评价。

最后，统计与表彰阶段。12 月上旬各校撰写活动总结，有关材料报湖南省高校图工委秘书处并申报相关奖项，由秘书处统计投票结果。活动设立全省普通高校"一校一书"阅读推广活动读书心得奖、创新案例奖、优秀组织奖等奖项，由湖南省教育厅发文通报并颁发相应的证书或奖牌，并在每年年底举行的全省高校图书馆馆长年会上颁发奖项。其中，读书心得奖由各高校自行组织评选；创新案例奖由各高校在校内遴选的基础上进行申报，报省高校图工委审核与评选；优秀组织奖由省高校图工委综合考虑各高校活动组织、推广成效、条件建设等情况进行评选。此外，湖南省高校图工委主办的《高校图书馆工作》学术期刊上不仅会定期发布"一校一书"阅读推广动态，还会刊载与该活动相关的专业论文。

传统阅读推广活动一般每年设定一个主题开展相应活动，由于活动分散，较难达到推广阅读的目的。"一校一书"阅读推广模式是让学生"实实在在读一本书"，形成阅读焦点，推动深度阅读，有效地将个体阅读与集体活动相结合，影响更普遍，达到传输阅读理念的目的。[1]

具体分析湖南省"一校一书"的案例，我们认为要注重以下五点：

第一，共同阅读计划的主体。"一校一书"作为一项面向全校的持续性阅读活动，必须组成专门负责机构，形成制度化、持续化、模式化的活动思想。如成立学校"一校一书"阅读推广委员会或工作组，以图书馆为主导，学校相关职能部门（团委、宣传部、教务处、各院系、校内媒体及学生社团等）共同协作。

第二，共同阅读计划的内容。书籍的选择是活动的核心和难题，指定的书籍可以是传统经典名著、现代文学精品，也可以是体现历史文化的校史、人物传记、教授著作。在选取书目时，要兼顾书籍质量、大学生阅读兴趣以及与学校的联系

---

[1] 杨晶晶 . 高校"一校一书"阅读推广模式实践研究 [J] . 科技资讯，2017（27）：226–227，232.

等，紧密结合大学生的身心发展特点，从中选择最具积极意义或者反思作用的书籍。湖南省"一校一书"活动首先由图工委在中国图书馆学会阅读推广委员会的指导下，从新浪网、《中国出版传媒商报》、腾讯网、《中华读书报》、《光明日报》、《中国新闻出版广电报》、中国出版协会、国家新闻出版广电总局全民阅读活动组织协调办公室等每年国内各大权威公布的"年度好书榜"中再遴选出 30 本左右的推荐书目。随后，每个参与的高校再结合全校投票和学校专家意见，选出每个学校的精读书目。如在 2016 年，吉首大学选择了《平凡的世界》（路遥著），湖南理工学院选择了《岛上书店》（加布瑞埃拉·泽文著），湖南中医药高等专科学校选择了《火印》（曹文轩著）等。这就兼顾了书籍选择的经典与时尚、普遍性与特殊性以及专家意见与大众口味的平衡。

第三，共同阅读计划的对象。推广对象面向全校师生读者，着重以大一年级新生为主体，使新生感受学校的书香氛围与图书馆的优质服务。此外，新生从入校到毕业要经历至少 4 年的学习，在新生中推广"一校一书"活动更具有延续性。

第四，共同阅读计划的形式。为吸引广大读者参与到阅读活动中来，可以举办读书会、作者见面会、专家讲座、影视放映、诗歌朗诵、话剧表演、真人图书馆等活动，用全方位的立体阅读架构开阔学生们的阅读视野。以湖南省 2017年获"创新案例奖"的活动为例。获奖案例就包括：（1）竞赛型，湖南理工学

院"一校一书"书王争霸大赛、湘潭大学"阅读＋一校一书"《大数据时代》辩论赛；（2）读书会型，湖南工业大学耘轩读书会"一期一会——茶谈会"、湖南幼儿师范高等专科学校"文脉传薪：幼专读书汇"；（3）图书漂流型，湖南科技大学商学院"悠悠漂流情，袅袅读书意"、湖南医药学院"历史上的今天"好书微信漂流与分享；（4）文艺结合型，湖南财政经济学院"读经典文化，品莎翁艺术"、中南大学"书香十年之'最美声·影'

评选大赛";（5）其他类型，中南林业科技大学"最我们，最青春——嵌入式'青春荐书'"、湖南师范大学"红楼寻梦·青春悦读"。可见，在"一校一书"的主题之下，各高校可以灵活选择具体活动形式，进一步提升活动成效。此外，以"一校一书"为契机，借助学院、班级平台，将"一校一书"阅读模式推广至"一院一书、一专业一书、一寝室一书"，带动校园整体阅读文化的形成。

第五，共同阅读计划的总结。一方面，对推广效果较好的活动进行表彰，激励其形成常态化的活动；对创新性强、推广效果不明显的活动同样予以鼓励，通过经验总结和工作反思着力改进活动方案。另一方面，通过研究论文和案例报告等形式，提升共同阅读计划的学理性，并赋予其可移植、可操作和可参考的推广价值。自"一校一书"活动开展以来，湖南省图工委将优秀案例进行了汇编，出版了《湖南省普通高校"一校一书"阅读推广活动集萃》（2013—2014）（2015—2016）。

"同校同文，共读经典"的目的即以大学的价值观和教育观为指导，进一步提高高校阅读推广的成效，丰富当代大学生的精神世界。主要包含两层含义：

第一，强调培养共同体意识。个体阅读书籍的过程是孤独和内省的，但人的生命只有在与他人的交流中才会变得丰富多彩。"同校同文"的目的就是通过塑造校园共同话题，激发大学生的阅读热情，让大学生在交流中碰撞出观点的火花。另外，一位当地作家留下的文字往往也是一座城市的共同记忆，比如史铁生的《我与地坛》（北京），王安忆的《长恨歌》（上海），罗广斌、杨益言的《红岩》（重庆）等。大学所在城市是许多学子背井离乡的第一站，也往往被视为人生的"第二故乡"。通过阅读让大学生形成共同的城市记忆，更加深入地认识就学城市的人文地理、风土民情和发展历史，留下更深刻和宝贵的情感记忆。

第二，聚焦经典阅读。经典是指超越时空局限的权威著作，是大学生迅速了解中西方文化精髓的最佳途径。在现代生活的竞争压力及越来越发达的娱乐文化的挤压下，当代大学生远离阅读已经引发社会的广泛关注。即使阅读时间相对减少，大学生也应当至少精读几部经典。每年的"一校一书"活动推荐一部经典，那么大学生在4年的时间里就可以精读至少4部经典著作，这样的经典阅读记忆将会对大学生的人生观、价值观和世界观融入很多正能量。

综上所述，"同校同文，共读经典"牢牢把握高校教书育人使命和图书馆阅读推广天职，将培养大学生共同体意识、营造大学书香氛围和促进大学生亲近经典纳入发展目标，通过"一校一书"等活动，进一步释放和满足大学生读者的文化需求、社交需求和社会认同需求。在"分校阅读"的理念下，以书为本，精准匹配分校特点，可以进一步提升大学校园阅读推广的感染力和影响力。

**读书读城，知行合一**
　　　　**——以高校游学型阅读推广活动为例**

　　"读万卷书，行万里路""学以致用""知行合一"是中国传统文化强调的学习方法，指既要从书本中学习认识世界的真理，也要身体力行，从实践中体察书中的情景、在实践里检验知识的价值。南京大学徐雁教授一直认同人生既要读"有字书"，又要读"无字书"的理念。"有字书"所记录的，只是人类知识的一部分，而且往往是过去的知识；而从"无字句处读书"，"万物皆书卷，天地阅览室"则可以将自己的人生同自然山川、社会事务的知识与书本知识加以贯通、融合，这样"才能让人生的见解和见识，随年龄与学识，与时俱进，成为知识经济时代的强者"[①]。

　　2011 年，上海财经大学图书馆和香港城市大学图书馆联合主办了"悦读·行者的故事"主题征文活动，开创国内游学型高校阅读推广活动的先河。2013 年，西南交通大学图书馆开创了将游学与阅读融入假期的活动形式，策划了暑期"阅读训练营"活动品牌，开展"读书 + 旅行"的假期阅读活动。2016 年，沈阳师范大学图书馆进一步优化了假期游学方案，推出了较西南交通大学图书馆更具操作性的"I-Share 暑期游学阅读"阅读推广活动。2017 年，西南大学图书馆依托重庆市北碚区的人文历史资源，以培育大学生人文情怀和城市共同体精神为目标，在当年 4 月首次开展了"游学北碚"活动。这些活动不仅践行了"大阅读"理念，进一步拓展了高校阅读推广的地域空间，而且可结合不同高校的专业特色，也是"分校阅读推广"的实践范例。

---

① 凌冬梅. 秋禾与他的"大阅读"理念 [J]. 图书情报研究，2013（2）：56-62.

## 一、"双城记"：上海财经大学图书馆&香港城市大学图书馆"悦读·行者的故事"主题征文活动

2011年，上海财经大学将4月读书月的主题设置为"悦读·在路上"（Enjoy Reading, On the Road），以当下流行的"旅行"话题为切入点，结合多样化的阅读推广活动形式，希望借此启发大学生思考旅行、阅读与写作的关系。作为系列活动之一，上海财经大学图书馆与香港城市大学图书馆合作开展的"悦读·行者的故事"主题征文活动成为最大的亮点。两座大学图书馆在"通过提升学生的人文素养，支持学习活动的开展，最终培养适应21世纪社会发展需要的卓越人才"的阅读推广理念上不谋而合。①该活动在两校共计收到78篇稿件，其中19篇优秀稿件已结集出版②，并成为两校图书馆永久保存的特色馆藏。

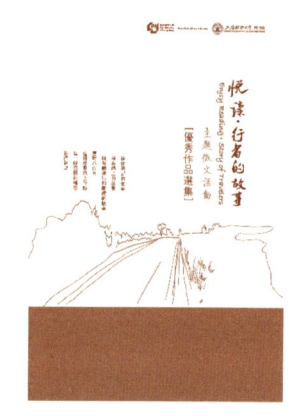

上海和香港都是全球著名的金融中心、亚洲顶尖的大都市。两座城市在中国的近现代历史上占据了十分重要的位置，也有"和而不同"的城市特色。上海财经大学和香港城市大学分别是沪、港两地具有鲜明学术特点和很高社会声望的高校，两校图书馆在阅读推广上的合作为两校同学搭建了极好的交流平台。2011年度的征文圆满结束之后，上海财经大学与香港城市大学签订了"战略合作框架协议"，正式将"悦读·行者的故事"列为两馆的长期活动。

2012年，两馆进一步优化了活动流程：①以旅行人文为主题，征文在暑假

---

① 刘金涛，谭丹丹. 阅读推广 我们在路上——2011年上海财经大学图书馆阅读推广活动回顾[J]. 上海高校图书情报工作研究，2013（1）：7–10.

② 香港城市大学图书馆，上海财经大学图书馆. "悦读·行者的故事"主题征文活动优秀作品选集[M]. 香港：香港城市大学出版社，2012.

期间开始，至次年寒假结束时截稿，作品要求 2000 字以内，体裁不限；②邀请两校老师对参赛作品共同评奖；③取得作者授权后，将获奖优秀作品汇编结集，并整合评审评语等内容，进一步发掘人文之美；④在每年 4 月 23 日当天举办写作分享会暨颁奖典礼，进一步扩大影响力；⑤不定期地举办讲座和分享会，以"在路上""旅行与阅读"等为主题开展交流。

2013 年起，该活动改为每两年举办一次。2014 年，两馆又联合举办了"行走沪杭，文化寻迹——'悦读·行者的故事'沪港学生文化交流活动"，两校同学第一次进行面对面地交流。该活动由教育部 2014 年度香港与内地高校交流计划资金专项资助，36 位两校学子在一周的时间里，以写作工作坊、人文行走、读书交流为主要形式，在江南"边走边读"。①2014 年，该案例在中国图书馆学会举办的"高校阅读推广活动优秀案例征集活动"中获得一等奖。

"悦读·行者的故事"开创了一种新型的校际交流和主题教育形式。"阅读"作为跨越时空的桥梁，使得两校学子有机会"以文会友"，共同践行"知行合一"的古训。另外，图书馆也由此征集了一些学生课外创作的文学作品，增加了自建的特色馆藏。2015—2016 年期间的活动，台湾逢甲大学图书馆也加入其中。

然而，该活动主要侧重写作，对"深阅读"的理念把握不够。两馆的人力、物力基础与两校的空间距离则构成了难以解决的矛盾，并且缺少线上活动，使两校青年的即时交流太少，忽视了思想的交流与碰撞，也缺乏"分校阅读推广"的意识。

## 二、"旅城记"：沈阳师范大学"I-Share暑期游学阅读"活动

假期阅读有助于保持读者阅读的持续性、连贯性，弥补大学生因为课程学习制约而没有时间读书的不足，也有利于维持假期中图书馆与读者之间的联系。但

---

① 谭丹丹.行走沪杭，文化寻迹——"悦读·行者的故事"沪港学生文化交流项目圆满结束 [J].上海高校图书情报工作研究，2014（4）：56-56.

假期中缺乏主观判断意志和外在客观指导，大学生的假期阅读效果往往不佳。[①]针对假期阅读推广活动欠缺的现状，沈阳师范大学结合了"旅行"和"阅读推广"的理念，在 2016 年暑期组织了首届"I-Share 暑期游学阅读"活动。该活动分为三个阶段：

（1）报名阶段：游学阅读活动报名阶段要求读者制定旅行线路并选定阅读书目，所选书目与路线有一定关联。活动最终确定了首批 30 名学员，分别来自 13 个学院，计划前往 19 个不同的目的地。

（2）游学阶段：30 名学员参考游学阅读课程表，在图书馆老师的建议下完成游学。学员之间则通过 QQ 群相互交流，获取信息。

（3）总结评奖阶段：学员在新学期开始后的两个星期内整理并上交游学材料，图书馆对每名学员课程完成情况评分，达到 60 学分以上的同学将获得游学阅读结业证书。随后举行游学阅读分享会，综合游学阅读课程得分及分享展示得分，评选出最终奖项，奖励有游学基金和多媒体学习室固定位置的使用权。[②]

沈阳师范大学图书馆为参与学员精心设计了一份游学阅读课程表，引导学员将"读""写""学""悟""行"有机结合，实现对一本书的"深阅读"及对游学活动的量化考核。

表 4-1　"I-Share 暑期游学阅读"游学阅读课程表

| 课程 | 性质 | 学分 |
|---|---|---|
| 读完所选图书，认真撰写一篇不少于1000字的读书心得 | 必修 | 15 |
| 游学旅行后提交一篇不少于1000字的游记，记述旅途中的感动和收获 | 必修 | 15 |
| 将游学期间的阅读及旅行心得发至朋友圈，不少于5次 | 必修 | 10 |

① 郑红京.假日阅读——基于大学生问卷调查分析的高校图书馆阅读推广研究［J］.图书馆论坛，2013（1）：152-155.

② 付瑶，杜洋."游学阅读"：图书馆体验式阅读模式再造——以沈阳师范大学"I-Share 暑期游学阅读"活动为例［J］.图书情报工作，2017（6）：21-25.

（续表）

| 课程 | 性质 | 学分 |
|---|---|---|
| 发现旅途中的小美好，拍摄10张以上照片，提交至指定邮箱 | 必修 | 10 |
| 给图书馆写一封信或寄一张明信片，记录你的游学收获 | 必修 | 10 |
| 在朝阳/余晖中阅读所选图书，用照片或视频记录读书身影 | 选修 | 10 |
| 结识一位你感兴趣的旅行者，了解对TA影响至深的一本书 | 选修 | 10 |
| 了解当地的一项民风民俗，并且能够如实讲述出来 | 选修 | 10 |
| 在旅途中品味生活，学习掌握一项从未接触过的技能 | 选修 | 10 |
| 结识一位当地老人（60岁及以上），记录TA的经历故事 | 选修 | 10 |
| 保存旅行中某一种纪念品，可以是一张明信片、一块石头、一片树叶…… | 选修 | 10 |
| 借住在当地人家中，向他家的孩子推荐并讲述一本图书 | 选修 | 10 |
| 逛逛当地的一家图书馆或书店，寻觅不一样的书香氛围 | 选修 | 10 |
| 其他你觉得有意义、够特别、印象深刻、值得分享的事情 | 附加 | 10 |

　　该活动案例设计了丰富、个性化的活动方案，让参与的同学感受到了游学和"深阅读"的乐趣，于"行"与"学"之间收获颇多；后期的展示环节，也满足了年轻人乐于分享的需求，并且设计了合理的奖励，鼓励他们游学归来后继续利用图书馆资源。通过此类"小而精"的活动，图书馆能与读者之间建立更紧密的联系，促使他们成为高校图书馆的忠实粉丝和自觉的阅读推广志愿者。同时，图书馆的馆员们也在活动的策划、组织、执行、后勤支持等环节中得到了锻炼，为其他高校开发假期服务提供了很好的范例。

　　受管理、资金和人力等方面的限制，假期游学的规模不宜太大。如果能够充分利用社交平台，在图书馆充分准备、学生社团广泛参与的基础上，可以通过线上组织规模更大的假期游学活动，在延伸推广和口碑传播上产生更广泛的影响。另外，可设立统一的游学主题，并邀请专家提供游学指导书目，提升高校假期游学的专业性。

### 三、"读城记"：西南大学图书馆"游学北碚"活动

西南大学坐落于缙云山麓、嘉陵江畔。北碚保存了 19 个珍贵的抗战遗址，如卢作孚故居、老舍旧居、梁实秋旧居、国立复旦大学旧址、梁漱溟三峡乡村建设运动旧址群等。

西南大学是教育部直属的"211"大学，由原西南师范大学和西南农业大学合并而成，在校学生 5 万余人。西南大学图书馆的阅读推广活动始于 2013 年，逐渐形成了"常规型活动"（读书会、真人图书馆、学者沙龙等活动）与"季节型活动"（新生季、毕业季、读书月等）相结合的"书香缙云·文化西大"阅读推广品牌。除举办阅读推广活动外，该馆从 2014 年起培养学生阅读推广团队[①]，并搭建了以 QQ 群和微信公众号"崇德书斋网络文化工作坊"为核心的学生网络交流平台。

在馆领导的支持下，该馆不仅设置了阅读推广专职岗位，部分馆员也兼职参与其中。每学期不定时地举办"头脑风暴"式的阅读推广项目筹备会，采取项目专人负责、团队配合的组织策略。

2017 年的西南大学读书月（每年 4 月至 6 月）的筹备会上，正式提出了以追寻北碚抗战文化为线索的"北碚游学活动"。希望借短途旅行的形式，让参与的同学们了解重庆北碚的抗战文化，在这座求学、生活的城市中寻找到精神文化上的归属感。

4 月初，活动负责人牵头，与阅读推广工作坊的若干位学生干事共同商议确定了活动方案，具体执行分为三个组落实：

（1）报名组。负责制作和发布报名表，并筛选适合参与活动的读者。由于初次举办游学活动，考虑到组织和应变能力有限，仅在 QQ 群内发布了活动消息，最终确定了 20 位同学参与活动，每 10 人为一组。

---

① 张麒麟，李燕.高校图书馆阅读推广学生团队的运营实践与思考——以西南大学图书馆阅读推广工作坊为例[J].图书馆学研究，2017（24）：70–73.

西南大学图书馆游学北碚小队在老舍旧居合影留念

（2）策划组。负责策划活动流程，并购买活动物资和奖品。经过讨论，选择了梁实秋旧居"雅舍"、老舍旧居和"四世同堂"纪念馆以及卢作孚纪念馆3个地点作为游学目的地，大部分路程步行即可到达。为提升游学效果，要求参与的同学都须提交一份书面的游记，提交的游记将择优发布于西南大学图书馆门户网站中的阅读推广专题页面①和微信公众号。

（3）活动组。由组织活动经验较丰富的学生干部组成，负责提前在游学线路踩点，估算游览和交通时间；在4月16日游学当天跟队行动，在活动中不仅要起到领队的作用，而且需要活跃团队气氛，并适时加入讨论、交流的环节。

以"第二故乡"为中心的游学活动，抓住了大学生读者的特殊情怀，以体验式、沉浸式的活动方式让参与者近距离感受到一座城市独特的风韵，因而起到与一般阅读推广活动不太一样的效果。从缺点看，虽然"游学北碚"活动选择了与

---

① 西南大学图书馆.西南大学图书馆信息共享空间［DB/OL］.http：//202.202.96.87/event.

文学密切相关的作家旧居，但活动中过于注重体验，没有很好地与书本结合起来。此类活动应该更好地结合"读书"与"读城"，将专家讲座、文化讲解、游学座谈等活动形式融于一体，并逐步扩大参与范围，起到更好的推广效果。

纵观上海财经大学图书馆 & 香港城市大学图书馆、沈阳师范大学图书馆和西南大学图书馆的 3 个案例，高校游学型阅读推广活动有 3 个共同点：

第一，在活动的组织上小而精。一方面是由于人力资源有限，高校图书馆无法提供过多的指导和保障，另一方面是因为游学活动在策划、实施和总结等各阶段耗费的精力相对较多，规模较小但精心策划的活动形式更加适合游学类活动。这类活动的目的不光是让参与者体验到游学走读的乐趣，更是要培养一批自觉传播书香的种子，其影响不只体现在一次活动之中，而体现在活动后续的影响和扩散力。

第二，在活动的策划上深而广。游学绝不只是简单的"旅行"+"阅读"，而是要让现实的时空与书本里的时空相互交织，可以读书、读人、读物、读路、读景、读城以及读时间，可谓"天地皆书卷，万物阅览室"。3 个案例在策划上都尽力拓展了活动的精神内涵和思想深度，进而让旅行和阅读擦出了火花，收到了 1+1 > 2 的效果。

第三，利用节假日时间。由于教师和学生的假期重合，高校阅读推广工作往往忽视节假日的阅读推广。以上 3 个案例则表明，通过精心的组织策划，高校图书馆既可以利用普通节假日开展短期的游学活动，也可以远程协助读者自主开展寒暑假的游学走读，把节假日利用起来，传播"阅读没有假期"的理念。

尽管目前高校游学型阅读推广活动数量仍然较少，在活动效果、人文底蕴和持续性等方面也需要进一步提升，但只要抓住了游学类活动的特点，有针对性地进行改进和创意，相信此类活动一定会收到更好的阅读成效。

# 第五章

# 大学生校园读书生活 与高等院校阅读推广①

山东大学学生校园阅读概览

南京大学的校园阅读推广

武汉大学的校园阅读推广

大学校园的"分众阅读推广"

高校图书馆的读书节活动与阅读推广工作

美国高校的"新生共同阅读计划"

① 本章六节内容，均系国家社会科学基金项目——"高等院校校园 阅读氛围危机干预研究"（项目编号：16BTQ001）的研究成果。

著名学者、出版家钟叔河先生在《过去的学校》所写序言中提及："人都有自己的幼年、成年和老年。在幼年，大家都要进学校，到学校里学习知识，学习生活的本领和做人的道理。从小学到大学，起码得十五六年。大学毕业，就算是成年了，很快又要为儿女进学校操心……又得十五六年。"诚然，从大学出现伊始，大学生在校，说到底还是一种读书求知的生活：以专业学习为学业核心，再拓展到"读课外书"与"读无字书"的结合，以培育阅读情意、养成阅读习惯，从而逐步成为一个有一技之长甚至一专多能的社会人才。这种自读书始，归于"大阅读"的过程，离不开高校师长的导读，及校图书馆的阅读推广工作。

　　本章内容回溯了山东大学、南京大学、武汉大学等高校校园读书生活，阐发了它们在"分众阅读推广"的实践情况，并介绍了我国内地有关院校的"读书节"活动，以及美国高校的"新生共同阅读计划"。

　　学风历来是一所大学最重要的校风基础。而读书求知，知行合一，学以致用则是大学生校园生活过程中最为重要的命题。纵观各高等学校的校史，莫不基于各自的办学特点，倍加重视学风建设。大学生群体作为国家建设的后备人才，其读书生活有着极为深刻的社会史印记，反映着校园文化以及社会变革的历程。而对大学生校园读书生活的历史与现状进行必要的梳理和总结，有利于准确把握其基本特点，从而更好地加以引导，在全民阅读的时代背景下，更加务实有效地做好校园阅读推广工作。

### 一、华岗、成仿吾、吴富恒校长与山东大学的校风、学风

　　山东大学前身是清光绪二十七年（1901）在济南创办的官立山东大学堂。历经时代的沧桑，在历史上曾数度更名，有过停办、重建、合校、搬迁的多次变化。据《山东大学的沿革和现状》一文介绍，1926年初创时期的省立山东大学，"是仿照当时北京大学的学风办学，重视科学和民主，提倡学术自由；在教学中则重视基础理论的学习和基本技能的训练"[①]。

　　1950年春，华岗被任命为当时位于青岛的山东大学的校长兼党委书记，并于次年5月1日，创刊了《文史哲》杂志并任社长。该刊及《山东大学学报》曾极大地助推了校内的学风，促进了学术争鸣。当时，副校长为科学家童第周和文学家陆侃如，设有文、理、工、农、医5个学院，共18个系。

---

① 山东大学校长办公室.山东大学的沿革和现状［J］.文史哲，1981（02）：102–104.

《山东大学校史（1901—1966）》总结说："华岗校长办学热心，治校有方，全校学术空气浓郁，学术思想活跃，教学与科研蒸蒸日上。在师生员工的努力下，学校培养了重视理论、联系实际、艰苦奋斗、勇于创新的优良学风，形成了文、史见长，而又重视研究和开拓海洋学科的特色，出现了山东大学第二个'黄金时代'。"①

1958 年，成仿吾接任山东大学校长，是年秋，山东大学由青岛迁至济南。直至 1974 年调至中共中央党校工作。

据许志杰在《成仿吾——山东大学行政级别最高的校长》一文中说："山大搬迁济南之后是相当困难和艰苦的……是年逾古稀的成老率领山大师生克服困难，迎难而上，硬是把一个陷入困境的大学拉扯到了一条正规的发展轨道上。到 1966 年'文化大革命'之前，山大的发展规模已经达到历史最好水平。在成老的主持下，一度因经费困难而停刊的《文史哲》复刊……"②

1979 年，早在 1951 年就担任过山大文学院院长兼外语系主任，其后又任教务长、副校长的吴富恒，被任命为校长。他主持校政后，首先恢复了校学术委员会，再次复刊了《文史哲》期刊。《山东大学校史（1901—1966）》评介道："在他的努力下，实行改革创新，使学校得到发展提高。教学和科研出现了新的面貌，开拓社会科学和新兴科学领域，也取得了新的进展，在恢复山东大学的光荣传统和优良学风方面，做出了重要的建树。"③

随着 1978 年改革开放以来的社会大变迁，大学生的阅读兴趣和阅读习惯也产生了大变化，下文将重点梳理和叙述 1978 年至 2019 年间山东大学本科大学生的校园阅读生活。

---

①②③ 山东大学校史编写组.山东大学校史（1901—1966）[M].济南：山东大学出版社，1986.

## 二、在"读书无禁区"感召下的校园阅读（1978—1990）

进入改革开放的新时代之后，随着高考恢复，1977 年第一批求知若渴的大学生涌入了校园，被长时间压制的读书求学热情喷薄而出。1979 年，《读书》杂志率先喊出"读书无禁区"的呼声①，在文教界和知识界引起极大的反响和共鸣。自觉地追求未知、新知和真知，成为这一时期大学生读书学习的基本特征。

### 1. 名师教授指导下的"名著热"

1979 年考入山东大学中文系的王玮，回忆当年的校园学习氛围说，读书风气很浓厚，大家都拼命读书，很多同学们在宿舍熄灯后，接个灯泡继续看书。"那个时候全社会都在读书。最根本的原因是改革开放事业，要求解放思想、勇于思索、摆脱旧的思想桎梏，这为阅读求知、思想碰撞提供了强大动力。另外一个原因是'文革'结束，国人被压抑了十年的阅读热情一下子迸发出来。"②

二十世纪八九十年代的山大学子能接受到的读书指导，基本上来自当时诲人不倦的教师。中文系 1982 级校友姜涛就在殷孟伦教授的指导下读了不少经典，"殷教授把他的课分为经、史、子、集，让我们从每一部分里选自己喜欢的书去阅读"。中文系 1985 级研究生王华光同样对指导自己阅读的朱德才教授极为感激，"朱教授鼓励我们积极阅读名著。他用启发式教育来培养我们，常常布置课题，让我们用一两个星期准备，阅读书籍，并尝试解决"。

### 2. 社会文化影响下的"哲学、美学图书热"

自 19 世纪末以来，中国翻译家十分重视西学书籍的翻译出版，而"哲学热"就源于人们的反思和批判。当时社会上涌现出许多学术思想团体，哲学书籍大量出版，大学生们开始阅读哲学名著，认识和理解哲学世界。有校友回忆起当初的疯狂情形："李泽厚改变了我们整整一代人……《中国近代思想史论》和《美的历

---

① 李洪林. 读书无禁区［J］. 读书，1979（04）.

② 李想. 校友访谈：中华读书报总编辑王玮［EB/OL］.（2010–04–19）http：//www.lit.sdu.org.cn/info/1018/1169.htm.

程》只要拿到，几乎爱不释手。"

在追求"真、善、美"的社会心理驱动下，重回校园的广大学子，对于美学可谓如痴如醉，复述美学著作中的篇章一时间竟成校园风尚。①中文系 1983 级校友吕芃回忆，当时的同学大多都订阅报刊，每月的发放日是班级里最热闹的时候，没有的同学甚至通过借阅抄录心仪文章。②

### 3."文学读写热"

在当时，很多青年学子以文学为寄托，试图从中寻找个人和社会价值。对文学的崇敬使得他们不仅满足于阅读，还想要创作文学。③20 世纪 80 年代兴起的"新诗热"就足以证明这一点。大学生群体在此感召下，纷纷效仿书写自己的诗歌。山大学子也不例外。中文系 1983 级校友王安琪创办了"一多诗社"，进而以诗社为基础创立了涵盖诗歌、影视赏析、评论 3 个部分的文学社。④

## 三、商品经济热潮中的读书（1990—2000）

时间的流逝同样带来了人们读书热情的锐减，再加上商品经济大潮的冲击，20 世纪 90 年代的文学青年对于读书的文学信念已然开始松动，再加上毕业分配取消、大学专业与市场接轨等系列政策，使得青年阅读的目的性渐强。山大学子们感受到时代政策的变化，从而基于个人兴味或生存技能，将阅读转向学科技能类的专业书籍和社会经济类的社科书籍。试看《1990—2000 年主要学科年均图书借阅表》所反映出来的有关信息：

---

① 卢少求.改革开放以来大学生读书思潮的回眸与展望［J］.中国青年研究，2006（01）：80–83.

②③ 宋君健.二十世纪八十年代文化热回瞻［J］.云梦学刊，2008（06）：23–25.

④ 石群山.从文学青年到文学粉丝——试析改革开放 30 年青年读者群的嬗变［J］.桂林师范高等专科学校学报，2009（03）：63–67.

表 5-1 山东大学 1990—2000 年主要学科年均图书借阅表①

| 学科类别 | 借阅数（册） | 占比（%） |
|---|---|---|
| 通信、计算机 | 23.696 | 19.1 |
| 语言 | 19.057 | 15.4 |
| 经济 | 15.296 | 12.3 |
| 电力、电技术 | 11.911 | 9.6 |
| 文学 | 10.783 | 8.8 |
| 材料、机械 | 8.024 | 6.5 |
| 哲学 | 6.896 | 5.6 |
| 土建、水工、环境 | 6.018 | 4.8 |
| 数理化 | 5.642 | 4.5 |
| 历史 | 5.391 | 4.3 |
| 化工 | 5.14 | 4.1 |
| 其他 | 4.639 | 3.7 |
| 马列 | 1.629 | 1.3 |
| 总数 | 124.122 | 100 |

### 1. 专业、技能类书籍极有人缘

受就业形势的影响，此时的山大校园内，"两耳不闻窗外事"者少了，积极进取、注重实干者多了。受时代的影响，大学生们充分意识到计算机等技术的重要性，纷纷钻研专业知识，为自己的未来择业增加竞争的筹码。

除此之外，"地球村"的发展也使得在校学子把英语视为必备技能。在当时的校园中，《疯狂英语》《英语学习》等期刊几乎人手一本。这其中，很大一部分学生是为了提高英语水平，以在择业时提升自己的竞争力。据图书馆员回忆，当时外语工具书炙手可热，有的学生宁愿缴纳逾期费用也不舍得归还。②

① 毕艳娜. 从大学生馆藏文献阅读视角谈高校图书馆的阅读推广——以山东大学为例 [J]. 内蒙古科技与经济，2015（19）：160-161.

② 刘培平，李彦英. 山东大学史话 [M]. 北京：社会科学文献出版社，2016.

### 2. 社会、经济类图书大行其道

市场经济唤起了人们对于社科类图书的重视和关注。山东大学图书馆在 20世纪 90 年代初顺应潮流，对馆藏书目种类与数量进行了扩充，更是满足了学生阅读需要，山大学子的经济、市场意识渐强。[①]有的大学生在读书时就开始尝试经营之道，兼职做市场调查员、推销员等，边阅读，边实践。

在积极谋求个人出路的同时，大学生们也不忘国家的未来。他们阅读的重点基本放在经济、市场等方面，同时也努力汲取国外在社会治理上的理念，如《凯恩斯理论与中国经济》《增长、短缺与效率》等书都十分抢手[②]；这一时期也出现了许多学生自发组织的阅读交流活动，其主题大多是和现实的社会经济形势相关。

### 3. 通俗文学成为课余消遣

当时大学生的读书生活主要由两个部分组成：一是关注自身就业发展的阅读，在此不再赘述；二是为满足娱乐与情感需求的阅读，小说和具有悲剧色彩的哲学读物等，一度寄托了学生的大部分情感。金庸的武侠作品引发读者的狂热追捧，通过盗版、翻版等形式流传甚广；三毛、琼瑶对于女性与爱情的描写不知启发了多少少男少女，变成人手一本的"口袋书"；王朔首创京味小说，大行其道；莫言、余华、苏童等人的先锋文学时尚出街，引来一时风潮。中文系 1992 级研究生、《人民文学》主编施站军曾描述过在校时的通俗阅读，并肯定了给其写作生涯带来的影响："'通俗'也要通读……当好自己的阅读参谋。"

## 四、"全民阅读"时代背景下的校园阅读（2000—2013）

进入 21 世纪，大学生的阅读兴趣和阅读习惯发生了很大变化，如何满足大学生成长过程的阅读需求、拓宽校园阅读推广的渠道，有待不断探索。另一方面，

---

① 李欣，孙宜山.山大日记［M］.济南：山东人民出版社，2018.
② 刘培平，李彦英.山东大学史话［M］.北京：社会科学文献出版社，2016.

社会与科技的高速发展，影响大学生阅读的不仅是阅读内容的多元化，还有阅读方式的多样性，校园学风的变化十分明显。

### 1. "学无止境，气有浩然"的山大校训的确立

2002 年，山东大学确立了"学无止境，气有浩然"的八字校训。2014 年 9 月，山东大学校长张荣在开学典礼致辞中阐发说："学无止境"，是关于学习的准则；"气有浩然"，是关于做人的准则。所谓"学无止境"，包含着三层含意："一是学生在校要以学习为第一要务"；"二是要学会学习的方法，善于探究，敢于怀疑，勇于创新"；"三是树立终身学习的观念，以学习为生活方式，弘扬'崇实求新'的校风和勤奋严谨的学风，持之以恒，不断学习，才能跟上知识更新的节奏。这 4 个字是山东大学优良校风、学风的集中表现"。[①]

### 2. 阅读途径多样，"碎片"阅读比重加大

数字化阅读资源的推广方便了人们随时随地实现阅读。在校学生由于时间少、课程多等原因，往往更倾向于通过电脑、手机等终端，实现"碎片化"的信息获取。"碎片"阅读不仅是在阅读时间上的碎片化，也包括了阅读内容的篇幅有限、非结构性等特征。

同时，图像、音视频、数据库等资源也对大学生的阅读生活产生了较大的冲击。山东大学 2001 年至 2013 年的图书馆相关数据显示，图书馆馆藏纸质文献的外借量逐年下降，而相对应的，数据库的访问量逐年上升。[②]

### 3. 阅读组织兴起，各类活动彰显价值

早在 20 世纪 80 年代，山东大学读书会就初具雏形，喊出"重塑大学精神，促进个人成长"的口号，计划通过读书群体来实现大学生的共同进步。[③]进入 21 世纪以来，原有的松散组织已经不复存在，取而代之的是以山东大学印记文学社

---

① 刘培平，李彦英.山东大学史话［M］.北京：社会科学文献出版社，2016.

② 隋移山.电子资源发展政策探讨——以山东大学图书馆为例［J］.大学图书馆学报，2010，28（01）：69-73.

③ 许志杰.山大故事［M］.济南：山东大学出版社，2013.

为首的各具特色的学生社团。

山东大学印记文学社成立于 2004 年，是校园读书会的主要组织者和发起者，以坚守文学精神家园、发展校园文学、丰富校园文化为宗旨，肩负起营造校园氛围、促进文学交流的使命，撑起全国校园阅读的一面大旗。此外还有校级的国学社、孔子文化协会等，文学院的青衿文学社、能源与动力工程学院的栖梧文学社、经济学院的逸风文学社、机械工程学院的齐墨社等学生社团。①

在各阅读协会的组织下，山东大学开展了丰富的校园阅读活动，如征文比赛、朗诵比赛、知识竞赛、名师讲座、读者交流会、真人图书馆等，把热爱阅读的山大学子聚集到一起，建立起健康、多彩的校园阅读环境。

**4. 阅读主题多元，休闲阅读成为时尚**

近些年来，"快餐文化""网络文化"等休闲类阅读进入人们的生活，大众阅读也显得越来越个性、多元。大学生阅读的书籍也多分布于快餐读物、流行文学、教辅书籍等方面，而对于纪实类、哲学类、科学类书籍的阅读，则愈发显得不足。一项针对山东大学本科生阅读的问卷表明，通俗文学、杂志类等读物，更多地被本科生所选择；但凝结了人类智慧的自然、社科类等专业性较强的读物，则很难激起学生的阅读欲望。②

北京大学中文系教授兼山东大学特聘教授温儒敏先生，曾批评当今学子的一些不良阅读习惯："我在大学教书，发现许多学生并没有养成读书的习惯。除了专业书之外，他们再也没有读其他书的兴趣和计划，顶多随兴所至，读一些流行通俗作品。"他同时指出了只进行"休闲阅读"的不良后果："现在有些大学生的思维往往很偏激，甚至互相掐架，其实是缺乏'知人论世'这一点，对事物的了解不是这边就是那边，观点绝对化。"

---

①② 许志杰 . 山大故事 [ M ] . 济南：山东大学出版社，2013.

## 五、"全民阅读"语境中的大学生阅读（2014—2019）

2014年3月，"全民阅读"首次被写入国务院《政府工作报告》；同年，首届全国高校图书馆阅读推广案例大赛也如期开展。受此影响，各高校图书馆加大了阅读推广活动的开展力度，并纷纷探究适合本校的阅读推广模式，山东大学也不例外。同年4月25日，山东大学举办了第一届以"乐书、悦读、求知、明理"为主题的"图书馆文化节"①，通过文艺作品征稿、读书朗诵会、文献检索比赛、优秀影片展播等系列活动，推动校园阅读氛围的提升和发展。此后，山东大学通过一系列阅读推广活动，引导学生们开展全新的校园阅读生活。2017年山东大学在亚马逊中国大学挚爱阅读高校排行榜中得到不错的名次（见表5-2）。

表5-2　2017年亚马逊中国大学挚爱阅读高校排行榜

| 排名 | 高校 | 排名 | 高校 |
|---|---|---|---|
| 1 | 重庆大学 | 6 | 清华大学 |
| 2 | 复旦大学 | 7 | 华东师范大学 |
| 3 | 华中师范大学 | 8 | 山东大学 |
| 4 | 西南大学 | 9 | 北京大学 |
| 5 | 暨南大学 | 10 | 西安交通大学 |

### 1. 校园阅读品牌化

知新楼、小树林、微信群，目前已经成为山东大学校园阅读推广活动的三大品牌代号。山东大学基于本校实际，打造了一系列阅读推广品牌，如图书馆主导的三大品牌模块活动②：三月文化节、六月毕业季、九月新生季，根据不同的时段在知新楼推出不同主题的读物展览；每月在小树林举行的经典诵读活动，由学

---

① 徐显明.守护大学精神——山大任职期间讲演录［M］.北京：人民出版社，2014.

② 王晓宇，洪昌胜.高校图书馆阅读推广案例探微——以山东大学图书馆为例［J］.文化创新比较研究，2018，2（18）：147-148.

生自主选择书目进行推荐、分享，极大提高了学生的读书热情；"文学生活馆"①，是由山东大学文学与新闻传播学院搭建的文学经典阅读平台；各文学社团举办的主题多样的读书会也贯穿全年；此外还有"山东大学图书馆"微信公众号，开展多样的线上阅读和互动②。

目前，山东大学已经形成了以图书馆为中心的校园阅读长效机制，借助现场讲座、线上直播、MOOC上线、图书推荐、阅读课学分等一系列举措③，"承包"了山大学子一年四季的阅读生活。

### 2. 校园阅读特色化

山东大学在过去一向被认为是一所以"文""史"见长的学校，《文史哲》更是中华人民共和国第一份高校文科学报，在文科中曾经声誉卓著。目前，《文史哲》与《山东大学学报（哲学社会科学版）》依然在校园内有着一定的传播量和影响度。在开展校园阅读活动时，学校抓住了"文史"这一特长，开展了一系列相关的经典阅读活动，比如孔子文化协会每年举行的"读经典的书，做有根的人！"阅读倡议活动、一年一度的国学经典诵读诠释大赛、"国学周"、儒学论坛等④。

同时山东大学也积极弘扬百年文化，基于自身特色，立足峥嵘校史，开展了校史文化系列活动，通过"山大故事"系列短剧大赛、校史知识竞赛、"蓝袍"带你游校园、山大青年说等富有特色的系列活动唤醒百年历史记忆，展现山大风

① 李旭.低年级本科生阅读推广工作研究——以山东大学图书馆为例[J].内蒙古科技与经济，2018（22）：135，139.

② 隋移山.电子资源发展政策探讨——以山东大学图书馆为例[J].大学图书馆学报，2010，28（01）：69-73.

③ 张卉.谈在高校图书馆开展通识教育工作——以山东大学图书馆为例[J].图书馆界，2011（05）：78-80.

④ 黄燕.山东大学图书馆阅报室专项调查报告[J].四川图书馆学报，2004（05）：61-64.

韵，推动校史阅读[①]。

### 3. 校园阅读深入化

"碎片化"阅读是当今大学生最主要的信息获取方式，如何引导大学生进行深层次阅读，架立知识结构，是很多高校关注的重点。目前高校中休闲阅读逐渐占据上风，也带来一定程度的不良影响。山东大学为了促使阅读深入化，采取了"线上 + 线下"及"课上 + 课下"的阅读引领机制[②]，为学生确立阅读目标，引导阅读方向。

温儒敏先生曾提出一个对于文、理科大学生都适用的《经典阅读基本书目（20 种）》，号召学生接触人类文化经典。[③]山东大学在此基础上，及时对适合大学生阅读的各类书目进行归纳、整理、发布[④]，并在图书馆、知新楼等地开设专题书展，同时通过微信公众号、QQ 群、官方微博等线上渠道进行好书推荐和经典段落推送；同时在通识课教学计划中加入阅读学分的设置[⑤]，并鼓励各专业老师拟设书单以供学生阅读。

山东大学是中国近代化高等教育的起源性大学。其 1901 年起始的办学源头——山东大学堂，是继京师大学堂之后中国创办的第二所国立大学，也是中国第一所按章程办学的大学。据刘培平、李彦英主编的《山东大学史话》所述，历史悠久的山东大学，"秉承'为天下储人才，为国家图富强'的办学宗旨，践行'学无止境，气有浩然'的校训，形成了'崇实求新'的校风，为国家和社会培

① 孙怡欣，鹿婧怡，文皓.学习校史校情，传承百年文化，熔铸山大精神 [EB/OL].（2018–12–25）.https://youth.wh.sdu.edu.cn/info/1025/15647.htm.

② 李鹏.碎片阅读情景下高校图书馆阅读推广案例研究——以山东大学图书馆"一本书的旅行"为例 [J].内蒙古科技与经济，2018（18）：145–147.

③ 张晓玥.坚持本义 守正创新：温儒敏教授访谈 [J].学术月刊，2008（11）：155–160.

④ 陈陆.高校图书馆导读书目分层开发编制与推荐服务——以山东大学图书馆为例 [J].农业图书情报学刊，2014（10）：109–111.

⑤ 王晓宇，洪昌胜.高校图书馆阅读推广案例探微——以山东大学图书馆为例 [J].文化创新比较研究，2018（18）：147–148.

养了 40 余万各类人才，为国家和区域的经济、社会发展做出了重要贡献"。<sup>①</sup>

百余年来的山东大学校史足以证明，校园阅读是大学生学业生涯中必不可少的部分。而丰富多彩的校园阅读推广活动，则能够塑造莘莘学子的阅读价值观，指导其阅读方法论，拓展其人文和科学素质的求知面。如果山东大学能够不断与时俱进地提升校园读书氛围，形成长效的阅读促进机制，供给丰富的馆藏文献资源，提供既便捷又多元的阅读推广服务，一定能够为社会培育出更多读书求知、知行合一的优良人才。

---

① 刘培平，李彦英.山东大学史话［M］.北京：社会科学文献出版社，2016.

南京大学的前身是创建于 1902 年的三江师范学堂，此后历经两江师范学堂、南京高等师范学校、国立东南大学、国立第四中山大学、国立中央大学、国立南京大学等历史时期。作为一所百年老校，南京大学历来重视学生的阅读生活，认为阅读是大学生成人、成才的基石，因此多方面促进在校生的阅读，引导他们热爱书本，志存高远。

## 一、南京大学"读书节"

南京大学自 2006 年开始举办全校性的"读书节"，至 2018 年已连续举办 13 届。每年举办的时间基本都在 10 月左右。特色活动有读书征文活动、名家讲座、评选"年度优秀读者"以及"唤醒沉睡的借阅卡"等。在该校图书馆网站上有专门的"读书节"专栏详细介绍了历届"读书节"的情况，现将历届活动信息列表如下（见表 5-3）①：

---

① 南京大学图书馆. 读书节专栏简介 [ EB/OL ] . ( 2014-01-06 ) .http：//lib.nju.edu. cn/html/article.htm？id=76&fid=75.

表 5-3  南京大学历届"读书节"活动信息表

| 届数 | 举办时间 | 主题 | 活动形式 |
|---|---|---|---|
| 第一届 | 2006年9月30日至11月2日 | 走进图书馆，多读书，读好书 | 1. 名家讲座<br>2. 图书馆90分钟知识讲座<br>3. 图书馆知识网上有奖竞答<br>4. "读书与人生"主题征文<br>5. 2005—2006年度"十大读书之星"评选<br>6. 图书馆文献资源调查与推荐<br>7. 读者心目中"图书馆最佳服务集体与人员"评选<br>8. "唤醒沉睡的借阅卡"活动<br>9. 图书馆主题咨询服务<br>10. 书刊捐赠活动：募集书刊赠送农村图书馆<br>11. 南园橱窗宣传：百年沧桑 百年书香——南京大学图书馆<br>12. 图书馆知识讲座 15 场 |
| 第二届 | 2007年9月30日至11月2日 | 读书丰富人生 | 1. 读书节"书本中的天光云影"主题征文<br>2. 南大图书馆使用入门★<br>3. 年度十大"优秀读者"评选<br>4. 图书馆知识网上有奖竞答<br>5. "读者走进图书馆"活动★<br>6. 南大名家推荐大学生必读书目★<br>7. 美国匹兹堡大学书展★<br>8. 名家讲座<br>9. "南大人文库"启动<br>10. 图书馆最佳服务集体与个人、图书馆优秀部门评选<br>11. 推出图书馆新主页★<br>12. "唤醒沉睡的借阅卡"活动<br>13. 自由冲浪——电子阅览室免费开放活动★<br>14. 图书馆知识讲座16场<br>15. "爱心书屋"图书漂流活动★ |

（续表）

| 届数 | 举办时间 | 主题 | 活动形式 |
|---|---|---|---|
| 第三届 | 2008年9月20日至10月24日 | 读书·分享·传递 | 1. 读书节"秋日书语"主题征文<br>2. 年度十大"优秀读者"评选<br>3. 新世纪南京大学图书馆图片展★<br>4. 名家讲座<br>5. 图书馆最佳服务集体与个人、图书馆优秀部门评选<br>6. "唤醒沉睡的借阅卡"活动<br>7. 自由冲浪——电子阅览室免费开放活动<br>8. 图书馆知识讲座20场<br>9. "爱心漂流"读者沙龙<br>10. 中国图书进出口总公司2008年秋季进口新书巡回展<br>11. 涂鸦作品展览★<br>12. 向川籍入学新生赠送书籍★<br>13. 获奖征文配乐朗诵★ |
| 第四届 | 2009年9月20日至10月30日 | 书香仙林·数字未来 | 1. 读书节"心目中的理想图书馆"主题征文<br>2. "阅读·人生·图书馆"摄影作品征集★<br>3. 年度十大"优秀读者"评选<br>4. 名家讲座<br>5. Century of Social Sciences 开通仪式暨学术报告会★<br>6. 图书馆最佳服务集体与个人、图书馆优秀部门评选<br>7. 向栖霞区民工子弟募捐书籍<br>8. "唤醒沉睡的借阅卡"活动<br>9. 图书馆各部门主任现场解答读者疑问★<br>10. 自由冲浪——电子阅览室免费开放活动<br>11. 图书馆知识讲座24场<br>12. "阅读·人生·图书馆"获奖摄影作品展<br>13. 杜厦图书馆建设历程图片展<br>14. "南大人文库"全面展示<br>15. 中文图书展<br>16. "书声琅琅，书韵留香"烛光朗诵会★ |

（续表）

| 届数 | 举办时间 | 主题 | 活动形式 |
|---|---|---|---|
| 第五届 | 2010年9月21日至10月29日 | 阅读·传承·超越 | 1. "我的大学，我的书"主题征文<br>2. 年度十大"优秀读者"评选<br>3. 名家讲座<br>4. "唤醒沉睡的借阅卡"活动<br>5. 自由冲浪——电子阅览室免费开放活动<br>6. 图书馆知识讲座<br>7. "走进图书馆，了解图书馆"——图书馆各部门情况介绍★<br>8. "书声琅琅，书韵留香"烛光朗诵会<br>9. 爱心图书修补活动★<br>10. 图书馆优秀志愿者、优秀勤工助学者评选★<br>11. "共享你我的星光"——"我最喜欢的一本书"好书推荐<br>12. 名人捐赠图书精品展<br>13. "南大人文库"全面展示<br>14. 中文图书展<br>15. 外文图书展 外文原版新书展 |
| 第六届 | 2011年9月22日至11月7日 | 书行天下，分享智慧 | 1. "110年的书香·我读南大"主题征文<br>2. "微博"互动★<br>3. 年度十大"优秀读者"评选<br>4. 名家讲座<br>5. "唤醒沉睡的借阅卡"活动<br>6. 自由冲浪——电子阅览室免费开放活动<br>7. 图书馆知识讲座<br>8. 爱心接力晒书会★<br>9. 爱心图书修补活动<br>10. 图书馆优秀志愿者、优秀勤工助学者评选<br>11. 名人捐赠图书精品展<br>12. "南大人文库"全面展示<br>13. 大型问卷调查活动★<br>14. 中文图书展<br>15. 外文图书展<br>16. 中国书画经典名作进校园 |

（续表）

| 届数 | 举办时间 | 主题 | 活动形式 |
|---|---|---|---|
| 第七届 | 2012年9月25日至11月2日 | 读文化经典，建书香校园 | 1. "我的读书记忆"主题征文<br>2. 年度十大"优秀读者"评选<br>3. 名家讲座<br>4. "唤醒沉睡的借阅卡"活动<br>5. 自由冲浪——电子阅览室免费开放活动<br>6. 图书馆知识讲座<br>7. 南京大学"潘重规教授捐赠图书特藏室"揭牌仪式暨潘重规先生学术思想研讨会<br>8. 继往开来，日新月异——南京大学图书馆发展历程图文展<br>9. BOOK+推广活动★<br>10. 大型问卷调查活动<br>11. 学生社团走进图书馆★<br>12. 南京大学图书馆第二届晒书会<br>13. 爱心图书修补活动<br>14. 图书馆优秀志愿者、优秀勤工助学者评选<br>15. 大型港台图书展 |
| 第八届 | 2013年9月25日至11月1日 | 放飞梦想·悦读人生 | 1. 犹太文化研究特藏室揭牌仪式★<br>2. "梦想的起点"主题征文<br>3. "图书馆·映像"摄影征稿<br>4. 年度十大"优秀读者"评选<br>5. 名家讲座<br>6. "唤醒沉睡的借阅卡"活动<br>7. 图书馆知识讲座<br>8. 自由冲浪——电子阅览室免费开放活动<br>9. 名人题赠本展览<br>10. 大师手迹展<br>11. "图书馆·映像"摄影获奖作品展<br>12. 读者调查活动<br>13. 图书荐购活动<br>14. 南大出版社精品图书展<br>15. 《蒋公的面子》签名售书活动★<br>16. 读者座谈会<br>17. 学生社团活动：爱心图书修补活动，好书推荐<br>18. 图书馆优秀志愿者、优秀勤工助学者评选<br>19. 外文原版图书展<br>20. 中文图书展 |

（续表）

| 届数 | 举办时间 | 主题 | 活动形式 |
|---|---|---|---|
| 第九届 | 2014年10月21日至12月4日 | 悦读经典，点亮未来 | 1. 美国威尔斯教授赠书揭牌仪式★<br>2. "读书节微纪实"★<br>3. "唤醒沉睡的借阅卡"活动<br>4. 名家讲座<br>5. 图书馆知识讲座<br>6. 读者调查活动<br>7. 年度十大"优秀读者"评选<br>8. 图书馆优秀志愿者、优秀勤工助学者评选<br>9. 读者座谈会<br>10. "南京大学文学院百年书法展"开幕式<br>11. 外文原版图书展<br>12. 中文图书展<br>13. 全国大学出版社"优秀教材展"★ |
| 第十届 | 2015年9月28日至11月26日 | 与伟大的书籍相遇 | 1. 主题征文<br>2. 名家讲座<br>3. "唤醒沉睡的借阅卡"活动<br>4. 寻书大赛★<br>5. 爱心图书修补活动<br>6. 南京大学图书馆第四届晒书会<br>7. 年度十大"优秀读者"评选<br>8. 图书馆优秀志愿者、优秀勤工助学者评选<br>9. 图书馆知识讲座<br>10. "书籍之美"主题展览★<br>11. 服务号功能推广系列之"二维码扫扫扫"★<br>12. 那时青春——中大、金大校园生活一瞥★<br>13. "开启知识之窗 领略文献风采"——馆际互借与文献传递★<br>14. 指尖上的记忆——近现代文献保护与修复★<br>15. "你使用，我安装——系统支持开放周"活动★<br>16. 悦读经典之追问名师·读书的困境★<br>17. "书籍之美"摄影大赛<br>18. 明信片慢递之"写给毕业日的自己"★<br>19. 露天电影★<br>20. 图书馆"知乎"问答<br>21. 南大南图研究型资源共建共享签约仪式★ |

（续表）

| 届数 | 举办时间 | 主题 | 活动形式 |
|---|---|---|---|
| 第十一届 | 2016年10月9日至11月1日 | 悦动金秋，书香校园 | 1. 名家讲座<br>2. 图书馆知识讲座13场<br>3. Web of Science数据库检索大赛★<br>4. 找书大赛<br>5. 爱心图书修补活动<br>6. 图书展览<br>7. 伊波北美风光摄影展<br>8. 一脉书香，一代之师——潘重规先生捐赠文献展览★<br>9. CASHL现场注册·扫码有礼<br>10. 还魂记：纸质文献的重生★<br>11. 体验3D打印 感受科技魅力★<br>12. 明信片慢递之"写给毕业日的自己"<br>13. 露天电影：放牛班的春天<br>14. 茶韵润书香★<br>15. 年度十大"优秀读者"评选<br>16. 图书馆优秀志愿者、优秀勤工助学者评选 |
| 第十二届 | 2017年10月30日至11月30日 | 传承文化，开卷有益 | 1. 书之印象——倪建明藏书票艺术展★<br>2. 名家讲座<br>3. 知识讲座18场<br>4. 悦读沙龙（三位文史哲老师导读经典）★<br>5. 翰墨时间作，文雅纵横飞——《文选》文献展★<br>6. 化浆为纸，古法今传——蔡伦造纸DIY★<br>7. 书人往事——李小缘先生诞辰120周年纪念展★<br>8. 知书如掌，惜书如命——谈谈我的父亲李小缘★<br>9. 人文社科类经典图书展<br>10. 数据库信息检索大赛<br>11. 找书大赛<br>12. 爱心图书修补活动<br>13. CASHL现场注册·扫码有礼<br>14. 走进图书馆<br>15. 明信片慢递之"写给毕业日的自己"<br>16. 年度十大"优秀读者"评选<br>17. 图书馆优秀志愿者、优秀勤工助学者评选 |

（续表）

| 届数 | 举办时间 | 主题 | 活动形式 |
|---|---|---|---|
| 第十三届 | 2018年10月20日至11月22日 | 文脉书香，学海远航 | 1. 露天电影<br>2. "东方紫玉茶道生活美学"——品茶活动<br>3. 剞劂成书，纸墨传之——雕版印刷体验活动<br>4. 我也来当主持人——虚拟演播室体验★<br>5. 了解图客——你身边的智能盘点机器人★<br>6. 享美文 助科研——关注CASHL微信领取礼品<br>7. 沙龙——"匠心传承 青春筑梦"<br>8. 明信片慢递之"写给毕业日的自己"<br>9. 2018年港台原版学术图书展<br>10. 青春致敬匠心——东方紫玉紫砂艺术走进校园★<br>11. 爱我就来"修理"我——爱心图书修补活动<br>12. 名家讲座<br>13. 图书馆知识讲座17场<br>14. 图书馆奇妙夜★<br>15. 2018年秋季人文社科类经典图书展<br>16. Scifinder数据库检索竞赛<br>17. 年度十大"优秀读者"评选<br>18. 图书馆优秀志愿者、优秀勤工助学者评选 |

注：★代表新活动类型

需要说明的是，上表所统计的南大"读书节"举办时间并非是以开幕式—闭幕式作为端点，而是将历年作为序幕的征文活动的开始作为起点，"读书节"中所涉及的所有活动的结束作为结束点进行统计，且未将开、闭幕式包含在统计之中。南京大学"读书节"在 2012 年获得教育部"高校校园文化建设优秀成果"一等奖。

## 二、"悦读经典计划"

2015 年，南京大学正式面向本科新生开展了"悦读经典计划"，该阅读教育项目是南京大学"通识教育"的重要内容之一，致力于培养本科生群体的阅读能力和阅读习惯。每学年本科新生入校前的暑假，南京大学随录取通知书向新生群体寄送 6 张"悦读经典计划"的基本书目书签，使新生群体提前了解该阅读教育项目及相关推荐书目。在南京大学的开学典礼上，每位大一新生还将领取到上、下两册《南大读本》。

结合南京大学"悦读经典计划"官方平台①公布的相关资料，我们从表 5-4 中可以看出，该阅读教育项目的活动对象以大学本科新生为主体，贯穿于本科学生一至三年级的学习生涯。旨在以人文精神与科学精神并举，推动广大学生接触经典、研读经典、好读经典；培养健全的人格、高尚的道德情操、广博的文化修养、全球化的视野和社会洞察力；建设具有南大风格的校园读书文化。"悦读经典计划"期望以大学本科新生为抓手，通过经典著作的阅读指导活动，通过长期的通识阅读教育，拓展学生的知识面、开拓学生的视野、健全学生的人格。

"悦读经典计划"工作小组由学校各学科专家和相关行政工作人员组成，该阅读教育活动还聘请了校内 60 位各专业的专家教师协助活动开展。"悦读经典计划"的书目遴选，以专家推荐和师生投票相结合，按照经典性、思想性、知识性、前沿性和可读性的标准先编撰出推荐书目，书目经由全校师生网络投票后，最终确定 60 种"基本书目"和 100 多种"拓展书目"编发《南大读本》。该书涵盖了"文学与艺术""历史与文明""哲学与宗教""经济与社会""自然与生命""全球化与领导力" 6 个知识单元推荐书目清单，推荐的图书主要以各专业领域的科普读物和一些经典名著为主。

---

① 南京大学 . 南京大学"悦读经典计划"［EB/OL］.［2018-04-08］.http：//njdxydjd.mh.libsou.com/.

表5-4　南京大学"悦读经典计划"

| | "悦读经典计划" |
|---|---|
| 活动目的 | 1. 培养学生的阅读能力和阅读习惯<br>2. 培养学生健全的人格、高尚的道德情操、广博的文化修养、全球化的视野和社会洞察力<br>3. 培养校园阅读文化氛围 |
| 活动对象 | 以大学一年级新生为起点，贯穿大学本科一年级至三年级群体 |
| 活动组织者 | 由"悦读经典计划"工作小组统领，学校60位各专业导读教师协助 |
| 读本数量 | 编纂《南大读本》，囊括60种基本书目，100多种拓展书目 |
| 选书机制 | 由学校各学科专家组成的"悦读经典计划"工作小组推荐，学校师生网络投票确定 |
| 图书类型 | 科普读物、经典名著 |
| 活动内容 | 1. 线下研读课程<br>2. 在线慕课课程<br>3. 专题读书节活动<br>4. 讲座、演讲、辩论赛、知识竞赛等 |
| 宣传平台 | "悦读经典计划"官方主页、图书馆主页、新生录取通知书、社交媒体 |
| 参与自由度 | 要求全体新生参与，与本科学分挂钩 |

"悦读经典计划"是全体南京大学本科新生必须参与的阅读教育项目，该计划设置了2—4学分的本科生"悦读通识必选学分"，计入在校生必修的14个通识教育课程学分内。"悦读经典计划"的具体活动形式涉及课堂内外。课堂教育分为"研读""导读"和"悦读"3个模块，60位各专业领域杰出青年教师组成"南京大学'悦读经典计划'荣誉导师"团队，每本经典图书由一位导师牵头负责组织研读及导读。课程形式采用"课前主题阅读＋课内导师组研讨＋学习组讨论"的方式，既有大班导读模式，也有小班研讨形式。

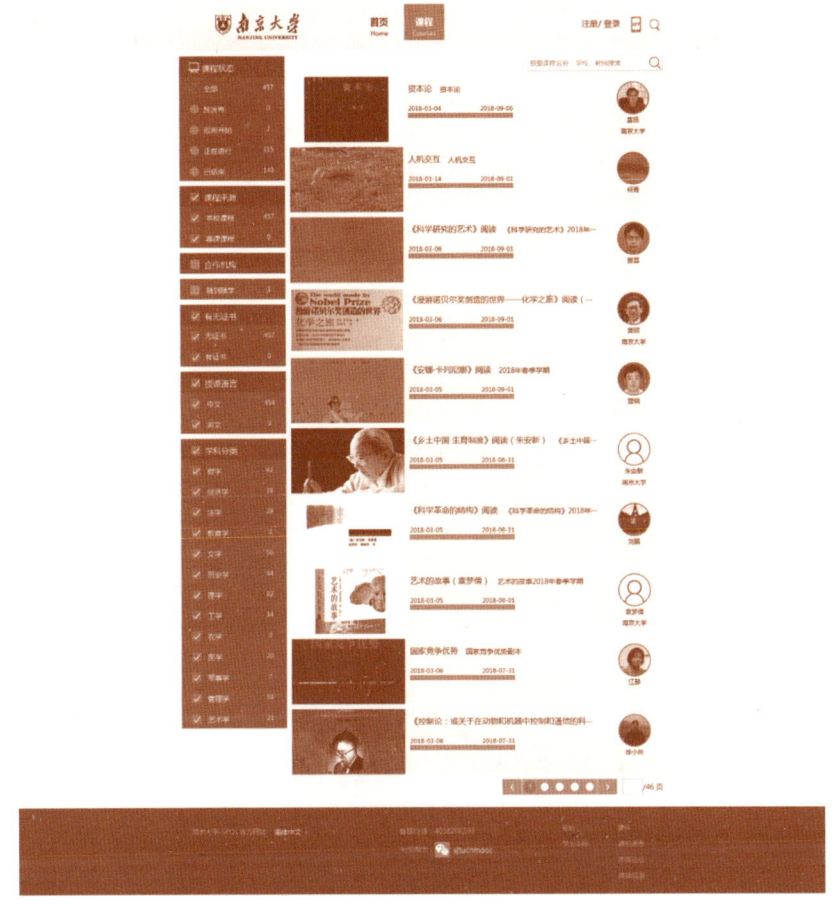

南京大学"悦读经典计划"导读课程

　　根据导读书目，该阅读教育活动还邀请了包括牛津通识读本著者在内的中外名家开设通识讲座，开发、建设"悦读经典慕课"，慕课课程网站图见下页。慕课课程的教材教参推荐，也充分体现了分众阅读推广的针对性特征，同一门课程针对不同专业的学习者提供了不同难易程度和专业偏向的参考教材。例如，由计算机科学与技术系吴楠老师开设的《信息简史》阅读课程中，推荐全体学生阅读的教材为《信息简史（*The Information：A History，a Theory，a Flood*)》（詹姆斯·格雷克著，高博译，人民邮电出版社 2013 年版）；针对文科、社会学科专业选修学生阅读的参考读本为《信息之美（修订版）》（David McCandless 著，盛卿

南京大学"悦读经典计划"慕课课程

等译，电子工业出版社 2014 年版）；推荐新闻、历史、社会学专业选修学生阅读的参考读本为《真相：信息超载时代如何知道该相信什么》（比尔·科瓦奇、汤姆·罗森斯蒂尔著，陆佳怡等译，中国人民大学出版社 2014 年版）；推荐哲学专业选修学生阅读的参考读本则为《古代哲学中的信息、系统、复杂性思想：希腊·中国·印度》（邬焜著，商务印书馆 2010 年版）。"悦读经典计划"阅读教育课程充分考虑到了不同受众群体在专业知识方面的差异，提供了不同类型的参考读本，有助于课程的学习，有助于激发读本与本专业学习的共鸣，充分体现了分众阅读推广的针对性特征。

课堂外，图书馆配合"悦读经典计划"还开展了"书香岁月·风雅仙林""与伟大的书籍相遇"专题读书节，线上线下"悦读角"，"追问名师"系列讲座，"悦读知识竞赛"，"悦读微演讲"，"悦读之星评选"，"南青杯辩论赛"等内容丰富、形式多样的学生经典阅读活动，进一步提升学生的参与度。

## 三、南京大学校园阅读推广的五个特点

根据上文的情况，可看出南京大学的校园阅读推广呈现出以下五个特点：

### 1. 以"读书节"为核心，"悦读经典计划"保驾护航

南京大学从 2006 年开始举办全校性的"读书节"。该"读书节"的成功依托于学校层面的支持、校内外的协作、师生的参与以及图书馆人力和物力的保障。2015 年"悦读经典计划"出台后，南京大学图书馆特别设立"悦读经典计划图书阅览区"，并且单独采购了此批经典图书，放置该区域内供读者阅读。同时，为了适应网络时代的阅读习惯，该馆还特别将这批经典图书制作成电子图书数据库，读者可以在线阅读或下载到个人电脑中阅读。同时，读者可以在电子书阅读器或移动终端上通过扫描二维码下载电子书，随时随地进行阅读。

### 2. 传承与创新并举，活动数量和种类日趋丰富

为了丰富南大学子的校园文化生活，南京大学的校园阅读推广以"读书节"为核心。从 2006 年第一届"读书节"开始，活动数量由 12 项扩展到 2018 年第十三届"读书节"的 20 项，规模上有了不小的跨越。部分经典活动从第一届开始一直延续到第八届，如主题征文、名家讲座、"唤醒沉睡的借阅卡"活动以及年度"优秀读者"评选等。每届活动都有所创新，并将精髓固化下来，作为新的固定项目不断传承，如第二届开始的电子阅览室免费开放活动，第五届开始的图书馆优秀志愿者、优秀勤工助学者评选活动，第十届开始的明信片慢递之"写给毕业日的自己"等，传承与创新并举，使得"读书节"更加丰满，富有活力。

### 3. 传统与时尚并行，多样活动紧扣时代主旋律

十三届"读书节"，有的活动体现中国古典文化的情怀，如第一届的南园榭

窗宣传"百年沧桑 百年书香——南京大学图书馆"，第八届的名人题赠本展览和大师手迹展；有的活动紧扣时代脉搏，根据当年热点推出富有时代性的特色活动，如推出新的图书馆主页，推广BOOK+，同时将微博、微信等公众宣传平台纳入，以及图书馆3D打印体验、智能机器人介绍等，使受众随时随地都能接收到有关"读书节"的新鲜资讯。而"悦读经典计划"的书单，也贯穿了古今文化，设置了"文学与艺术""历史与文明""哲学与宗教""经济与社会""自然与生命""全球化与领导力"6个知识单元的书目清单。

### 4. 专家、学者与学生互动，打造共同参与的阅读盛会

每年"读书节"举办的名家讲座活动，都会邀请本校名师和校外名流与学生进行交流，如杜维明、吴培亨、董健、徐雁、周宪、施建军、莫砺锋、王德滋、许钧、周晓虹、邢定钰和姚淦铭、许倬云、郑炳文、余光中、葛剑雄、叶兆言等。在互动之中，讲授者与听众互相倾听、互相了解。不仅如此，"读书节"越来越注重让学生参与到活动中来，而不仅仅是参加活动。从征文活动开始到"读书节"最后一项活动落幕，既有让学生参加的征文、摄影、展览等活动，也有让学生发挥主观能动性的项目，如学生社团走进图书馆以及图书爱心修补活动等。在热烈举办活动的同时，还着重加深图书馆与学生的相互了解，如开办图书馆知识讲座、"读者走进图书馆"等项目，并表彰先进人物、集体。所有的一切，力求让教师、职工、学生都充分融入"读书节"之中，感受阅读的魅力。

### 5. 立足经典，打造书香文脉，活化馆藏资源

从2014年开始，南京大学"读书节"更加注重对经典的阅读，对文脉的传扬以及对校园书香的打造。结合"悦读经典计划"，从第九届读书节开始，主题都与经典阅读、传承文脉相关，开展以"悦读经典"为主题的导读沙龙，推出多项与校史、馆史相关的活动，如"书人往事——李小缘先生诞辰120周年纪念展"等，并从第十届"读书节"开始，依托馆内古籍阅览室的多项活动，如造纸体验、雕版印刷、古籍修复等活动大力推进，加深了学子们对于图书馆的了解，活化馆藏资源。

## 第三节　武汉大学的校园阅读推广

武汉大学的历史可追溯到 1893 年清末湖广总督张之洞奏请清政府创办的自强学堂，历经传承演变，1928 年定名为国立武汉大学。武汉大学图书馆以其历史悠久、藏书丰富、建筑宏伟、环境幽雅而闻名于世，在资源建设、服务学校教学科研的同时，关注着校园文化建设和学子们书香情意的培养。

### 一、武汉大学阅读推广活动体系

武汉大学图书馆作为综合性研究型大学图书馆，一直以来重视阅读推广工作，积极探索新的推广模式，建立有效的推广策略，深入有效地开展阅读活动。经过多年的努力，逐步形成了富有特色的阅读推广体系，开展了一系列成效显著的阅读活动，获"全民阅读示范基地""全民阅读先进单位""国际图书馆联合会国际营销奖"等业内多项荣誉。

#### 1. 主题文化活动搭建阅读推广平台

武大图书馆利用"新生入学季"和"世界读书日"两个关键时间节点，通过集中举办一系列阅读推广活动，推介馆藏资源，引导读者爱馆爱书，目前形成了两大主题活动：

（1）以"书香珞珈 成才武大"为主题的文化活动月。起始于 2012 年，每年 10—11 月举办，每届为期 2 个月。通过"We are family"家长与新生同游图书馆、"和图书馆的第一次约会"、"书山寻宝"趣味游戏、新生主题推荐书目、"拯救小布"通关游戏、金秋珞珈图书互换会等系列活动，向新生推广图书馆的资源与服务，使广大新生尽快熟悉和使用图书馆。

（2）以"馨香悦读 激扬梦想"为主题的校园读书节。起始于 2013 年，每年

4—5 月举办，为期 2 个月。读书节每届拟定一个主题，如"阅读与经典同行"、"书香荆楚'汉派'作家"、"'珞珈诗心'古典诗词"、戏剧与朗读艺术等，围绕有关主题开展讲座、沙龙、征文、展览等多元、立体的文化活动，营造校园书香氛围，引领读者爱书读书用书，丰富校园文化生活。

**2. 多元阅读活动塑立阅读推广品牌**

武大图书馆还定期或不定期举办其他阅读活动，使读者全年都能品味丰富充盈的书香文化。在多年的不断发展完善和积淀中，形成了以下三个品牌活动。

（1）"文华"系列。"文华"二字源于"私立武昌文华图书馆学专科学校"，这是我国第一所专门培养图书馆学人才的学校，志在推广中国图书馆事业，使人人都有书读。该校后并入武汉大学，文华精神由此传扬。2014 年，武大图书馆以"文华"为名，设立了讲座品牌"文华讲坛"与公益阅读刊物《文华书潮》。文华讲坛定位为高端文化讲座，旨在促进文化传承和创新，邀请文史哲领域专家学者作主题报告，目前已有历史文化学家冯天瑜、作家刘醒龙、诗人王家新、阅读学专家王余光等登坛授课。馆刊《文华书潮》设有"珞珈""书评""书史""书架"等栏目，广泛辑录与书籍、阅读、图书馆相关的文章，旨在推介优秀书籍，传播阅读文化。该刊立足于武大图书馆，结合武汉大学校史校情和武汉城市文化，形成了独特的珞珈本土特色。

（2）"珞珈阅读广场"。作为欣赏文艺作品、分享阅读感悟、培养人文素养的阅读交流平台，创建于 2013 年，由图书馆与多个学生社团合作举办，以小型沙龙（最多容纳 40 人）的形式面向全校师生开展活动。活动固定在图书馆艺术欣赏厅举行，现已形成"珞珈开卷"读书交流会、"影像阅读"电影分享会、"戏剧之门"戏剧赏析会、"艺术映像大篷车"艺术影像播放会、"音乐随心听"音乐播放会 5 个固定板块。活动开放主持人申请，全校师生职工都可以申请做主持人，将自己的阅读心得和思考传递给大家。每期活动都列出推荐书单／影单／乐单等，以引导读者进一步阅读与思考。《百年孤独》《平凡的世界》《三体》《魔戒》《未来简史》等书籍都是大家分享的热点。

（3）真人图书馆[①]。由武大图书馆医学分馆主办，自 2012 年 12 月至今已举办 45 期，共推出 107 本真人图书，5000 余位读者通过室内、户外、网络等多种形式参与阅读。真人图书馆以"有趣有阅历，适合高校读者，能激发青春正能量"为选书标准，在校内外挑选各具特色的真人图书。通过采访真图、编写索书号、制作海报推文的方式，出版真人图书，通过交谈的形式供读者阅读。为保证阅读效果，一本真人书一次仅供 10 多位读者现场阅读，读者通过网上报名预约获得阅读资格。活动期间除现场读者之外，还开放网络读者在线远程阅读，活动不再局限于本校读者，而是拓展到校外乃至全世界的读者。每本真人书都有一位"导读"陪伴，促进真人图书与读者之间的交流，让两者释放出最好的互动状态。同时，活动结束后及时整理现场阅读交流详细内容，上传到网络以实现共享。真人图书作为一种新型的馆藏阅读资源，打破了传统的图书借阅方式，提供开放式的自主交流环境和人性化的读者服务。该活动获第 14 届国际图书馆协会联合会"国际营销奖"第三名。

### 3. 专业阅读活动深化阅读推广内涵

随着高校"双一流"建设目标的确定，服务学校教学科研工作与大学生专业素养培育成为图书馆阅读推广新的方向。武汉大学图书馆充分考虑本校学科特点，加强专业阅读推广，探索开展与学生的专业学习、教师的教学科研相适应的活动。在总馆之外，武汉大学图书馆另有工学分馆、信息科学分馆与医学分馆 3 个专业分馆，并按学院对口配置学科馆员团队，按学科开设学科服务平台。在学科馆员专业的学科服务与推广之外，各分馆也结合自身学部特色开展了阅读推广活动。

（1）工学分馆创客沙龙活动。工学分馆位于武汉大学工学部，主要服务于动力与机械、电气与自动化、土木建筑等学院。鉴于此，工学分馆特将一阅览区域改造升级为创新活动空间，并举办创客沙龙活动，满足学生专业化、个性化阅读需求。创客沙龙邀请工科行业的杰出校友、专家教授、优秀学生等，做创新、创

---

[①] 武汉大学图书馆真人图书馆专题网站 http://www.lib.whu.edu.cn/reading_festival/2015/MedRealper/index.html.

造、创业相关主题交流，促进读者的专业学习和科研创造。

（2）信息科学分馆3D打印设计大赛。信息科学分馆位于武汉大学信息科学学部，主要服务于电子信息、计算机、测绘、印刷与包装等院系。信息科学分馆于2016年始举办武汉大学3D打印设计大赛，至今已举办三届，围绕大赛，图书馆举办培训介绍3D打印技术的原理、三维建模设计、打印过程及应用等，举办创客嘉年华展示参赛作品，提升大学生的科学素养以及运用科技进行创新与实践的能力，形成"以赛促学、以赛促教、赛教结合和赛研结合"的人才培养之路。

（3）医学分馆医学人文阅读。医学分馆位于武汉大学医学部，主要服务于武汉大学医学相关院系及单位。立足于医学专业，医学分馆推出了医学人文作品推荐与知识竞赛活动，坚持以医学人文作品为素材，为专业读者推荐优秀的医学人文书籍和影视作品，展现医学人文内涵、探讨医学人文精神。竞赛试题涵盖医学史、医学伦理、医学检索等内容，促进同学们对医学专业知识的学习。此外，还通过"心灵解码"心理健康主题公益书展、妙手"绘"春——解剖绘图展等专业展览提高专业兴趣，提升综合素养。

**4. 数字阅读打造阅读推广"新常态"**

互联网时代科技的进步掀起了一场前所未有的阅读革命，数字阅读成为一种流行的阅读趋势，备受高校大学生读者的欢迎与喜爱。为丰富师生们的阅读体验，武大图书馆引进现代数字设备和在线资源，打造数字阅读空间，开展数字资源的推荐和阅读服务。提供kindle阅读器外借服务，并同步购置亚马逊网站的4万种中文电子图书和3500种英文电子书的使用权限，读者可在该设备上自由挑选阅读。举办"学术搜索之星"挑战赛，将信息需求分析、检索策略制定、数据库使用技巧、检索结果评价等信息检索技能融入赛题，引导读者掌握网络搜索技能、熟练使用各种数字资源，养成良好的数字阅读习惯，快捷获取最真实、最有价值的信息。在图书馆微信平台嵌入书香中国、知识视界等云阅读资源，利用超星移动图书馆、云舟学习通平台整合数字阅读资源，推出"每月一库，有奖答题"活动，挖掘数字馆藏内容，引导读者阅读使用。

## 二、武汉大学阅读推广实施策略

### 1. 专业的阅读推广岗位

随着宣传工作的发展，武汉大学图书馆于 2012 年在咨询部内成立了宣传推广工作小组，由活动策划人员、宣传设计人员及网页制作人员等组成。宣传推广组成立后开展了一系列活动，成效显著。2015 年，为进一步深化和促进图书馆宣传推广，咨询部更名为"咨询与宣传推广部"，宣传推广工作组设活动策划、艺术设计、网页技术、全媒体宣传、刊物编辑等岗位，并制定相应的岗位职责与要求。综合馆员的专业背景、兴趣爱好与综合能力等，工作组进一步完善和优化人员组配，形成由咨询部副主任指导管理的 6 人团队，专职负责包含阅读推广工作在内的图书馆宣传推广。其中包括硕士生 5 名、本科生 1 名，专业涉及图书情报、经济、设计、软件工程等，多为青年馆员，人员队伍素质较高、创新意识强、富有活力。

随着阅读推广事业的蓬勃发展，总馆各中心部门及各学部分馆也有了新的需求。为促进全馆宣传推广形成合力，2016 年，武汉大学图书馆成立了跨部门 / 分馆的宣传横向工作组，包含图书馆办公室、流通阅览、采访编目、学科服务、参考咨询等馆内部门及 3 个分馆的工作人员，与宣传推广工作组的专职工作人员一起开展阅读推广工作。

工作组明确和细化工作目标与具体任务，专兼职工作人员各司其职又互相配合，共同致力于宣传图书馆资源与服务，打造校园阅读推广中心。图书馆积极鼓励并支持馆员外出学习与交流，如参加中国图书馆学会举办的"阅读推广人"培育及业内相关会议，培养图书馆员阅读推广的职业使命感，同时制定科学合理的考核标准，重视馆员职业发展。

### 2. 分众的阅读推广设计

武汉大学是一所综合性大学，学科门类齐全，读者的学历层次、专业背景、阅读需求、阅读习惯和阅读喜好不尽相同。图书馆在阅读推广工作中尤其注重根据不同受众群体来规划，通过分众设计策略，提供高质量、精准化的阅读推广服务，实现书香校园的目标。

武汉大学图书馆首先将读者群体划分为本科生、硕博士研究生，这两个群体中又划分为新生、毕业生和其他在校生，同时兼顾留学生与校友群体。通过分析读者群体的共性需求和不同需求，设计不同的阅读推广活动。

新生是图书馆工作中极为重要的服务对象，面向新生的阅读推广活动是大学生认识图书馆的第一窗口，可激发新生利用图书馆的热情，形成良好的阅读意识。武汉大学图书馆于 2012 年 9 月始推出"新生专栏"，一站式展示图书馆的资源、服务、活动等信息，引导新生读者快速了解图书馆的功能、掌握图书馆的使用方法。2014 年 9 月，武大图书馆推出《拯救小布》新生在线通关游戏。该游戏为在线答题，将图书馆的历史、概况、资源、服务和文化活动等信息融入游戏中。新生在线玩游戏达到一定分数完成通关，即可在线开通校园卡的图书馆功能。游戏设计融知识性、文化性及趣味性于一体，为新生创造了耳目一新的图书馆"初体验"，新生也在游戏中上好了图书馆"第一课"。

毕业季是收获的时刻，也是道别的时刻，武大图书馆围绕"青春、陪护、成长"主题，推出毕业生阅读记录、最美毕业照征集、毕业图书捐赠、毕业展览、留影留言等活动。2018 年毕业季，图书馆举办"图书馆之夜"，毕业生齐聚图书馆，领取毕业明信片，观看毕业视频，回顾刚入校参观图书馆时候的稚嫩镜头，并听取真人图书闯荡职场、创业奋进的人生经验。图书馆馆长送上诚挚的祝福，寄语毕业生"行走千万里，留一处书香"。

在开展面向应届毕业生的阅读活动之外，武大图书馆 2017 年发布"一封来自小布的毕业情书"，凡 2010 届之后的毕业生均可在线收取这封"情书"，查看自己在校期间的图书馆数据和阅读记录。累计 4.4 万毕业生收取情书，800 余位毕业生在线提交了近 2000 张毕业照，并留下动情的毕业感言。该活动加强了图书馆与往届校友的沟通互动与情感联系，让毕业校友们感受到图书馆长久以来对在校读者的守护、离校读者的守望之情。

对于其他在校生群体，图书馆侧重按照读者的年级与专业来进行更为专业的阅读推广。本科生的阅读多从个人兴趣出发，图书馆阅读推广以通识阅读、经典阅读为主；硕博研究生的阅读多以科研学习为目的，图书馆则分学科开展数字学术阅读指导。

### 3. 融合的阅读推广媒介

随着移动互联网技术的快速发展，以社交媒体为代表的新兴媒体迅速崛起，与传统媒体呈现逐渐融合的趋势。武大图书馆积极应对新媒体发展趋势，高度重视传播手段建设与创新，将图书馆网站、微博、微信、QQ、电子显示屏与纸质海报等各种传播渠道进行有效融合，为读者获取信息提供了更加丰富的手段和途径。

微信拥有庞大的受众人群，武汉大学图书馆自 2015 年创建微信公众号以来重视利用微信平台推荐阅读资源，传播阅读文化。为提升学生对图书馆微信平台的使用频率，武汉大学图书馆丰富平台功能，充实平台内容，将微信底部菜单设置为三个板块："我"为读者提供借阅、预约等个性服务，"信息服务"提供图书馆最新资讯动态和文化活动，"云阅读"整合多种推荐书目与数字阅读资源。微信公众号如一个小型的移动图书馆，实现图书馆使用和阅读的便利性。在日常消息推送中，图书馆注重文案设计，采用清新类、搞笑类、煽情类等不同语言风格，如《没有人是一座孤岛，每个人都是一本书》（内容为真人图书馆活动宣传）、《欢迎打脸，这些书你一定没看过》（内容为冷书榜推荐）、《听说"笔墨涟漪"开分店啦》（内容为抄书接力活动宣传），从不同角度揭示阅读的魅力，满足不同读者的审美，增强用户黏性。

当代大学生群体多是在卡通动画的陪伴下成长的，对卡通形象有着深厚的感情。为了拉近图书馆与大学生读者之间的距离，2012 年，武汉大学图书馆根据大学生的喜好与兴趣，推出了卡通形象——小布（源自书籍的英文 "book" 的谐音），被读者称誉为图书馆的虚拟馆员和形象代言人 [①]。小布的经典造型是手持放大镜置身于传统纸本文献与现代电子资源之中，象征读者对知识信息的无穷探索。小布形象诞生之后，被广泛应用于图书馆的阅读推广宣传中，形成了小布 QQ 表情包、

---

① 胡永生，周燕妮. 虚实结合的图书馆阅读推广实践 [ J ] . 图书馆杂志，2016（04）：31–36.

节日主题设计、小布新生专栏、《拯救小布》新生在线通关游戏、《消失的经典》经典名著在线游戏等系列宣传设计，走出了"萌宠风、侦探风、竞技风"的小布特色。除了虚拟的宣传形象之外，图书馆设计制作了小布主题文创产品，如小布水杯、小布 T 恤，以及小布主题的年历、明信片、贺卡、书签等，作为阅读推广活动的奖品吸引读者。卡通形象小布增强了阅读活动的趣味性，提高了读者参与度，拉近了图书馆与读者之间的距离，使阅读推广更时尚、更亲切、更人性。

**4. 科学的阅读分析报告**

大数据时代，数据统计、数据挖掘、数据分析是图书馆宣传推广的发展趋势。武汉大学图书馆重视以事实与数据说话，通过读者阅读数据相关报告，总结阅读推广工作实效，进一步分析读者需求，提升工作水平，赢得读者更多的信任与支持。

武汉大学图书馆近年来逐步实现智慧空间管理，获得了大量读者行为数据，整理发布了《图书馆月度利用数据分析报告》《武汉大学图书馆年度阅读报告》《武汉大学本科生阅读报告（2017—2018 学年）》《新生图书馆利用报告》等，数据翔实、内容丰富，为分析学生阅读动态，进一步提升服务质量提供了科学的数据支撑。根据借阅量、预约量数据等有针对性地补充热门图书，快速优先处理读者各类荐购请求，采用网上购书、专门通道等多种途径提高到货效率，使馆藏图书更贴合当前社会热点与读者阅读需求。

在客观数据之外，图书馆还通过读者问卷调查与座谈会等形式全面了解读者需求，根据大多数读者的需求调整文献借阅政策，将图书外借数量从 5 册调整到 30 册，借期最长达到 6 个月，实现四校区图书通借通还和预约催还服务，加快了热门图书的流通率，为读者阅读提供最大便利。

**5. 协同的阅读推广队伍**

读者是图书馆阅读推广的对象，但同时也可以成为阅读推广的主体，武大图书馆在阅读推广中鼓励学生组织与图书馆合作。学生组织的成员本身就是读者，他们思维活跃、创新力强，更了解读者的阅读需求，有广泛的群众基础，为读者与图书馆之间建立了沟通的桥梁和纽带。

在阅读推广工作中，图书馆确定活动主题，并积极联系相关主题的学生社团，共同制作活动方案，图书馆负责指导和管理，学生社团负责具体实施。武汉大学图书馆每年与全校20余个学生社团合作，包含真趣书社、春英诗社书画协会、莎士比亚英文戏剧社、信息素养协会等，既有学术类社团，又有实践类社团和文艺类社团。图书馆老师与来自多个院系的学生联合策划创办真人图书馆，经过多年的发展，这些学生重组成立了校级社团阅微书社 [①]。该社团依托图书馆的阅读推广活动不断成长，创办仅两年多就荣获中国图书馆学会阅读推广委员会评选的全国高校"阅读推广"十佳学生社团称号。

学生社团合作参与的多为主题类文化活动，而针对常规性阅读活动，图书馆成立了独具书香特色的小布志愿服务队，主要负责图书漂流、图书修补、新生参观、毕业捐赠等活动。图书馆精神和志愿者精神相互结合，充分体现了自由、开放、平等的共同特性，更好地实现了文化育人与阅读推广的目标。

图书馆与学生组织的合作，一方面为学生组织提供自我展示和宣传的平台，另一方面将校园文化生活聚集到图书馆，实现良性互动与合作双赢。为充分调动学生组织的积极性，图书馆设立了激励机制和竞争机制，每年年底召开以"参与、沟通、合作、共赢"为主题的图书馆合作学生新年联欢会，为该年度在图书馆阅读推广中承担了重要工作、表现突出的组织和个人颁发荣誉证书，并邀请学校具有较大影响力的学生组织参加，进一步探讨图书馆与学生组织的合作。

## 三、武汉大学阅读推广活动的再思考

建设书香校园离不开一个富有文化气息的图书馆，也离不开图书馆持续不断地进行阅读推广。阅读推广是图书馆服务的永恒主题，是高校图书馆义不容辞的责任，也是图书馆获得更好发展的重要契机。数字环境下，高校图书馆的阅读推广工作应树立"学生本位"的理念，努力探索适合大学生的阅读服务模式，使高

---

① 申艳，许钊. 让年轻的思想在阅读中成长——以武汉大学图书馆与阅微书社合作为例
[J].高校图书馆工作，2017（06）：89.

校图书馆在高校人才培养中发挥出更大的优势和作用。

第一，进一步细分读者群体，开展个性化阅读推广。结合分级阅读、分众阅读、分类阅读理念，充分利用大数据、云计算、自媒体等技术和手段，开展个性化阅读推广，满足读者多样化需求。

第二，结合学校人才培养目标，深化专业阅读推广。"双一流"建设背景对高校的人才培养提出了新的要求，高校图书馆的阅读推广要重视大学生专业学习的需求，抓好专业文献的阅读推广，提升专业阅读能力。

第三，深度挖掘读者数据，开展更精准的阅读推广。图书馆现有的阅读报告数据较为浅显，缺乏深度的挖掘与提取，可整合多年来的数字，深度解析变化趋势，研究读者的阅读行为，提高阅读推广的精准度和满意度。

　　"分众学说"发端于 20 世纪 70 年代的新闻传播学领域。1970 年，美国未来学家阿尔文・托夫勒（Alvin Toffler）在其名著《未来的冲击》中首创性地提出了"分众"（demassification）这一概念。他的创新观点是："面向社会公众的信息传播渠道数量倍增，而新闻传播媒介的服务对象逐步从广泛的整体大众，分化为各具特殊兴趣和利益的群体。"[①]1985 年，日本知名的市场研究机构博报堂生活综合研究所出版的《分众的诞生》一书，对"分众"学说做了更深入的研究，认为以"划一性"为基础的"大众"社会，正在不断地分化成为个别化、差异化的小型群体，这是一种"被分割了的大众"的现象，因而被冠以"分众"这个概念。[②]

　　目前，"分众学说"理论被广泛地应用于广告、传媒等领域，并逐渐渗透到其他服务领域，引导着服务方为不同的受众群体提供高质量、精准化的信息服务。随着阅读推广工作的深入开展，服务对象由传统的"泛用户"逐渐分化为个性化的读者群体。笔者通过文献研究和案例研究的方法，希望将"分众学说"引入图书馆读者服务领域，尤其是服务对象层次鲜明的高校图书馆阅读推广活动之中，为校园阅读推广提供一种新的思路。

---

① 阿尔温・托夫勒.未来的冲击［M］.孟广均，吴宣豪，黄炎林，等，译.北京：中国对外翻译出版公司，1985.

② 博报堂生活综合研究所.分众的诞生［M］.黄恒正，译.台北：远流出版社，1986.

## 一、分众学说和分众阅读推广

### 1. 分众和分众传播理论

在某一时间段内对某一种信息有着共同需求的受众群体共属于一个"类"。而事物所具有的性质和特点可称为其"属性"，性别、年龄、爱好、收入、社会地位、社会角色、家庭环境、工作环境、信息接受方式等都是受众的属性范围。相同属性的人会对事物有相似的看法，在信息活动中可能展现相似的行为。"类"和"属性"是"分众"产生的两个重要因素，由此得出"分众"指在某一时间段内，由于有共同的属性而具有相似信息需求的某一部分受众群体。[①]

社会的进步、技术的发展和受众需求的日益多元化使得分众化趋势不可阻挡。当受众由"大众"划分为各类型的"小众"，作为服务对象的受众将不再是被动地接受信息，服务者理应为不同的受众群体提供特殊的信息服务。[②]"分众传播"即个人或团体运用先进的技术，通过专业的平台，向特定的信息需求群体传播有价值的信息或从信息源获取有价值信息的活动。[③]信息传输的需要，信息生产者的成本、效率和受众对信息需求的多元分散状态是分众传播理论形成的主要因素。

### 2. 分众阅读推广

分众阅读推广指针对某时间段内有共同属性而具有相似阅读需求的分众群体，进行阅读价值观培植、阅读情意推展和阅读方法论指导的专业活动。印度图书馆学家阮冈纳赞在《图书馆学五定律》中提出的"每个读者有其书"，"每本书有其读者"所代表的"为人找书、为书找人"的图书馆学理念正是分众阅读推广所遵循的。分众阅读推广通过精准的"分众化"实施策略，最终实现"大众化"的阅读推广目标。

---

①③ 赵冠闻.论分众传播的产生和发展［D］.吉林大学，2007.
② 李冰.分众传播与大众文化的部落化［D］.吉林大学，2008.

### 3. 分众阅读推广的特征

（1）针对性特征

传统的大众阅读推广对象是一个广泛、模糊的受众群体，即所有的"一般人"；而分众阅读推广的对象则是根据"类"和"属性"细分后的特殊群体，考虑到群体间的需求差异性。分众阅读推广的针对性特征体现在针对不同的受众群体，阅读推广活动实现分众化项目策划，即专门打造面向某一受众群体的阅读推广活动。在定向策略的指引下，通过细分受众、个性化定制等途径，打造由普适到专属的分众阅读推广活动。

（2）双向性特征

大众阅读推广是单向性较强的传播活动，活动发起者通常是各类组织机构，受众只是活动的参与者，活动的内容和形式都由发起者单方面决定。分众阅读推广是双向性的传播活动，该特征主要体现在3个方面：活动组织方面，活动既可以由图书馆作为组织者，亦可由受众作为发起者。活动策划以受众的实际需求为中心，避免灌输型活动；受众也可以向主办方申请、选择活动的内容和形式，参与活动的策划。活动宣传方面，除了常规的信息宣传途径，受众亦是活动的传播者，通过互动宣传形式成为传播中的一环。活动总结方面，组织者更加注重受众对活动的评估与反馈，不断完善阅读推广活动。

（3）常态化特征

常态化指让事物趋向于正常合理的状态，而不是作为一种特殊状态存在。[①]一年一度、为期一个月左右，依托于4月23日"世界读书日"氛围开展的阅读推广活动目的性、阶段性、暂时性特征显著，仍属于图书馆的特色活动而非常态化工作。分众阅读推广活动以实现阅读推广常态化为目标，倡导将专门的读书节活动与图书馆日常活动相结合作为全年工作来对待。分众阅读推广以年度为周期制定阅读推广的目标和方向，系统地计划阅读推广活动，使阅读推广理念渗透到

---

① 吕素娟，马露奇.数字人文背景下高校图书馆经典阅读推广的常态化研究［J］.农业图书情报学刊，2016（10）：151-154.

面向不同受众的全年活动中。

**4. 实施校园分众阅读推广的必要性**

（1）迎合分众群体的阅读需求

根据高校受众的年龄、受教育水平、学习环境、社会角色等属性及相应学习生活阶段对阅读活动展现的相似需求，高校受众可划分为新生群体、毕业生群体和其他在校生群体。

新生群体脱离应试教育开启自主学习后，有较强的阅读饥饿感和强烈的求知欲，渴望广博地阅读。他们在适应新的学习生活环境、拓展社交圈的时期，面对着许多选择和挑战，需要通过阅读来调适和排解情绪。毕业生群体通过大学的学习生活后专业知识储备有所提升，但仍然存在社会经验缺乏、思想深度欠缺等现状，既需要高质量的文献资源来保障毕业论文写作，也需要通过阅读为今后的发展奠定坚实基础。在从校园到社会的转折期中，他们还面临着就业、升学、情感等多方面压力，需要通过阅读进行干预。其他在校生群体除了为完成专业学习进行的知识补充阅读，还有在阅读兴趣的驱使下开展通识阅读的需求。

高校学生群体的分众化现象和对阅读需求的多元分散状态迫切需要图书馆为不同的受众群体提供高质量、精准化的阅读推广服务。

（2）拓宽校园阅读推广活动的宣传渠道

从受众的关注心理层面看，受众对于媒介所传递的信息分为无意注意和有意注意。[1]无意注意是学生群体偶然地关注、参与到校园阅读推广活动中。有意注意有两个层次：一是学生有目的地寻找并选择自己感兴趣的阅读活动；二是在无意注意中，受到活动消息的刺激后，留心活动消息并参与其中。

当下开展校园阅读推广活动时，图书馆通常采用图书馆网页、馆内电子显示屏、馆内海报、图书馆公众号等渠道作为载体发布活动消息，只有访问图书馆、关注图书馆动态的"忠实受众群"在有意注意的状态下会获知活动信息。而阅读推广活动长期由图书馆单独主办，与学校其他院系部门缺乏配合，使"潜在受众

---

① 李倩．网络媒体的分众传播特性研究［D］．四川大学，2007.

群"不能及时获取活动资讯。宣传方面的问题减弱了阅读推广活动的影响力，高校可以通过分众阅读推广活动的互动宣传模式和协同宣传机制，拓展宣传渠道，使受众无意注意转化为有意注意，留住"忠实受众群"，挖掘"潜在受众群"。

（3）创新图书馆现有服务

笔者通过检索我国 39 所"985 工程"高校的图书馆网站、微博公众平台和微信公众号，获取各高校馆 2016 年度"入学季""毕业季"和"校庆季"阅读推广活动信息。检索结果显示，2016 年度 39 所高校图书馆中有 28 所开展了"入学季"主题活动，有 20 所开展了"毕业季"主题活动，有 4 所开展了"校庆季"主题活动。

"入学季"和"毕业季"活动在高校图书馆中逐渐成为常规活动，"校庆季"活动仍在发展中。目前"入学季"活动以馆史馆况简介、图书馆资源服务介绍和信息素养培训为主；"毕业季"活动以图书捐赠、借阅历史回顾、留影留言等纪念活动为主，少数学校在活动中开展了阅读推广服务。将阅读推广活动与图书馆现有活动相结合，是对现有活动内容和形式的创新，将获得双赢的活动效果。

## 二、校园分众阅读推广活动案例分析

### 1. 分众阅读推广活动的类型

笔者通过统计得出，国内 39 所"985 工程"大学 2016 年度有明确分众服务对象的阅读推广活动共 17 个，其中面向新生群体的活动 12 个，面向毕业生群体的活动 5 个，具体内容详见表 5-5。

表 5-5  2016 年度"985 工程"高校分众阅读推广活动一览表

| 受众群体 | 序号 | 学校 | 活动名称 | 活动形式 | 组织部门 |
|---|---|---|---|---|---|
| 新生 | 1 | 清华大学 | "大学第一课"专题书架 | 专题书架主题：心理调适、大学生活规划、体育锻炼、读书技巧、清华校史文明经典 | 图书馆主办 |
| | | | "我是读书人"读书分享会 | 撰写读后感，加入读书会分享读后感 | 部分活动由读书会协办 |
| | 2 | 厦门大学 | 新生图书借阅排行榜 | 基于近六年大一同学借阅数据统计推出新生图书馆借阅排行榜 | 图书馆主办 |
| | 3 | 浙江大学 | 新生导读 | 新生导读——报道、检索每年学生工作处选择购买的新生推荐读物 | 图书馆主办 |
| | | | "百战书虫"知识竞赛 | "百战书虫"知识竞赛包括线上初赛、现场决赛，读经典答题 | 图书馆主办 |
| | 4 | 东南大学 | "你的大学我做伴"新生主题书展 | 主题书展 | 图书馆主办，学生馆员协会、善渊读书会、学生会图管部协办 |
| | | | 学生组织招募 | 东南大学学生馆员协会、善渊读书会、学生会图管部招募会员 | |
| | 5 | 上海交通大学 | 迎新书展 | 迎新书展（心理健康、生涯健康、榜样激励主题），新生必读物理专题书展 | 图书馆主办 |
| | | | "书之道"名家讲座 | "书之道"名家讲座 | 图书馆主办 |
| | 6 | 电子科学技术大学 | 迎新季经典推荐 | 迎新季馆藏经典图书推荐 | 图书馆主办 |
| | 7 | 大连理工大学 | 书香伴你起航 | 迎新主题书展 | 图书馆主办 |

（续表）

| 受众群体 | 序号 | 学校 | 活动名称 | 活动形式 | 组织部门 |
|---|---|---|---|---|---|
| 新生 | 8 | 北京航空航天大学 | 新生主题阅读活动区 | 活动区内专设主题阅读书架，精心挑选出100余册推荐图书，主要涉及人生励志、大学生活规划、心理健康、名人传记、体育锻炼、读书技巧、基础科目、专业课程基础等方面 | 图书馆主办 |
| | | | 新生图书专题书架 | | |
| | 9 | 东北大学 | 图·阅读集结号 | 新生专题书架，精选各类与大学生学习生活、心理适应、目标设定、人际交往等有关的图书 | 图书馆主办 |
| | 10 | 北京师范大学 | 我的大学我做主——迎新专题书展 | 系列一：校长推荐书目；系列二：借阅排行书目；系列三：大学生活导读书目 | 图书馆主办 |
| | 11 | 华东师范大学 | "新鲜人"迎新主题书展 | 经典书目书展 | 图书馆主办 |
| | | | 图书馆寻宝之旅 | 设置关卡，以趣味挑战的活动形式增加新生使用图书馆的兴趣 | |
| | 12 | 天津大学 | 图书推荐 | 推荐十本励志书 | 图书馆主办 |
| 毕业生 | 1 | 清华大学 | 青春讲述：园子里与书相伴的时光 | 青春讲述：讲述校园时期与书相伴的时光，向图书馆推荐图书 | 图书馆主办 |
| | | | "创业梦，从这里起航"毕业季书架 | 提供创业、融资、行业分析、团队运营、领导力方面的图书200余种，供读者借阅 | |

（续表）

| 受众群体 | 序号 | 学校 | 活动名称 | 活动形式 | 组织部门 |
|---|---|---|---|---|---|
| 毕业生 | 2 | 西安交通大学 | 致毕业的你：毕业扬帆不孤单，终身书房伴你行 | 图书馆提供永不过期的终身"书房"，包含10万册数字图书和3万集有声图书，每年更新图书资源2万册，听书资源2000集 | 图书馆主办 中文在线协办 |
| | 3 | 中国人民大学 | "书香人大"毕业阅读卡活动 | 赠送"书香人大"毕业阅读卡活动 | 图书馆主办 中文在线协办 |
| | 4 | 吉林大学 | "一路走一路读" | 图书馆向毕业生进行书目推荐，激励毕业生努力拼搏，送上支持与祝福 | 图书馆主办 |
| | 5 | 天津大学 | 图书推荐 | 推荐职场书 | 图书馆主办 |

根据表5-5的调研内容，17项分众阅读推广活动可分为五大类型：一是主题活动类，如浙江大学的"百战书虫"知识竞赛、华东师范大学的"图书馆寻宝之旅"、清华大学的"青春讲述：园子里与书相伴的时光"；二是馆藏书展类，即"专题书架""图书推荐"等形式；三是读者组织类，即书友会、读书会性质的活动；四是名家讲座类；五是其他活动。高校分众阅读推广的类型分布如图5-3所示。

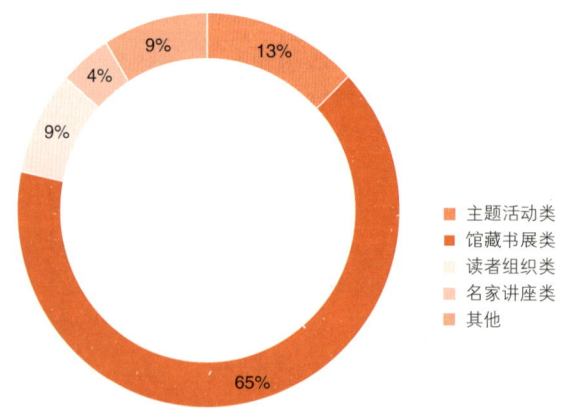

图5-1　2016年度"985工程"高校分众阅读推广活动类型百分比

由图 5–3 可知，馆藏书展类活动以 65% 的比例成为分众阅读推广中最常见的活动形式，主题活动类占 13%，读者组织类活动占 9%，名家讲座类活动占 4%。书展、书目推荐、讲座等活动是由图书馆自上而下发起的活动，针对性强，易于长期组织，但是互动性弱，受众群体只能被动地接受阅读推广内容。"百战书虫""图书馆寻宝"等主题活动通过互动游戏、答题赢取奖励等形式，激发了受众群体参与阅读推广活动的兴趣，是交互性强、寓教于乐的阅读推广形式。而"书友会""读书会""学生馆员协会"等组织的招募和活动的开展，架起了学生之间、学生与图书馆之间、学生与阅读之间交流的桥梁，搭建了学生参与阅读推广活动互动的良好平台。

**2. 分众阅读推广活动的组织管理**

良好的组织管理是阅读推广活动有效开展的保障，笔者统计了上述 17 种分众阅读推广的组织情况，详见表 5–5。由表 5–5 可知，清华大学和东南大学的读者组织类活动由图书馆主办，读书会、学生组织承办；西安交通大学和中国人民大学的毕业生阅读卡活动，由图书馆借助中文在线的支持完成；其他分众阅读推广活动由各高校图书馆主办。

17 个活动案例中，只有少数图书馆发动了学生群体和社会资源的力量，其他图书馆都独立承担起活动的组织策划。图书馆独立的组织模式，不利于提升阅读推广活动在校内的地位和影响力，不利于学生群体表达对活动内容和形式的实际需求。扩大校园分众阅读推广的规模、提高活动开展的成效，需要图书馆将高校中丰富的学生组织、社团资源、院系资源等纳入阅读推广工作的后备力量中。

**3. 分众阅读推广活动的宣传**

宣传是读者参与阅读推广活动的前提，只有加大宣传的广度和深度，才能提升活动的影响力和受众的参与度。17 个案例都采用了通过图书馆主页、微信公众号或官方微博图文并茂地发布活动消息、海报的宣传形式。但是此类宣传方式仍然存在一定的不足：一方面，活动的消息发布仍以图书馆为主要阵地，未发动学校其他部门，削弱了活动的宣传广度；另一方面，活动宣传只是单纯以通知形式预告了活动的内容、时间和地点，难以从众多校园活动中脱颖而出抓住学生的眼球，不能激发受众对活动的再宣传欲望。

## 三、校园分众阅读推广的策略研究

### 1. 打造"三个季节"系列活动，构建阅读推广长效机制

在"分众学说"的引领下，笔者认为应当以读书节活动为基础，以贯穿全年的"入学季""校庆季""毕业季"主题阅读推广活动为串联，构建"三个季节"系列阅读推广模式。

（1）"入学季"校园阅读推广活动

新生专架图书可细分为三大类：第一类是校史校情类书籍，即有关学校历史文化、建筑和景观发展、还原校园生活的书籍以及具有广泛影响的本校历代名师的经典著作；第二类是心理健康与教育类书籍，包括人际交往、情感剖析、生活智慧、学习方法指导等方面[①]；第三类是集经典性、思想性、知识性、前沿性、可读性于一体的通识读物。通过新生专架帮助新生了解学校的文化历史，适应校园生活，理智处理压力和情绪，培养阅读兴趣。

校园社团、图书馆或阅读推广人发起的读书会、图书馆学生管理委员会等组织，可通过入学季的新生招募活动引导学生走上"悦读"之路。读书沙龙邀请在校借阅量名列前茅的"阅读之星""借阅达人"或阅读推广人与新生交流阅读体验，同时达到推介图书馆文献资源的目的。开办图书馆公众号的高校图书馆借入学季积极推广公众号，提高学生对图书馆活动的关注度。图书馆还可以尝试将学生喜爱的游戏活动与分众阅读推广相结合，如武汉大学设计的"拯救小布之消失的经典"原创在线游戏大闯关，以促进读者阅读经典名著为目的，将古今中外经

---

① 王波 . 高校图书馆阅读推广中的新生教育书目［J］. 图书情报研究，2015（02）：3-15.

典名著融入答题闯关中。[①]学生既可以为游戏题库设计题目，又可以参与闯关一决高低，集双向性、趣味性和知识性于一体。

有条件的高校馆还可以提早介入新生阅读生活，与招生部门合作，在学校寄去录取通知书时，既可以效仿美国高校开展"新生共同阅读计划"，同时为学生准备一本"共读图书"，也可将远程访问图书馆电子资源的途径一并转达，把馆藏资源推介跟随录取通知书一同投递到新生手中，使学生从获得录取通知书开始由"尝试性"阅读并关注阅读、参与阅读[②]。

（2）"校庆季"校园阅读推广活动

校庆季的校园阅读推广活动可以引入主题展览、"游书回园"共读活动和"真人图书馆"活动等。

主题展览可细分为校史展览、主题书展和主题图片展。校庆季主题书展一方面可以延续入学季的校情校史类书籍，另一方面可以新增历代校友的优秀著作，给予在校学生深入了解校园文化、向校友们学习的机会。主题图片展通过展示校友们投稿的校园摄影作品，尤其是与图书馆、阅读活动相关的摄影作品，展现图书馆与阅读的魅力。

"游书回园"共读活动号召各届校友共读有关母校的指定书籍，纵使不能在校庆时回到校园，也可借书籍"重游母校"，新老校友共享阅读心得。

"真人图书馆"（Living Library）是 2000 年产生于丹麦图书馆的阅读推广创新活动，将"人"作为可借阅的"图书"，通过交谈的方式"读书"，达到传播多种知识、交流情感、人际对话的效果，给予读者向专家、达人当面请教的机会。[③]校庆季，图书馆可以发起 "最想'阅读'的校友"投票评选活动，邀请学生群体

① 曾艳，张珈利，涂艳玲.大学图书馆游戏化服务实践与思考［J］.图书情报工作，2016（15）：66-70.

② 张春峰，丁玉东，石伟铂.基于市场细分的大一新生阅读推广研究——以燕山大学为例［J］.图书情报工作，2016（08）：68-72.

③ 王波，许欢，江少莉.锚机构、使能者：阅读推广创意的价值［J］.图书馆杂志，2016（04）：21-23.

最期待的校友返校参与"真人图书馆"活动。返校校友通过现场讲述的形式，分享人生感悟和阅读体验、追忆往昔的校园生活和阅读活动，在潜移默化中完成知识传递和情感交流，感染在校生群体更加珍惜今日的校园生活和阅读条件。

（3）"毕业季"校园阅读推广活动

针对毕业生群体的现实需求，图书馆可以推出涉及毕业论文写作、职场、创业、人际关系、家庭、心理健康等各个方面的"毕业生专题导读书目"和专题书展，给予毕业生更多人文关怀。专题报告与讲座也是给毕业生群体"充电"的有效途径，通过职业生涯规划、简历设计技巧、实用应聘技巧、社交礼仪、职场经验分享、创业经验分享、心理疏导等相关专题的报告与讲座，毕业生可以从图书馆获得更多的实用经验。

校园学习生活的结束，并不是人生阅读活动的终点。毕业离校后，许多毕业生仍然很怀念图书馆丰富的文献资源、舒适的阅读环境和优质的服务内容。因此，在人力和资源不受限制的情况下，广大高校图书馆也可以为毕业生发放校友卡，启动校友借阅服务。图书馆的这些举措将为毕业生的终身阅读提供资源和服务的保障，亦将为学习型社会的构建献上一份力量。

**2. 建设分众导读资源库，推行"分众阅读疗法"**

导读资源是图书馆进行阅读推广工作的物质基础，图书馆可在官方主页设置分众导读栏目，对不同分众群体进行有针对性的分层指导。在编纂导读资源库的推荐书目时，应当避免"大而全"的书目罗列方式和缺乏书评、推荐理由的书目编排方式。在推荐范围上，一方面，可以根据学科专家的意见精选哲学历史、文学艺术、自然科学等各学科领域的经典读物，推进通识阅读；另一方面，可以根据受众的学习阶段、兴趣爱好和时事热点等，挖掘既有思想文化又富有时代气息的优秀读物。在推荐形式上，每本读物都应附上书影、简短书评或推荐理由，增强书目对读者的吸引力。例如北京大学在"书读花间人博雅"世界读书日系列活动中，将精选的推荐书目与阅读摄影展相结合，由女学生模仿、演绎西洋名画中的阅读场景，引起了学校乃至社会的广泛关注和巨大反响，使导读活动更具创意和吸引力。[①]

针对不同学生群体由学业、情感、就业等引发的现实问题，图书馆还可以依托分众导读资源库，尝试开展分众阅读疗法。"阅读疗法"（Bibliotherapy）是以文献为媒介，将阅读作为保健、养生以及辅助治疗疾病的手段，通过对文献内容的学习、讨论和领悟，养护或恢复阅读主体身心健康的一种方法。[②]通过阅读疗法，期望达到引导学生阅读、建设书香校园，以阅读"治未病"，乃至以阅读辅助治疗，促进学生心理与生理健康的目标。

### 3. 巧用互动宣传模式

受众信息需求的差异促使 "圈层受众"的出现，"圈内的受众"和"圈外的受众"有着不同的阅读需求，每个圈子的受众也存在相重叠的部分。"圈层受众"会将自己所喜爱的读物内容、关注的阅读热点，依靠线上线下的各种渠道推荐给更多有着相同爱好和属性的受众。[③]学生群体分众化形成了交错复杂的"圈层"，借助便捷的移动通信设备和社交平台，不同的受众可以随时随地向各自的"圈内的受众"分享阅读推广活动资讯。学生群体在日常活动中又有较强的从众心理，对于群体中广受关注的活动更容易产生好奇心和参与的热情。

互动宣传模式的目标是吸引受众参与互动，在近距离接触中了解活动的价值点，进而让受众变成活动的参与者和宣传者，甚至是未来活动的组织者。图书馆可以利用线上线下的互动游戏、分享活动通知到社交软件"集赞"赢取奖励、转发活动资讯获取入场券等形式吸引学生关注、参与、分享相关活动，使学生群体自发成为阅读推广活动的宣传者，从而扩大学生群体对活动的知情度、关注度和参与度。

---

① 王波，许欢.图书馆时尚阅读推广［M］.北京：朝华出版社，2015：88–99.

② 王波.阅读疗法的类型［J］.大学图书馆学报，2004（06）：47–53.

③ 白晓婷.分众理论下的"圈层受众"理论及其研究［J］.西部广播电视，2015（17）：35.

### 4.建立阅读推广协同机制

图书馆应积极将阅读推广活动上升为校级层面，在校内形成阅读推广协同机制，加强与校内各院系、部门的通力合作。一方面，阅读推广活动的宣传阵地应由图书馆扩展到各院楼、公共活动中心、学生餐厅等地点。通过在校内各种建筑的展板、电子屏公布活动时间和活动内容，由各院系内部直接向学生推送活动相关信息等形式，达到扩大活动宣传力和影响力的目的；另一方面，学校可以制定相关规章制度，加强读书活动和学生学业的联系，针对不同层次在校生群体引入不同深度的"读书课程""读书学分"等，细化学生通识阅读、专业阅读和学习考核的关联。北京大学的通识教育课程和南京大学的"悦读经典计划"，将图书馆活动与本科生课程相结合，建立起更加专业化、立体化的通识教育导读课程。

### 5.构建阅读推广活动效益评价机制

受众的反馈影响着分众阅读推广的调整方向，图书馆应建立起多维度的评价指标。基于图书馆方面的评价指标可以从活动的经费投入、人力投入、读者的参与度等方面展开；基于读者方面的评价指标则侧重于对活动宣传力度、活动形式丰富度、活动内容实用度、馆员服务满意度等方面的评价。

一部分国内研究者运用德尔菲法和层次分析法，尝试建立了一个包括图书馆、用户感知、社会影响等多维度的儿童阅读推广活动综合评估指标体系，涵盖了图书馆投入、产出、结果和影响的多维度指标，特别重视图书馆投入指标和参与者受益度这一评估指标。[1]还有研究者从组织维、资源维、用户维三个角度尝试建立基于多维集成视角的全民阅读评估框架以及多层级、多维度的全民阅读评估标准体系。[2]图书馆应借助科学的评价机制，积极总结反思，警惕似是而非、流于形式的作秀式阅读推广活动，切实提升读者的参与体验，增加用户黏度。

---

[1] 王素芳，孙云倩，王波.图书馆儿童阅读推广活动评估指标体系构建研究[J].中国图书馆学报，2013（06）：41-52.

[2] 夏立新，李成龙，孙晶琼.多维集成视角下全民阅读评估标准体系的构建[J].中国图书馆学报，2015（06）：13-28.

20 世纪 80 年代，由卡斯米的"社群分类"学说，盖洛伊斯的"交流调节"学说以及古迪孔斯特的"社群影响"等学说中的系列观点构成的"社群分类与归因理论"（social categorization and attribution theory）指出，受众的细分一方面体现了社会文化中人本主义思想的兴盛，社会以及其机构对人的地位的重视与尊重；另一方面就具体的传播行为来说，受众细分后传播目标的明确，使媒体组织有限的传播力得以加强。[1]校园分众阅读推广的开展，体现了高校图书馆对不同学生群体及其实际需求的了解和重视，可以使阅读推广活动更高效、更有效。

由于不同的受众划分标准可以形成不同的分众群体，笔者只选取了大学生群体的一种划分方式进行实践层面的探讨。随着校园分众阅读推广活动的深入开展，高校图书馆可以根据本校学生群体的类型差异和实际需求推出更多有针对性的活动和服务。

---

① 欧艳.广告传播的分众现象探析［D］.湖南大学，2008.

# 第五节 高校图书馆的读书节活动与阅读推广工作

国际阅读协会首任会长威廉斯说过："全世界都知道教育的重要性，而要被教育就一定要拥有阅读的能力。"大学生阅读对于个人积累知识、提高素养、丰富内涵、提升自我具有非常重要的作用。多年来，许多高校都越来越重视校园的阅读文化建设，每年都会举办一系列的读书节活动，本文试图根据举办读书节活动的体会，结合有关高校举办的类似活动进行一些分析，探讨读书节活动的开展思路，努力使读书节活动不断得到创新和提高。

## 一、举办"读书节"系列活动的人文意义

阅读，对于个人成长有巨大的影响，对于国家和民族来说，都具有非常重要的意义。举办读书节，就是要通过活动的形式，推进阅读，把阅读引向深入。

高校图书馆的读书节活动以读书为核心，以节庆为载体；通过活动的开展，促进校园阅读，活跃读书气氛，提高阅读兴趣，培养阅读能力，推进书香校园建设，形成校园阅读文化；让读者感受书籍带来的书香韵味，陶冶性情，引导读者开阔视野，增长才干，提高文化素养，培养道德情操，促进学生的全面发展。

## 二、"以读者的阅读需求为本"是"读书节"系列活动的关键所在

### 1. 读书节活动要突出学生主体地位

近年来，大学生阅读行为堪忧。李伟曾在文章中指出："大学生阅读呈现两

个明显的不足，一是阅读数量偏少，二是阅读时间偏短。"①这反映出目前很多大学生对阅读的主动性和能动性比较差，加之学生面临学业、就业的压力，思想容易浮躁，难以沉下心来阅读。这样的群体，不仅需要课堂教师的阅读引导，更需要校园阅读文化的熏陶。以读书节为首的校园阅读文化，应当突出学生主体地位，贴近学生的学习、生活，吸引他们参与到活动中来。江苏卫生健康职业学院近几年的"墨海飘香"读书节活动，一直坚持以学生为主体，把举办好读书节作为一项事关"育人"质量的战略举措来抓，学生各方面的能力得到了锻炼和提高，有力地促进了校园阅读风气的形成，营造出浓厚的阅读文化氛围。

突出学生主体地位最基本的是要了解并满足学生需求。一方面，是阅读内容需求。综合性大学、理工类院校、师范类院校、医学类院校和军队院校的读书节主题和内容应当各有侧重。在开展读书节前，可以对学生借阅数据进行统计分析，根据学生偏爱的图书类型和学校设置的专业课程，制定读书节的主题内容。另一方面，是阅读形式需求。目前高校读书节的主要形式有：名家讲座、主题征文、图书交换/漂流、编制推荐书目、"优秀读者"评选、主题展览、摄影比赛、读书沙龙、真人图书馆等。可以结合往年读书节各类活动的参与情况分析出学生的需求情况，进而对不同形式的读书节活动数量和时间进行增减。

**2. 读书节活动要设立鲜明的主题**

每届读书节活动都应当注重主题的设立，可以每届都用固定的名称，不同的主题；也可以用不同的名称反映不同的主题。鲜明的主题可以快速抓住读者眼球，吸引更多读者参与，也可以及时展现出读书节的主要内容，加深读者印象。以南京地区为例，多数高校每一届读书节都设立有明确的主题，如南京大学"110年的书香，我读南大"，南京医科大学"春行·书润"，河海大学"阅读·文化·经典"，南京工业大学"倡导全民阅读，共建书香中国"等。②南京特殊教育职业技

---

① 李伟.大学生读书节活动调查与思考——以江苏省高职高专院校为例[J].河北科技图苑，2013（04）：57–60.

② 吴静.大学生阅读推广的可持续发展对策研究——基于南京高校读书节的调查分析[J].现代情报，2015（03）：170–174.

术学院图书馆从 2010 年起举办读书节活动，主题从"营造健康阅读氛围，构建和谐校园文化"到"让书籍走进生活，让阅读成为习惯"，"阅读让生活更美好"（阅读·悦读），"推进信息公平，享受阅读盛宴"。通过主题变化，让读书节活动层层推进、逐步提升，活动的内容也不断推向深入。[①]

反之，读书节活动主题如果不够鲜明具体，就会流于形式，给人"假、大、空"的感受，无法真正吸引读者。张兴、许文丹列举了西安航空学院图书馆 5 年来的读书节活动主题，从"书香航苑，荟萃人文"到"共享快乐阅读，筑建精神家园""走进红色经典，弘扬航空精神"，再到"读经明理恢弘人文精神，探本溯源打造学科基点""浸润书香奠基精彩人生，潜心学问助力扬帆远航"。[②]不难看出，这五届活动主题虽然越来越深度化、复杂化，但也越来越缺少通俗化、明确化，尤其是后两届，难以给读者留下深刻印象。

### 3. 读书节活动要以兴趣为导向

举办读书节活动，要以读者兴趣为导向，善于抓住读者的兴趣点，从活动的形式和内容上都尽力迎合读者兴趣。

一方面，读书节的活动形式要满足读者兴趣。可以进行有针对性的问卷调查，及时了解广大师生的需求、兴趣，从而确定读书节的活动形式。江苏卫生健康职业学院图书馆开展的读书节活动项目，就是根据学生填写的问卷统计推举出来的，如年度人物评选、书评、经典好书推荐、书籍展销、艺术作品展览、优秀影片展播、电子资源讲座等。根据读者兴趣推举出来的活动，自然受到大力支持，同学们纷纷踊跃参加，取得了很好的效果。

另一方面，读书节的活动内容要满足读者兴趣，力求活动内容贴近学生，新颖有趣，吸引眼球。以 2014 年浙江工业大学第六届读书节为例，不仅在"百部

---

① 李寿媛.以读书节为平台推进阅读工作——以南京特殊教育职业技术学院图书馆为例[J].河南图书馆学刊，2014（10）：72-74.

② 张兴，许文丹.试论高校图书馆读书节活动的改进思路——以西安航空学院"书香航苑"读书节活动为例[J].大学图书情报学刊，2014（03）：100-104.

经典名著推荐阅读书目"的基础上，推出名著演绎大赛，使广大学生通过对名著的演绎，加深对经典著作的阅读和理解；还尝试将阅读和游戏相融合，名著配音、对对子、文学知识等活动都以游戏方式推出，设置关卡，寓教于乐，帮助读者熟悉传统文化和经典知识。①对传统活动内容进行创新包装，既能满足同学们的参与兴趣，也能在参与过程中提升同学们的阅读兴趣，是值得诸多高校借鉴的。

此外，各大高校还可以结合自身办学特点，推出富有吸引力的特色活动。比如中南民族大学 2017 年读书节推出了民族古籍特色文献展示，还举办了剪纸藏书票活动，展现了民族特色剪纸艺术和藏书票的完美结合，吸引了众多学生积极参加。②

### 4. 读书节活动要重视宣传工作

读书节活动要重视宣传工作，采取多种途径、多种形式，进行线上和线下宣传的结合。线上可以利用好学校网站和图书馆网页，辅以官方微信、微博的推送信息，还可以在学院、班级的 QQ 群、微信群中提前发布消息，确保每位同学能够提前得知读书节活动信息。线下如电子屏幕、宣传栏、海报、横幅、标语、宣传册等，均是宣传的阵地。同时，也可借助各大媒体的力量，比如 2014 年《南京日报》等多家媒体报道了南京航空航天大学在读书节开幕式上"2000 册图书搭建多米诺骨牌"的消息，将宣传效应从校园扩散至社会，唤醒广大市民的读书欲望。③

此外，还可以与学生会、学生社团、团委等组织合作，借助他们开展活动的丰富经验，不断提升读书节的影响宣传力度。同时，还要重视对班主任和辅导员的宣传，并借助老师们的宣传，加大读书节在班级、学院中的影响力，使读书节

---

① 蒋一平，季亚娟，王醒宇. 高校图书馆阅读推广创新实践与思考——以浙江工业大学图书馆为例 [ J ] . 图书馆学研究，2014（20）：84–87，99.

② 赵侯明. 高校图书馆读书节活动实践研究——以中南民族大学图书馆读书节为例 [ J ] . 内蒙古科技与经济，2018（21）：119–120.

③ 吴静. 对南京地区高校读书活动的思考 [ J ] . 科技文献信息管理，2014（04）：1–5，33.

成为全校师生共同参与的校园文化活动。比如南京理工大学自2009年开始的读书节活动，起先由"大学生读者协会"一个社团协办，后来扩大到大学生读者协会、演讲协会、魅影7+1电影协会等多个学生团体联办，通过多个组织的协调配合，促使读书节活动更加丰富精彩。①再如广东交通职业技术学院图书馆与学院团委合作，要求在读书节活动期间，以班级为单位，开展"读书，为精神打底，为人生奠基"主题班会或团日活动，促使众多师生参与到读书节活动当中。②

**5. 读书节活动要提高师生的参与度**

读书节活动应当调动全校师生的参与热情，营造浓厚的校园阅读氛围。

首先，要注意鼓励学生参与读书节活动。如果学生能通过读书节活动获得奖励，也有利于调动同学们参加活动的积极性。因此，可以扩大各类比赛中设立的奖项范围和数量，制作奖状、证书，赠送纪念品或购书券，并对在各活动中获奖的个人和集体读者进行表彰，让获奖读者发表获奖感言等。此外，参加图书馆的读书节活动可以获得相应学分，活动获奖学生在每学期的综合测评中可以加分等，也是很好的激励性举措。

其次，可以在读书节活动期间开展阅读人物评选、发布图书借阅排行榜等激励性活动。比如南京大学图书馆开展的"优秀读者""图书馆最佳集体和个人"和"优秀图书馆志愿活动"评选③；江苏卫生健康职业学院图书馆开展的年度"读书之星"和"勤学之星"评选；南京师范大学图书馆第四届读书节发布的"2013年度图书借阅排行榜"等。通过读书节期间的评选、排行活动，可以激发同学平时的阅读行为，使校园阅读氛围更为浓厚、持久。

最后，还应当加大全校师生的互动力度。可以邀请院系领导、教师担任评委

① 段梅，范丽娟，赵晖. 南京理工大学图书馆的阅读推广创新 [ J ]. 大学图书馆学报，2011（04）：86–89，115.

② 马江宝. 读书节活动在高职院校图书馆的践行与思考——以广东交通职业技术学院图书馆为例 [ J ]. 晋图学刊，2011（05）：54–56，61.

③ 王晓红. 高校图书馆主题活动的有益启示——以南京大学图书馆"读书节"为例 [ J ]. 科教导刊（上旬刊），2011（01）：195–196.

或者颁奖嘉宾，激发同学的参与热情，还可以由全校师生共同投票选举喜爱的阅读书目，提升同学们参与的主人翁意识。比如 2014 年南京大学第九届读书节推出的"悦读经典计划"，由校内教授初步拟定书目清单后，再经广大师生网络投票，最终选出了 60 种基本书目和 100 多种拓展书目，由南京大学校长陈骏教授在当年读书节开幕式中正式揭晓。①

## 三、"读书节"系列活动是高校图书馆阅读推广工作的重要抓手

高校的人才培养重视"知识、素养、能力"，这些都与大量的阅读分不开。阅读推广工作作为高校图书馆工作的重要内容之一，使得图书馆在书籍等资源的收藏之外，转向资源推介与传播，让更多的资源为读者所利用。读书节作为高校校园文化建设的重要组成部分，是围绕读书与阅读而开展的特殊读书活动，也是高校图书馆开展阅读推广工作的重要抓手。

第一，高校举办读书节有利于鼓励学生阅读，构建书香校园。南京大学读书节自 2006 年起，每年 10 月举办，内容有"主题征文""名家讲座""图书馆知识讲座""学生社团走进图书馆""年度优秀读者评选""书韵留香烛光朗诵会""晒书会""微博主题征文"等。2012 年，南京大学申报的"营造浓郁书香氛围 创建校园文化品牌——南京大学读书节"荣获教育部高校校园文化建设优秀成果一等奖。读书节期间的活动，可以培养学生阅读习惯，促进学生阅读行为，对书香校园建设具有重要意义。

第二，高校可以通过读书节系列活动，宣传馆藏资源，引导学生了解并使用馆藏资源，促进图书馆开展阅读推广工作。比如清华大学图书馆、浙江工业大学图书馆相继推出的"排架游戏"，帮助同学们更好地掌握图书馆的馆藏分布和图书排布规则。江苏卫生健康职业学院图书馆推出的"书山有径——书库找书大赛"

---

① 钱军，蔡思明，张思瑶.书香满园：校园阅读推广 [ M ].深圳：海天出版社，2017：243.

也是如此，帮助同学更快、更准确地定位图书，增强对馆藏资源的了解。在福建师范大学第七届读书节期间，图书馆则通过网页、电子滚动屏幕对特色馆藏"陈宝琛藏书"进行了推介，吸引了众多学生前来参观。①

第三，高校图书馆可以对读书节各项活动进行评价与总结，为阅读推广工作指引方向。比如读书节各项活动有多少人参与、取得什么效果，哪项活动最受欢迎、哪项活动参与的人少、哪项活动未能按计划顺利开展等，高校图书馆要进行总结，从而不断完善细节，为类似的阅读推广工作提供经验和借鉴。广东交通职业技术学院图书馆的读书节活动总结，关注直接与间接参与的人数，重视受读者欢迎影响较大的活动，对读者阅读量的提高进行跟进，关注是否真正去读，阅读习惯是否养成等。②

第四，高校读书节活动材料也是图书馆阅读推广工作的重要参考资料。线上可以在校园网站和图书馆主页上建立读书节活动专栏，将活动期间征集到的作品、宣传资料、活动照片等进行集中展示。如南京大学图书馆开设的"读书节专栏"，不仅可以起到宣传推广的作用，还可以展现学校的文化底蕴，对感兴趣的读者也是一种无形的指引和激励。线下可以由图书馆将历年读书活动资料汇总成专题，妥善保存，日积月累必将丰富图书馆的阅读文化。

## 四、建立健全阅读推广机制，保障"读书节"活动开展

高校图书馆需要建立健全阅读推广机制，保障读书节活动定期开展，按计划有序进行。阅读推广机制的健全需要做到以下几点：

第一，设置专门的阅读推广部门，负责阅读促进与推广工作。据李曦等人对

---

① 周国忠.阅读推广方案策划的思路及原则——以 2013 年福建师范大学第七届读书节策划方案为例 [J].图书馆论坛，2014（09）：76-79.

② 马江宝.读书节活动在高职院校图书馆的践行与思考——以广东交通职业技术学院图书馆为例 [J].晋图学刊，2011（05）：54-56，61.

我国"985""211"高校图书馆阅读推广的调研结果显示，高校图书馆阅读推广的组织机构主要有图书馆信息服务部、图书馆学生管理委员会和读书会这三大类型。[①]作为专门的阅读推广部门，三类组织机构应当加强合作，共同促进高校读书节活动等阅读推广工作。

第二，成立专门的阅读推广队伍，开展全民阅读指导和服务工作。国内高校图书馆阅读推广队伍通常由本馆阅读推广员、本校学生、本校教师和外校专家学者组成。其中，图书馆阅读推广员是队伍的主力，对活动起领导、协调作用；本校学生多是通过图管会、学生社团或读书会的形式协助组织活动；本校教师多为学工部、研工部、团委、学院的负责老师，起辅助配合作用；外校专家学者则作为顾问或嘉宾，是开展名家讲座、真人图书馆活动时的主力。

第三，制定专门的阅读推广制度，譬如阅读学分制度、读书认证制度等。韩国江源大学从 2001 年起对入学新生实行读书认证，将其提高到与外语认证、计算机认证同等的高度。中国台湾地区的台中县九德小学在 2008 年进行网络读书认证，根据书籍内容命题由学生作答。南京艺术学院的学生每听一场讲座并有心得材料表者可以得 0.5 学分（最高不超过 2 学分），深受学生欢迎。[②]

建立健全良好的阅读推广机制，可以使读书节活动常态化，让读书活动真正成为图书馆阅读推广工作的重要抓手，使得图书馆的阅读推广工作落到实处，阅读推广活动开展得更有力、更到位，使得图书馆可以向学生提供更为贴近与适合的阅读资源，更好地促进广大读者的阅读，提升他们的综合素质，充分发挥高校图书馆在全民阅读中的重要作用。

---

① 李曦，马璇，张敏，等.高校图书馆阅读推广实践模式研究——以"985""211"高校图书馆为例［J］.图书馆工作与研究，2018（06）：119-126.

② 陈亮，连朝曦.艺术院校图书馆的阅读推广探讨——以南京艺术学院图书馆为例［J］.大学图书馆学报，2014（02）：59-63.

## 第六节 美国高校的"新生共同阅读计划"

低头捧书的美国民众随处可见，这很大程度得益于各种阅读推广政策与活动。纽约州规定小学生每年需阅读 25 本书[①]，克林顿任总统时期发出的"美国阅读挑战"教育活动，以及 2002 年推行的"阅读优先"计划等，都显现了美国公民的阅读热忱之高。近年来，美国高校普及的"新生共同阅读计划"（Common Reading Program/One Book，One Campus），又是美国在阅读推广中浓墨重彩的一笔。该计划最早起源于读者俱乐部和读者社区，并沿袭了全美"一城一书"活动（One Book，One City）的火热。

### 一、美国高校"新生共同阅读计划"概述

如果你在即将步入大学时的暑期，收到学校寄来的一本书，一定觉得是件新鲜有趣的事。这就是美国高校"新生共同阅读计划"的第一个"惊喜"。每年开学前，为了让准大一新生尽快融入学校，培养共同体验，部分高校会为自己的学生准备一本书——这本书称为新学年的"共读书籍"（common book）。新生需在暑假期间阅读所选图书，并在秋季开学后参加与共读书籍有关的课程及讨论活动等。2007 年 Twinton 的数据显示，美国已有超过 130 家高校实施"新生共同阅读计划"。例如，佛罗里达海湾海岸大学（Florida Gulf Coast University）于 2003 年启动了"一校一书"计划。2016 年，该校把《另一个威斯·莫尔》定为共读书籍，让所有一年级新生在暑期完成阅读任务，并明确说明，该图书将会成为新学期三门课程的内容之一，同时附上学习指导（study guide）以供参考。

---

① 徐启生.美国：中学教育文理并重［N/OL］.光明日报，2009-02-19（1）.

　　"新生共同阅读计划"的最大特点是，共同阅读一本书。虽然该计划是针对大一新生制定的，学校也鼓励其他年级的学生和教职工积极参与其中。如俄克拉何马大学（University of Oklahoma）的"一校一书"活动，通过阅读和讨论的方式，倡导全校同读一本书，以营造和加强学校的"家庭氛围"和共同体验。大部分高校每年只推荐一本阅读图书，并根据入选书的特色举办一系列贯穿整个学年的研讨活动。当然，有些学校不遵循这样的"传统"，只在新生入学教育期间（orientation period）实施这项计划，或每年推选一本以上图书。

　　纵观各大高校的"新生共同阅读计划"，其推行原因是以关注学生在学术、生活、精神上的发展为核心。为了让参与者更加清晰"新生共同阅读计划"，大部分学校提出了四大活动目标：

　　第一，构建学校成员的"共同体验"。"新生共同阅读计划"尤为强调"共同"一词。校长、教授等教职工以及学生，均通过这个阅读计划联系起来。该计划给学校每个成员提供了共同的交流话题与自由开放的沟通平台，让他们在各种阅读活动中彼此加深认识，寻找共同的兴趣爱好、观点想法等，从而形成"共同体验"。新布伦瑞克大学（University of New Brunswick）强调"一校一书"计划，旨在让一年级学生从踏进学校开始便拥有一段"共同经历"（common experience），提升学校的团体意识和学业风气。

　　第二，提高新生的校园生活适应度，营造良好的学术环境。对初进大学校门的新生来说，面对未知的环境以及陌生的老师和同学，容易产生焦虑不安的情绪。"新生共同阅读计划"致力于增强学生对校园的适应性，让他们尽快在新学校里找到"归属感"。米勒斯维尔大学（Millersville University）共读计划的第一条目标是，促进新生熟悉大学生活。西德州农工大学[①]（West Texas A&M University）的一名学生表示，共读计划能引导新生更好地融入学校这个大家庭。该校的另一名学生也认为，计划使他喜欢成为学校的一分子。此外，这种席卷全校的阅读计

---

① 吕雪梅. 美国高校"新生共同阅读计划"及其启示 [J]. 图书馆建设，2014（12）：66–70.

划也是增强学术氛围的好方法。学生和教职工以讨论、辩论、课堂讲解等方式开展学习研究活动，让校园吹起浓厚的学术之风。例如，俄勒冈大学（University of Oregon）希望其共同阅读计划能帮助学生构建自己的学业期望（academic expectation），并为他们打开学术研究的大门。

第三，增强学校成员的互动与了解。俄勒冈大学建议，参与共同阅读计划的每个人，能积极与身边的朋友、老师、职工，包括宿管人员、其他学院和部门的员工在内的所有人，共同谈论年度的共读书籍。该校在 Twitter 上设立了"共同阅读讨论区"，供参与成员留言和自由交流。这种从线下到线上的双向沟通方式，不仅大大增加了学校每个人的发言机会，也有效构建了一个以学校为基础的社交分享圈。

第四，培养学生的世界观与批判思维。大学是个人思维和观念形成的关键期。作为学生，书本是一个联系世界的重要通道。阿拉斯加大学东南分校（University of Alaska Southeast）把"一校一书"计划看作学生课内外学习的一个机会。华盛顿大学（University of Washington）把"让世界变得更美好"作为共读计划的目标之一。可见，阅读对学生精神世界的构建十分紧要。共读计划开展的目的，并非把学校领导或老师的想法强加在学生身上，相反，它提倡一种平等对话。密西西比大学（University of Mississippi）和佛罗里达海湾海岸大学均明确指出，共读计划的目标之一是培育学生养成批判性思维（critical thinking）。拉文大学（University of La Verne）希望通过开展共读计划，促进学生以不同角度看待问题，提升他们的公共交往（civic communication）能力与世界融入度。

《同行评价》（*Peer Review*）的副编辑迈克尔·弗格森（Michael Ferguson）认为，校园共读计划基于一个简单的想法：通过提供一个共同的讨论平台，同读一本书的人们形成了共同体，变得更加亲近。作为一个新兴的阅读推广项目，美国高校的"新生共同阅读计划"采用"共读"的方式，以构建学校成员的"共同体意识"和推进学生投入校园生活及学术研究为目标，成功获得了参与者与社会大众的热捧。

## 二、美国高校"新生共同阅读计划"的开展方式

### 1. 以讨论为中心

"新生共同阅读计划"除了让全校成员同读一本书外，还以"课堂讨论"（discussion）的方式，揭开新学期校园共读计划的帷幕。宾夕法尼亚州东斯特劳斯堡大学（East Stroudsburg University of Pennsylvania）"一校一书"项目开展 7 场校园论坛。有些高校还会提前给学生列出一系列的阅读思考题，帮助他们更好地理解书中内容，以便开学后尽快进入讨论环节。如俄克拉何马大学把"讨论"作为共读计划的目的之一，希望通过师生共同讨论，找出解决问题的方法。该校定期公布不同的书籍讨论问题，鼓励学生在课外多与其他年级的同学、学校教职工等交流书籍的内容。针对共读计划，学校还在其官方网站设立了讨论博客，供参与项目的成员随时在线上获知每周讨论主题。古斯塔夫阿道夫学院的学生认为，能激起师生讨论，是共读书籍遴选的首要标准。[①]

### 2. 把书籍的内容和课堂相结合

大部分美国高校希望，"新生共同阅读计划"能延伸到学生的课堂中，或把它作为一门课程，要求学生修读学分，完成相关论文的撰写。学校在选书过程中，会优先考虑那些符合"书籍的内容能与课堂有机结合"这条标准的图书。堪萨斯州立大学（Kansas State University）曾对 2015 年的共读计划做了评估，其中一项关于课堂效果的调查表示，约 70% 的学生认为，图书讨论在一定程度上有助于他们更好地了解课程内容。今年，佛罗里达海湾海岸大学把"一校一书"项目带进 ENC 1101 创作课、HUM 1931 人文与社会问题以及 SLS 1101 新生过渡期教育 3 门课程中，并要求新生在暑假期间根据书籍的研究问题，在书上做笔记、画重点，为秋季的创作课的讨论环节做准备。

---

① 吕雪梅. 美国高校"新生共同阅读计划"及其启示 [J]. 图书馆建设，2014（12）：66–70.

### 3. 举办各种延伸活动

"新生共同阅读计划"并非是一个单纯的阅读项目，它更多的是一种学术活动。除课内外讨论，美国高校大多围绕共读计划，开展形式多样的延伸活动。如2006 年，华盛顿大学在其共读项目的实施期间，先后举办了模拟表演和图书分享会，还为学生争取了一次聆听保罗·法默演讲的机会（法默为当年共读书籍、特雷西·基德尔撰写的《山外有山》中的主人公）。越来越多美国高校开始重视一个问题：如何让自己的"新生共同阅读计划"与众不同。因此，很多高校纷纷举行如画展、征文、辩论会等新鲜有趣的活动，以凸显其共读项目的特色之处。一位来自华盛顿大学共读计划图书遴选委员会的成员表示："于我而言，至少得让共读书籍跟华盛顿大学有点联系。"

## 三、 美国高校"新生共同阅读计划"的特点

### 1. 完备的书籍遴选程序

大多数美国高校为其共读计划设立了书籍遴选委员会（Selection Committee），专门就图书的择选进行意见征求、小组讨论、筛选等，最后向全校公布遴选结果。

"选书标准"是共读计划中书籍遴选的基础，它决定了参与者的阅读方向，以及体现了整个计划的目标。尽管各高校对书籍的要求不尽相同，但一般关注图书的"3W"信息，即作者（who）、出版日期（when）以及主要内容（what）。另外，书的厚度、难易程度、可获性等也是考虑因素之一。总的来说，高校在书籍选择上有严格的标准，通常倾向那些价值高、涉及领域多、受众广、出版年代较新的图书。

基于选书标准，美国高校通常采取两种方式确定共读书籍。一是组建书籍遴选委员会，由学校领导、学生代表与教职工代表共同讨论并拟定入围书目，最后交由校长定夺。如伊利诺伊大学香槟分校（University of Illinois at Urbana-Champaign）"一校一书"活动，每年由共同阅读评审团起草一份书目名单。这份名单将会交至校长手中以敲定书籍选择的结果。二是首先让学生自由推选他们喜

爱的读物，然后由书籍遴选委员会对书目进行筛选及复议，并把意见提交给校长作最终定论。如今，第二种书籍确定的方式比较流行。"新生共同阅读计划"的主体是学生，很多高校逐渐将书目的初选权交还给他们。

共读书籍确定后，学生及教职工可通过不同途径获取图书。图书获得方式大致分3种：免费获取、借阅以及购买。如前文所述，有些美国高校如华盛顿大学，在暑假期间把书免费邮寄到新生家里，有些则在学校官网上提供图书的电子版，或在开学后免费提供书籍的复印本。购买是另一种常见的获书方式。俄克拉何马大学的学生和教职工，只要花5美元并在网上完成登记手续，就可以在每年9月初前往图书馆提取共读图书。

### 2. 注重共读书籍的多样性

共读书籍作为"新生共同阅读计划"的关键，其多样性主要体现在两方面：

第一，多领域交叉。大多数共读计划的选书标准要求图书的主题能支持跨学科教学，这意味着，书籍的内容必须涉及两个或以上范畴。比如米勒斯维尔大学"一校一书"的2014年共读书籍为丽贝尔·思科鲁特的《永生的海拉》。该书揭秘了一枚取自黑人海瑞塔·拉克斯癌症病亡者的细胞无偿用作实验长达25年的故事，而拉克斯的家人却从未得知这段黑暗历史。《永生的海拉》关联了医学、生物、法律、种族信仰、伦理道德等数个领域，无疑是一本能引起热烈讨论、提供多种研究主题的精彩作品。

第二，体裁多样。高校一般对共读书籍的体裁不设限，既有选择小说等虚构性作品，也有选择传记或纪实性文学。如查菲学院（Chaffey College）"一校一书"2012年和2010年的图书分别是《玻璃城堡》和《芒果街上的小屋》，而阿帕拉契州立大学[①]（Appalachian State University）"共同阅读项目"选择了《三杯茶》作为共读书籍。另外，诗歌、戏剧、科普文献等也是共读书籍的类型之一。2010年，华盛顿大学"同一本书"把诗歌集《你永远不是你在的那个地方》定为共读

---

① 吕雪梅.美国高校"新生共同阅读计划"及其启示[J].图书馆建设,2014(12): 66-70.

书籍。

### 3. 善于收集和整合图书的相关资源

为了让学生充分了解共读书籍，学校除了在网上提供图书的基本信息，如内容概要、作者介绍等，也会链接与所读图书相关的补充资料。例如，米勒斯维尔大学的共读书籍为阿亚德·阿卡的《耻辱》。这是一部关于自我怀疑和憎恶的戏剧，曾于 2013 年获得普利策喜剧奖。该校网站收录了 5 篇有关图书作者的采访录，以及两篇研讨文章，供全校师生了解和阅读。俄勒冈大学"共同阅读"计划的共读书籍《世界和我之间的恶意》，是一部关于美国黑人的故事。书中主人公以书信方式，给自己尚未成年的儿子讲述自己在与世界"对话"过程中作为黑人所遭受的种族歧视。学校网站不仅提供了此书的读后感、作者的采访录、作者的演讲稿、相关课程的录音及阅读提示等资源，还罗列了与该书主题如种族、身份问题等相关的文献。另外，网站提供了多种教学资源，欢迎本校老师就书籍内容或主题设计相关课程。

### 4. 创建校外互动课堂

"新生共同阅读计划"的校外互动活动主要有两个方向：一为"引进来"，一为"走出去"。不少美国高校把"图书作者是否能光临校园"看作共读计划的选书标准之一。其原因是，把共读图书的作者"引进"校园，不仅能激起学生和教职工参与"新生共同阅读计划"的积极性，更重要的是，作者访谈会有助于解除参与者在阅读中的疑惑，提升他们的阅读兴趣和对书中内容的理解程度。2013年，美国加州州立大学萨克拉门托分校（California State University at Sacramento）开展了为期两天的"作者日"，《全身负担：在洛基弗拉茨核阴影下成长》的作者克里斯汀·艾弗森（Christian Iversen）来校为学生朗读书中章节，并分享自己的写作历程。2016 年 11 月，伊利诺伊大学香槟分校邀请了共读书籍的作者吉米·特沃克奥斯基（Jamie Tworkowski）做演讲，学校成员和公众均可免费参与本次活动，演讲结束后还设有招待会以及签售会。

"走出去"则是把共读计划延伸到社区或社会中。2010 年，华盛顿大学开设了一堂别开生面的诗歌朗读课，决定把共读书籍带到生活中。"把我们的城市看作教室。"一位该校倡导本次诗歌朗诵的教授表示。学生可以自由选择共读书籍中的一首诗，写下自己对诗歌的理解，然后把它带到城市或校园的不同角落。

表 5-6　2014—2016 年美国及加拿大高校部分"共读书籍"一览表

| 学校 | 2016年书目 | 2015年书目 | 2014年书目 |
|---|---|---|---|
| 阿帕拉契州立大学（Appalachian State University） | 《所以你被当众羞辱了》（*So You've Been Publicly Shamed*） | 《长路漫漫：一个童军的回忆》（*Long Way Gone: Memories of Boy Soldier*） | 《克拉普顿的吉他》（*Clapton's Guitar*） |
| 查菲学院（Chaffey College） | 《伊莲娜和帕克》（*Eleanor & Park*） | 《曙光：洛杉矶：1992》（*Twilight Los Angeles: 1992*） | 《日行者》（*Daytripper*） |
| 佛罗里达海湾海岸大学（Florida Gulf Coast University） | 《另一个威斯·莫尔》（*The Other Wes Moore*） | — | 《难民足球队》（*Outcasts United*） |
| 米勒斯维尔大学（Millersville University） | 《羞耻》（*Disgraced*） | 《水的记忆》（*Memory of Water*） | 《永生的海拉》（*The Immortal Life of Henrietta Lacks*） |
| 尼亚加拉学院（Niagara College） | 《狂喜》（*Furiously Happy*） | 《火车上的女孩》&《空中阁楼》（*The Girl on the Train & A House in the Sky*） | 《车道尽头的海洋》（*The Ocean at the End of the Lane*） |
| 阿拉斯加大学东南分校（University of Alaska Southeast） | 《混合》（*Mixed: Multiracial College Students Tell Their Life Stories*） | 《金发印第安：一个阿拉斯加原住民的回忆录》（*Blonde Indian: An Alaska Native Memoir*） | 《从科尔特斯的海航行》（*Log From the Sea of Cortez*） |

（续表）

| 学校 | 2016年书目 | 2015年书目 | 2014年书目 |
|---|---|---|---|
| 伊利诺伊大学香槟分校（University of Illinois at Urbana-Champaign） | 《如果你想太多：关于事物思考上的发现、迷失与渴望》（*If You Feel Too Much: Thoughts on Things Found and Lost and Hoped For*） | 《另一个威斯·莫尔》（*The Other Wes Moore*） | 《女子监狱》（*Orange is the New Black*） |
| 拉文大学（University of La Verne） | 《公民：一首美国抒情诗》（*Citizen: An American Lyric*） | 《一个保育人士的宣言》（*A Conservationist Manifesto*） | 《灾难笔记》（*Field Notes from a Catastrophe*） |
| 密西西比大学（University of Mississippi） | 《十个印第安小孩》（*Ten Little Indians*） | 《求学生涯》（*The Education of a Lifetime*） | 《原子城女孩》（*The Girls of Atomic City*） |
| 新布伦瑞克大学（University of New Brunswick） | — | 《乔治与鲁》（*George and Rue*） | 《华氏451度》（*Fahrenheit 451*） |
| 俄勒冈大学（University of Oregon） | 《世界与我之间的恶意》（*Between the World and Me*） | 《11号站》（*Station Eleven*） | 《你头脑中的情感生活》（*Emotional Life of Your Brain*） |

## 四、美国"新生共同阅读计划"对我国高校阅读推广工作的启示

厦门大学对中国 2010—2014 年高等教育改革发展状况调查报告显示，截至 2014 年，我国高等教育在校生高达 3559 万人，高校数量达 2824 所，分别居世界第一和第二。[①]2015 年第十二次全国国民阅读调查发现，我国国民人均纸质图

---

① 陈鹏.高等教育由"大"向"强"迈进［N］.光明日报，2015-12-07（06）.

书阅读量仅为 4.56 本。[1]另外，季亚娟、王醒宇的国内外大学生阅读情况的调查显示，平均每学期阅读的课外书达 10 本以上的中国学生只占调查总数的 12%，而国外学生占 92%。[2]可见，我国高校开展阅读推广的强度，与其他阅读强国之间还有一定差距。美国高校"新生共同阅读计划"或"一校一书"项目的成功对我国高校阅读推广提供了重要的借鉴与经验提取的途径。

### 1. 联合学校各部门力量

美国高校"新生共同阅读计划"作为一个全校性项目，是各部门合作推行的成果，其主推者不仅仅是学校图书馆或文娱部门。俄勒冈大学明确表明，其共读计划联合了本科部门，并受到了校长办公室、学生生活部以及平等与包容部等多方的支持。查菲学院的"一校一书"项目集结了来自教职员、副校长、学生事务处、语言艺术院和查菲书店等力量，真正达到了"共同阅读"的目的。另外，很多高校，如伊利诺伊大学香槟分校，为共读计划设立了专门的委员会（panel/committee），以保证计划得到有效施行。

我国高校在实施阅读推广项目时，可以打破由图书馆或某个学院"单枪匹马"的组织模式，善于联合多个学院、行政部、招生部等各单位的人力、物力，以扩大阅读计划的辐射面和影响力。

### 2. 关注阅读项目的长效性

阅读推广不是一朝一夕的事。美国高校把"新生共同阅读计划"看作一个常规活动，每逢秋季学期，全校便掀起一股阅读狂潮。这种注重定时和定量的推行策略，在阅读推广的过程中十分关键。我国高校所举办的阅读文化活动，往往忽略计划的稳定性和延续性。同时，一些美国高校还对自己的共读计划做测评，以了解活动的成效。西德州农工大学曾对其"新生共同阅读计划"举行了长达两年

---

① 刘彬. 第十二次全国国民阅读调查结果公布 [N]. 光明日报，2015-04-21（09）.

② 季亚娟，王醒宇. 国内外大学生阅读情况比较及高校图书馆阅读教育与推广的反思 [J]. 图书馆杂志，2014（08）：65-69.

的评估会，为来年的共读计划作参考。①

### 3. 树立品牌意识

高校作为一个国家的重要研学基地，应当在学术领域对社会以及大众有引导作用。如何让一个学校的项目具有社会影响力，其关键的解决方法是树立品牌。缺乏品牌意识是我国在高校阅读推广中的障碍之一。"新生共同阅读计划"之所以能风靡全美高校，并受到其他国家的效仿，与其注重品牌的创建是分不开的。"新生共同阅读计划"基于"三个共同"的实施框架：共同选书、共同阅读、共同讨论，其主要目标是学校成员"共同意识"或"共同体"的形成。可以说，"共同"正是该阅读计划的品牌词。

### 4. 鼓励学生成为计划的推动者

学生是学校里数量最大的群体。但在我国高校，这个群体通常缺乏足够的发言权与选择权。一方面，美国高校"新生共同阅读计划"把其选书环节从"自上而下"逐渐改为"自下而上"，不仅给学生提供更多的自主权利，也增强了他们参与活动的积极性。另一方面，学生代表加入图书遴选委员会，甚至成为实施阅读计划的一员。这种做法有效降低了阅读推广中的行政色彩，使项目真正成为以学生为主导的活动。例如，阿拉斯加大学东南分校在网上设立了共读计划的书籍提名系统，并向学生保证，书籍遴选委员会必定充分尊重参与者的意见，将上交的推荐图书列入"共读书籍"的考虑范围。

### 5. 注重特色人文的挖掘

一些富有学校或本地特色的图书一般受到当地高校的青睐。新生可以通过阅读共读书籍，了解校园或当地的风土人情，从而更好、更快地融入新的学习生活。2015 年，密西西比大学选择了《求学生涯》作为"共同阅读体验"活动的阅读书籍。这本书是该校校长罗伯·哈亚特所著，讲述了作者在密西西比的学习生活与经历。学生事务处助理副校长表示，面对陌生的校园，新生将会在这本书中找到

---

① 吕雪梅.美国高校"新生共同阅读计划"及其启示 [ J ] .图书馆建设，2014（12）：66–70.

熟悉的影子。同年，阿拉斯加大学东南分校"一校一书"活动，把一本充满地域风情的《金发印第安：一个阿拉斯加原住民的回忆录》选为共读书籍。

## 五、我国高校"共读计划"的具体实践

随着"全民阅读"这一概念于 2006 年在我国提出，以及《关于开展全民阅读活动的倡议书》面向全国发布①后，公众阅读有了迅速提升之势。我国高校作为阅读推广的关键领域，应发挥先锋作用。借鉴美国高校的"新生共同阅读计划"，我国一些学校开始进行类似的阅读推广实践。中央民族大学是较早推行共读计划的高校，其外国语学院于 2009 年开展了"同读一本书"项目。②北京师范大学图书馆效仿美国马里兰大学的新生读书计划，自 2010 年起举办"师生共读一本书"。随后，各式各样的共读项目陆续在我国高校启动。下面以中央民族大学、北京师范大学、陕西科技大学等高校为例，简述美国共读计划在我国的实践情况。

（1）中央民族大学外国语学院从 2009 年秋季启动"同读一本书"活动（下简称"同读"），要求院里的新生共同阅读所荐图书，并参与一系列如"读后感评优"的延展活动。院长郭英剑表示，开展此活动是基于堪忧的中国高校学生阅读情况。无论在阅读的量还是质上，中美两国的大学生存在很大差距，建议"多读书，会读书，好读书"的良好习惯推而广之。③

与美国高校"新生共同阅读计划"目的相似，中央民族大学的"同读"活动以促进新生融入和创建共同体验为核心，希望活动能给学生创造更多沟通的机会。在选书方面，学院强调书籍与学科关联的重要性以及其内容的包容性，保证所选图书能成为学生认识外界的媒介。该学院 2009—2012 年以及 2014 年的共读书

---

① 光明日报.全民阅读在中国［N］.中国记协网，2015–01–06（11）.

②③ 郭英剑.从《巨人三传》到《如何读，为什么读》——对中央民族大学外国语学院"同读"活动的回顾与思考［J］.图书馆杂志，2013（04）：23–27.

籍分别是：《巨人三传》《历史深处的忧虑——近距离看美国之一》《中国，少了一味药》《如何读，为什么读》《巨流河》。其中，3本是有关外国人文的图书，另外两本则是中国纪实性文献。可见，所选图书充分体现了院系的特点，并紧密切合了"了解古今中外"的思想。

外国语学院的"同读"计划除阅读图书外，还为学生开展了读后感征集、主题演讲、辩论赛等活动。另外，学院还会邀请名人学者做客演讲，与学生分享关于阅读的感想。

（2）自2010年以来，北京师范大学已经连续多年开展"4·23世界读书日"系列活动，其中的"师生共读一本书"是该活动尤为重要的一部分。整个系列活动围绕创建"书香北师大"进行，旨在倡导多读书、读好书的校园风气。北京师范大学党委宣传部部长方增泉说："新生读书计划既是价值观教育，也是大学文化建设的重要形式。"

与美国高校"新生共同阅读计划"不同的是，北京师范大学的共读活动是图书馆牵头推行的，其主要对象是学生跟老师，是专门为师生提供一个分享阅读心得、促进彼此交流、构建师生共同意识的平台。另外，名师阅读讲座、书展、作品选展、征文比赛等一连串相关活动也会同期举办。

北京师范大学没有明确规定活动的选书标准，但书籍的遴选一般与是年的活动主题紧扣。其所选图书的特色可归纳为以下三点：一是重经典。读书日连续几年均以"品味经典 沐浴书香"为主题开展活动。2015年的共读计划结合了中国人民抗日战争胜利70周年的契机，把萧红先生的经典之作《呼兰河传》列为师生共读图书。二是传记纪实类图书居多。例如2011年、2013年与2016年分别将《苦难辉煌》《邓小平时代》和《长征》3本富有政治历史色彩的图书定为共读书籍，而《雷锋全集》和《走近钱学森》两本传记类作品也入选2012年的共读书单。三是与学校联系紧密。除了鼓励师生阅读经典，一些与本校有关联的作品也备受欢迎。例如，2014年学校把知名校友毕淑敏的《幸福的七种颜色》选为活动的共读图书。

（3）陕西科技大学图书馆于2014年开始举办"同读一本书"活动，是结合了"阅读微推广"概念，以及借鉴了中央民族大学和北京师范大学的"同读"案例下的模式。[①]它是小型的阅读活动，其创新性在于活动全程均由图书馆馆员组织与策划。

同读活动先后在校图书馆举办了两次，主要以阅读和讨论交流的方式进行，吸引了图书馆领导、馆员以及师生参与。与大多数的共读项目不同，陕西科技大学的阅读活动只在小范围内开展，目的在于培养学生的阅读兴趣，充分加强师生在共读过程中的沟通，创建良好的阅读平台。一名参与活动的同学说："这一路上我感觉就像心理学大师理查德·怀斯曼在《正能量2：幸运的方法》里说的走上了幸运之路，而我相信这仅仅是一个美好的开始。"[②]

该校图书馆的两期同读活动，分别选取了《文明的沃土》和《追风筝的人》作为阅读书籍，并根据图书的内容分别拟定了"追随北大人的脚步，让图书馆助我腾飞""为你，千千万万遍"两个活动主题。这两部作品虽在体裁和内容上均有较大差别，但都是能引起师生的读书兴趣以及讨论热情，给予阅读者正向指导的优秀作品。

（4）自2013年开始，借鉴美国"一城一书"（One Book，One City）活动与新加坡全民阅读活动（Read！Singapore），湖南省42所高校如湖南大学、湖南师范大学、湘潭大学等在湖南省图工委的组织下，开展"一校一书——经典、精读、经世"阅读推广活动。与北京师范大学的共读计划一样，湖南省"一校一书"活动也在每年4月23日的"世界图书与版权日"前后举行。该活动希望通过在大学生群体中推广阅读，促进全民阅读。

## 六、我国高校共读项目的小结

我国各高校的共读计划，普遍采用"小范围，读经典"的形式进行。项目一

---

①② 惠涓澈，赵冰.陕西科技大学图书馆"同读一本书"实践探索［J］.情报探索，2015（09）：47-50.

般通过校图书馆或某个院系（部门）发起，由发起者遴选一本国内外经典读物，并在一定范围内组织师生开展系列阅读活动。

相对美国高校的"新生共同阅读计划"，我国的共读项目开展零散，没有创建较为系统的活动模式，也缺乏专门的项目管理部门。但有其创新之处：第一，我国部分高校把"同读"项目与"世界读书日"结合，有效地增强了师生对"阅读"的关注与了解。"世界读书日"作为全球性活动，不仅给我国共读项目的开展提供了更为广阔和浓厚的阅读环境，也使阅读推广资源得到进一步整合。第二，学校选择的图书多为经典之作或史实类作品，注重对师生传统文化的渗透和滋养，有利于个人素养的提升与书香氛围的营造。从部分共读项目的主题来看，"经典"一词成为活动的核心元素。中南大学图书馆在"一校一书"的活动释义上写道："对于大学生来说，经典可以引发他们对人类生存状况的感悟，能够唤起他们对世界的诗意关注。"第三，湖南省"一校一书"的联盟式共读计划，成功突破了局限于一校内的阅读推广模式，加强了校与校之间的联动与合作，创造了更大的社会影响力与号召力。这一创新举动，正是美国"新生共同阅读计划"所未考虑之处，也是我国的共读项目最大的优点之一。

近年来，我国一些高校开展的共读项目逐步向"大规模，多元化"的方向走，如湖南省的全省性经典阅读推广活动。除此之外，早在 2011 年，北京交通大学发起了"悦读中国"活动，倡导中外学生同读《中国文化读本》的英文版。华东理工大学图书馆自 2015 年开始推行的"读伴计划"，不仅形成了共读项目的雏形，也把"同读一本书"的对象扩展到学生与家长。

目前，我国高校在推行共读项目上处于起步阶段，缺少足够的经验和实践成果。因此，我国现阶段的高校阅读推广宜走"经验提取"之路，同时需要善于整合各地阅读推广资源，创建具有本土特色的共读活动模式，使共读计划规范化与常规化。

多年前，美国高校"新生共同阅读计划"把阅读推广的目光投向刚踏进大学门槛的一年级新生。每年暑假，新生将收到由学校发出的特殊任务：阅读一本指定图书，在是年的秋季学期与学校其他成员讨论、分享彼此的阅读心得。活动旨在通过同读一本书，为学校每个人，尤其是新生创建一种共同体验，提升校园的共融度。共读计划一般由专门的阅读委员会联合学校各部门以及师生共同协作举办，以一定标准选择书籍后，采用"讨论"作为核心形式开展，并附有一系列如书画展、辩论会、征文、作者见面会等延展活动。共读活动不但是创建学校成员的"共同意识"和推广阅读的平台，也是新生融入校园，培养学术研究思维，扩展个人视野与社交圈的渠道。我国高校学生阅读热情和阅读能力偏薄弱，美国"新生共同阅读计划"为我国高校阅读推广提供了丰富的实践案例，足资借鉴。

# 后　记

## "一个没有阅读的学校，永远不可能有真正的教育"

近年来，学生阅读指导及校园阅读推广，乃至"书香校园"建设，已经赢得一部分院校和中小学校的重视，但就整体上来说，与国务院《政府工作报告》多次"倡导全民阅读"这一基本文教国策的要求，还是有相当明显的差距。

教书育人、知行合一，从来都是教师的天职，而读书求知、学以致用，则无疑是学生的本分。但大学生如何实现"专业教学"与课外阅读乃至"通识教育"的和谐统一？此类的问题，在学校教育的具体实践中，依然颇多迷惘，不好把握。更不必说，"书香校园"建设的题中应有之义，还应该包括如何打造具有各校人文特色的"学习型教师"队伍等战略性问题。

学风与师德一样，同为校风构成的核心元素。我国文教界的有识之士，历来重视学风建设，重视学生的校内学习和课外阅读，认为它与求知、励志的情怀，与立身、报国的抱负，都存在着重要的联系。或如当代教育家、全民阅读形象代言人朱永新先生所说，"让学生养成阅读的习惯、兴趣和能力"，是学业打基础阶段的主要教育任务，而"没有阅读习惯，我们培养的学生就是半成品甚至是废品。面对未来的社会和挑战，他们将很难有完整的精神生活和充实的人生"，因此，"一个没有阅读的学校，永远不可能有真正的教育"。

多年来，由阅读学家曾祥芹、阅读文化学家徐雁教授先后担任会长的中国阅读学研究会，组织并主持了多个场次的"华夏阅读论坛"及"书香校园"研讨活动；挂靠在武汉大学图书馆的中国图书馆学会阅读推广委员会之大学生阅读推广专业委员会，则持续主办了多个届次的"大学生阅读推广高峰论坛"。还有其他一些行业、专业性团体，如教育部高等学校图书情报工作指导委员会及中国图书馆学会高等院校图书馆分委员会、中小学图书馆委员会等，先后组织举办了全国大学生"悦读之星"读书演讲风采展示、全国高校"阅读推广"优秀学生社团成果展示、"中小学图书馆榜样人物"和"最美校园书屋"评选、全国中小学阅读指导课优秀课件评比等丰富多彩的活动，它们从不同角度、不同层面和不同方位，共同推动着学生阅读指导和校园阅读推广工作。

仅就部分先知先觉且先行先动的高校图书馆而言，它们在积极组织有关大学生阅读指导活动的基础上，越来越清晰地意识到了"受众细分"对于校园阅读推广活动的效能意义，也越来越明晰了如何结合所在院校的办学方向、学科特点和育才目标，尝试性地推出一些接地气、联文脉、扬书香的活动。于是，经过多年创意实践，取得了一定的活动经验，有的还概括提炼成了可供同行模仿复制后推行，或在学习借鉴后作进一步创新的案例。

在校园阅读推广活动方兴未艾的当下，我们全体编者也清醒地认识到，大学生阅读指导和校园阅读推广工作中，客观存在着若干令人困惑的问题。譬如，作为阅读推广主体的教师阅读指导，及图书馆专业馆员阅读推广的主动、积极、热情，与作为阅读推广客体的大学生受众的被动、消极、冷漠之间的反差问题。再譬如，大学生阅读指导的个性化，与校园阅读推广活动的共性化之间如何和谐协调的问题。还有如在策划、组织阅读推广活动时，未能深刻认识和精微把握"阅读推广"与"读物推广"之间的联系与差别，往往下意识地把"阅读推广"等同于组织学生搞一个与书有关的群体活动，低估了导读书目、推荐书目与不同种类的读物在校园阅读推广中的重要价值的问题等。

就本质而言，学生阅读指导、校园阅读推广及"书香校园"建设的根本目的，是要引导学生读好书、好读书，在此基础上迈向"善读书"和"终身学习"的新台阶。正如"因地制宜"及"因材施教"理念所倡导的，不同的学生在阅读上有不同的需求，有自己的"长板"和"短板"。但当我们从略微宏观的角度去考量，当学生们以不同的学校为据进行归类时，他们又因专业的差异、学校性质的不同而有了共同具备的优势以及需要共同补足的"知识拼图"。

正是基于此种理性认知，南京大学信息管理学院博士生导师兼中国图书馆学会阅读推广委员会副主任徐雁教授创意了本书选题——《分校阅读：读物增益才华》，决心带领或工作或研学在阅读文化学与全民阅读推广领域里的弟子，通过全面汲取文教界前辈和图书馆同仁们的丰富成果，精心择选有关院校从事学生读书指导及校园阅读推广的案例，并加以学理性的阐述和分析，以提高本书的知识性和实际操作性。

本书"导言"，由徐雁教授撰写。第一章"大学生阅读现状评析及'分校阅读'推广理念"由张麒麟（西南大学图书馆馆员、南京大学信息管理学院2018级博士研究生）撰写；第二章"高校阅读推广的分类策划方略"由谢文文（南京大学信息管理学院2017级硕士研究生）撰写；第三章"优良读物资源与校园阅读推广"由张思瑶（南京大学信息管理学院2019级博士研究生）、冯展君（南京大学信息管理学院2019届硕士、南京出版社助理编辑）、谢文文撰写；第四章"基于'校本'理念的校园阅读推广"由甘子华、吴梦瑶（均系南京大学信息管理学院2017级硕士研究生）撰写。

本书第五章"大学生读书生活与高等院校阅读推广"，是本书主编之一徐雁教授主持的国家社会科学基金项目——"高等院校校园阅读氛围危机干预研究"（项目编号：16BTQ001）的阶段性研究成果。其中"山东大学学生校园阅读生活概览"，由吴梦瑶撰写；"南京大学的校园阅读推广"，由张思瑶、王成玥（东南大学建筑学院图书馆助理馆员）撰写；"武汉大学的校园阅读推广"，由周燕妮（武汉大学图书馆馆员）撰写；"大学校园的'分众阅读推广'"，由王成玥撰写；"高校图书馆的读书节活动与阅读推广工作"，由戴玉凤（江苏卫生健康职业学院图书馆馆员）、艾雨青（南京大学信息管理学院2019级硕士研究生）撰写；"美国高校的'新生共同阅读计划'"，由冯展君撰写。

全书由张思瑶、张麒麟、冯展君等人负责各章节内容协调等工作。

最后，要向参与本书篇章策划、书稿编写及编辑、出版工作的师友们表示诚挚感谢，并竭诚欢迎专家、学者，图书馆同行及读者们给予本书以批评指正。

张思瑶

2019年7月中旬于金陵